TRANSFORME SUA EMPRESA

USANDO OS **4CS** COMO FERRAMENTA PARA APRENDIZADO E MUDANÇA

MICHAEL ANDERSON E
MIRANDA JEFFERSON

TRANSFORME SUA EMPRESA

USANDO OS **4CS** COMO FERRAMENTA PARA APRENDIZADO E MUDANÇA

TRADUÇÃO
UBK Publishing House

ubook UBK
Publishing House

Publicado mediante acordo com Bloomsbury Publishing Plc. Edição original do livro *Transforming Organizations: Engaging the 4Cs for powerful organizational learning and change*, publicada por Bloomsbury Publishing Plc.

ubook UBK
Publishing House

COPIDESQUE Verônica Bereicha
REVISÃO Lohaine Vimercate | Isis Pinto
PROJETO GRÁFICO Guilherme Peres
CAPA Bruno Santos
IMAGEM DE CAPA metamorworks/Shutterstock

Dados Internacionais de Catalogação na Publicação (CIP)
(Câmara Brasileira do Livro, SP, Brasil)

Anderson, Michael
Transforme sua empresa : usando os 4Cs como ferramenta para aprendizado e mudança / Michael Anderson e Miranda Jefferson ; tradução UBK Publishing House. -- Rio de Janeiro : Ubook Editora, 2020.

Título original: Transforming Organizations Engaging the 4Cs for powerful organizational learning and change
ISBN 978-65-990171-3-1

1. Aprendizagem organizacional 2. Mudança organizacional I. Jefferson, Miranda. II. Título.

20-33865 CDD-658.406

Índices para catálogo sistemático:
1. Mudança organizacional : Empresas : Administração
658.406

Cibele Maria Dias - Bibliotecária - CRB-8/9427

Ubook Editora S.A
Av. das Américas, 500, Bloco 12, Salas 303/304,
Barra da Tijuca, Rio de Janeiro/RJ.
Cep.: 22.640-100
Tel.: (21) 3570-8150

Sumário

O livro Transforme sua empresa *é dedicado às nossas famílias e àqueles que se preocupam em tornar as organizações relevantes e vitais.*

Prefácio

Em seu livro *The Consolations of Economics*, o economista britânico Gerard Lyons sugere que o sucesso de qualquer economia futura dependerá do que ele chama de 3Cs — capital, commodities e criatividade.[1] Sem dinheiro ou mercadorias, o Reino Unido estará cada vez mais dependente do valor de suas indústrias criativas, que geram mais de seis por cento do valor acrescentado bruto[2], e irão gerar um milhão de novos postos de trabalho até 2025. A capacidade de imaginar, reinventar, inovar, projetar rotinas e processos convencionais e produzir novos produtos e experiências está no centro do sucesso dessas indústrias, e caracteriza o que está sendo chamado de economia criativa, que contribui com dez por cento do VAB (valor acrescentado bruto) do Reino Unido. A ascensão das indústrias criativas ali e em outros lugares não é um acidente. Em um mundo incerto e muitas vezes volátil, organizações bem-sucedidas e suas lideranças devem abraçar a ambiguidade, a mudança disruptiva, o risco e a velocidade exponencial da quarta revolução industrial, ou Indústria 4.0. Uma revolução que também depende da conectividade — de ideias, pessoas, mercados, conhecimentos, processos de produção — tanto no nível local de *clusters* criativos em muitas das nossas cidades e municípios como na esfera digital ao redor do mundo. A conectividade requer comunicadores altamente qualificados, respeito mútuo e confiança, colaborações culturalmente sensíveis.

Além disso, tanto organizações corporativas como públicas, sociais e beneficentes de todos os portes estão começando a entender a importância da tomada de decisões éticas, humanas e ambientalmente conscientes. A empresa de consultoria McKinsey demonstrou que a diversidade em todos os níveis de uma organização é boa para os negócios e para a sociedade — juntando as diferenças cognitivas, étnicas, culturais e de gênero —, trazendo novas ideias e novos desafios ao *status quo*.[3] A diversidade é o motor social da criatividade, mas também traz desafios extraordinários em relação a conflitos de perspectiva, comunicação, colaboração e à maneira como refletimos criticamente sobre a missão e os valores de uma organização.

Vamos fazer uma pausa, como este livro tantas vezes faz, para pensar em como tudo isso soa na prática. Vamos nos lembrar das ações do Facebook e da VW, que, em 2017 e 2018, desvalorizaram-se em bilhões de dólares quando eles buscaram impiedosamente o lucro sobre as pessoas e o meio ambiente. A VW agravou os seus problemas ao não reconhecer — para refletir criticamente — as consequências de enganar a população sobre os testes de emissões a diesel sem levar em conta os resultados ambientais e de saúde. Em vez disso, foi apanhada testando emissões de poluentes em macacos enjaulados e seres humanos, com a justificativa de que isso estava sendo feito por preocupações sociais e ambientais.

O Facebook, por sua vez, procurou monetizar seus usuários — transformando-os em produtos de dados para serem vendidos, sem cuidado ético, no mercado. Ao fazer isso, a rede social perdeu dinheiro e usuários, e arriscou a confiança no processo democrático ocidental.

Um caso positivo é o do JD.com, ou Jingdong, às vezes chamado de Amazon chinesa, hoje a terceira maior empresa de tecnologia do mundo.[4] Existem grandes diferenças no padrão de vida na China entre as cidades de nível um e dois e em áreas agrícolas remotas. Para muitos dos pobres rurais, a mudança para as cidades é necessária para trabalhar e para superar a falta de oportunidades, recursos e infraestrutura. Poucos possuem computadores, mas todo mundo tem um smartphone, muitos com um aplicativo JD. Não há Walmarts nem hipermercados. Assim, a Amazon chinesa decidiu investir em seu *e-commerce*, recrutando motoristas locais, trabalhadores de armazéns estrategicamente localizados e muito mais. As entregas são feitas tanto por *drones* como por meios mais convencionais. Com o objetivo de alcançar rapidamente as comunidades mais distantes, a organização espera dobrar seu mercado mediante essa expansão nas áreas rurais. O JD baseia-se na sua reputação de confiabilidade e de produtos autênticos, não falsificados. Um sucesso comercial, social e ambiental.

Liu Qiandong é o CEO do JD.com, Mark Zuckerberg é o CEO do Facebook. Em seu ensaio de 1953, *The Hedgehog and the Fox*, Isaiah Berlin esboçou duas disposições humanas diferentes: a raposa sabe muitas coisas e o ouriço, uma grande coisa.[5] A raposa se adapta, se molda e aprende com muitas experiências. É emocionalmente letrada, multifacetada e curiosa. É rápida, ágil e inteligente. O ouriço depende de sua única grandeza e confia que esta seja suficiente para sobreviver e se expandir — não se adapta à mudança nem procura alternativas. Quem é o ouriço e quem é a raposa?

A batida e, muitas vezes, o coração inquieto de organizações criativas, colaborativas e criticamente reflexivas é o trabalho criativo e feito em equipe. Este livro oferece insights sobre diferentes modelos de práticas e processos de liderança que incentivam cada membro de uma organização a:

- Desenvolver seus níveis de inteligência social necessários para tolerar as diferenças e negociar, aceitar e rejeitar o desenvolvimento e a formação de ideias com sensibilidade e respeito, segundo o trabalho de Teresa Amabile[6] e Daniel Goleman.[7]
- Elaborar ideias por intermédio de processos de investigação e desenvolvimento, testá-las e avaliar seu próprio desempenho em comparação a outros, sem medo do fracasso, conforme pode-se notar no trabalho de Stiglitz e Greenwald.[8]
- Redimensionar suas próprias zonas de conforto de modo a assumir novas experiências e ideias que desestabilizem as "normas" do trabalho cotidiano e os métodos convencionais de operar em contextos sociais, de acordo com o trabalho de Mihai Csikszentmihalyi.[9]
- Trabalhar sem instruções diretas e liderança coercitiva, ser motor de inovação motivado por si mesmo, buscando um objetivo comum em vez de precisar controlar ou ser controlado, conforme pesquisa de Manville e Ober e Bilton.[10]

- Praticar modelos de liderança que incentivem a inovação, a tomada de riscos e ideias, em vez de impor protocolos e procedimentos regulamentados e uniformes, o que é discutido por Carol Dweck[11] e Axon, Friedman e Jordan.[12]

Em resposta atualizada aos 3Cs de Lyon, os autores identificam os 4Cs, Criatividade, Reflexão Crítica, Comunicação e Colaboração (*Creativity*, *Critical reflection*, *Communication* e *Collaboration*, em inglês) como sendo essenciais para nossas futuras necessidades econômicas, sociais e ambientais. O que enfatizo aqui é a vitalidade e a grande importância deles como estão articulados neste livro. Os 4Cs são conceitos fundamentais para imaginar e realizar mudanças transformadoras contínuas em organizações que estão comprometidas com *a triple bottom line* — buscando desenvolver inovações econômicas, sociais e ambientais conscientes, ou, assim como os autores, por meio de processos criativos. Esses conceitos estão estreitamente interligados e baseiam-se tanto no surgimento como no desenvolvimento das competências e capacidades humanas e na economia. A raposa sabe muitas coisas, e os 4Cs fornecem pilares para incentivar o encontro reflexivo, criativo, colaborativo e comunicativo, focando na inovação ética e organização ágil. Sem esses pilares, as organizações podem, fatalmente, manter a sua única grandeza ou ser demasiado lentas e indecisas quanto à mudança. O valor real do livro está nos capítulos que nos ajudam a ver como empregar o discurso de transformar as ideias dos 4Cs em processos de mudança. Isso é feito por meio de cases cuidadosamente selecionados e comentários analisados que nos permitem perceber como a aplicação dos conceitos fundamentais transformou diferentes tipos de organizações com diferentes necessidades e aspirações. Essas histórias convidam-nos a refletir sobre a mudança organizacional redentora. Elas fornecem pontos de partida práticos para qualquer organização ser ou refletir sobre as oportunidades de crescimento e transformação. Os estudos de caso são intercalados com estruturas claras de orientação, que nos ajudam a reconhecer a mudança como um processo cuidadosamente planejado, e não como um evento desconectado, e nos ensinam a passar do que sabemos para o que fazemos.

No fim, serão desempacotadas as fases e as características da reflexão criativa, as habilidades necessárias para a colaboração eficaz e os elementos de uma comunicação bem-sucedida.

Se o grande C do mundo neste momento é a criatividade, os conceitos relacionados à reflexão crítica, à comunicação e à colaboração são seus resultados vitais para a ação econômica, social e ambiental.

Professor Jonothan Neelands
Warwick Business School

Agradecimentos

Algumas partes de *Transforming Schools: Creativity, Critical Reflection, Communication and Collaboration* foram adaptadas para este livro.

Gostaríamos de agradecer aos amigos e familiares que ajudaram no desenvolvimento deste trabalho com sugestões, feedbacks e conselhos: Carol Anderson, Dan Bell, Jamie Gerlach, Mike Dicker, Michael Jensen e Henry Anderson. Gostaríamos também de agradecer à equipe da Bloomsbury Publishing pelo seu paciente e cuidadoso aconselhamento durante todo o processo de redação e publicação.

Sim, Primeiro-ministro © Jonathan Lynn e Antony Jay, 1986.

Sim, Ministro © Jonathan Lynn e Anthony Jay, 1982 com autorização de Alan Brodie Representation Ltd (www.alanbrodie.com).

As seguintes figuras são propriedade do *4C Transformative Learning* e são reproduzidas aqui com permissão:

3.3 Os formadores de coerência para a colaboração, a comunicação, a criatividade e a reflexão crítica
3.4 A estrutura das organizações líderes na abordagem 4Cs
4.2 A Roda da Eficácia Organizacional
4.4 O Diamante da Aprendizagem Profunda
5.4 A Cascata da Criatividade
6.2 O Cadinho da Reflexão Crítica
7.2 O Cristal da Comunicação
8.2 Círculos de Colaboração
9.2 O Emaranhado da Transformação

Esses desenhos são reproduzidos com a permissão do 4C Transformative Learning.

Para atualizações e informações sobre como trabalhar conosco, acesse: www.4corganizations.org

Introdução

É um erro de autores, provavelmente, pensar que vivem em tempos particularmente críticos de alteração. As páginas de abertura dos livros sobre transformação organizacional (e este não é exceção) falam de "ondas de mudança" que estão prestes a cair sobre a humanidade. Heráclito disse, por volta de 500 a.C., que "não há nada de permanente a não ser a mudança". Então, em certo sentido, não há nada de novo em afirmarmos que estamos nesse estágio. Pedimos um realinhamento entre o ritmo de transformação que vemos no mundo ao nosso redor e a forma como nossas organizações precisam responder para enfrentar esse desafio. Ironicamente, as mudanças que comentamos não são necessariamente novas. Líderes empresariais, políticos e acadêmicos e comunidades têm recorrido à Criatividade, Reflexão Crítica, Comunicação e Colaboração para serem mais proeminentes por várias décadas, e essas capacidades estão na demanda dos empregadores em todos os tipos de organizações.

Muitos antes de nós pediram que os 4Cs fossem mais incorporados às instituições. Há, no entanto, uma lacuna entre as aspirações refletidas nessas discussões e o que realmente acontece nos níveis de liderança e em todos os outros níveis das organizações. Isso ocorre porque a aspiração é fácil, mas a ação é difícil. *Transforme sua empresa* pretende, portanto, fechar essa brecha. Nossa intenção é demonstrar que a mudança necessária só pode ocorrer se recalibrarmos, reorientarmos e reconectarmos as organizações com os 4Cs. Pensamos que isso se tornará possível quando elas adotarem estratégias claras e práticas que possam ser aplicadas em todas as suas funções.

Os responsáveis pela coerência que discutimos ao longo de todo o processo (descritos no capítulo 3) são a nossa abordagem para completar esse hiato específico. Os formadores de coerência são produtos de pesquisa e aplicação prática em organizações reais envolvendo transformação. As abordagens contidas neste livro emergem da pesquisa feita a partir de negócios, economia, educação, gestão, filosofia e da nossa própria experiência e nosso trabalho com instituições que estão em metamorfose. As estratégias delineadas foram concebidas para proporcionar uma forma simples, mas rica, de redefinir a transformação e tapar a lacuna entre retórica e realidade. A primeira não cria a realidade. Na nossa opinião, a ação consciente e sensata o faz. *Transforme sua empresa* é, principalmente, sobre ação. Trata-se do "como", não apenas de "o que" ou do "por que" (embora discutamos isso também). Seguem-se algumas advertências e notas que podem ajudá-lo a navegar nas próximas páginas. A nossa vasta e diversificada experiência com organizações obrigou-nos a pensar amplamente sobre as estratégias que propomos para que sejam tão relevantes para uma empresa da Fortune 500 como para uma escola ou uma agência espacial. Tentamos aplicar o que sabemos de nossa vivência, pesquisa, consultoria e nosso ensino em educação, MBAs, estudos interdisciplinares e outras áreas. Ainda que este livro tenha o título bastante grandioso de *Transforme sua empresa: Usando os 4Cs como ferramenta para aprendizado e mudança*, pode ser que não cubra tudo o que se relaciona com a transformação organizacional. Nesse sentido, é mais o início de uma conversa do que uma cobertura enciclopédica da mudança. Como discutimos, as estratégias e abordagens que mencionamos aqui emergem de organizações reais, evidente a partir dos muitos estudos de caso que oferecemos. Eles são uma reflexão sobre como vemos os 4Cs aplicados por outros. Também apresentamos histórias de nosso próprio trabalho por intermédio dos 4Cs. Às vezes, mudamos os detalhes dos exemplos que usamos para preservar o anonimato dos participantes.

Apesar de ter sido desenvolvido para ser lido na sequência dos capítulos, a obra pode ser revisitada capítulo por capítulo se você se concentrar em colaboração ou eficácia organizacional, por exemplo. No entanto, entenda que os 4Cs são um modelo de transformação holística. Em nossa opinião, as organizações não podem se transformar se essa abordagem for fragmentada. Todos os conceitos são mutuamente dependentes uns dos outros. Em outras palavras, você não pode, por exemplo, se transformar por meio da criatividade sem desenvolver capacidades de reflexão crítica, colaboração e comunicação. *Transforme sua empresa* é estruturado de modo que os capítulos iniciais estabeleçam a lógica e a base para a transformação (capítulos 1 ao 4). Neles, concentramo-nos na importância da sabedoria, da aprendizagem mais profunda e da prática reimaginada, que exploramos mediante paradoxos. Também introduzimos algumas características-chave no "como" da transformação, utilizando os responsáveis pela coerência. Os formadores de coerência são estruturas que, quando empregadas pelas organizações, tornam os conceitos intangíveis compreensíveis. Os capítulos 5 ao 8 esboçam a nossa abordagem à criatividade, reflexão crítica, colaboração e comunicação e fornecem detalhes examinados dos criadores de coerência que enquadram essa aprendizagem. O capítulo 9 discute como essas abordagens podem ser combinadas e aplicadas para criar uma transformação sustentável. Nesse capítulo, também discutimos as implicações da mudança.

Abaixo uma prévia dos capítulos para que você compreenda como o livro está organizado.

Capítulo 1: Transformando organizações

Esta parte descreve a abordagem dos 4Cs para a transformação. Discutimos a lacuna entre retórica e realidade e como os conceitos podem fornecer estratégias para preenchê-la. Apresentamos também um estudo de caso da Lego, que sobreviveu e prosperou pela aprendizagem, recriando práticas e desenvolvendo uma liderança sábia.

Capítulo 2: Compreendendo o panorama geral

O quadro geral das organizações é o de mudanças sociais, comunitárias, econômicas e ambientais que estão ocorrendo externa e internamente. A nosso ver, o panorama geral é importante porque as empresas não são ilhas. O seu sucesso e, muitas vezes, sua sobrevivência, dependem da sua capacidade de compreender esta situação. O capítulo 2 apresenta as questões que a nossa sociedade enfrenta na atualidade: caos, contradição e complexidade.[1] Defendemos que a criatividade, a reflexão crítica, a comunicação e a colaboração são determinantes para refazer as organizações em tempos pós-normais. O declínio da Nokia, apresentado nesta parte, ilustra como o medo pode levar ao declínio empresarial. Aqui veremos o caso da transformação organizacional.

Capítulo 3: Preparando o terreno: condições prévias para a transformação
Abrimos esta etapa com um estudo de caso sobre a Woolf Farming and Processing. Argumentamos que a mudança só é possível quando o terreno é fértil e preparado para os desafios da transformação. Discutimos a liderança do processo por meio da *Estrutura das Organizações Líderes*, que é um formador de coerência. Estes fornecem a base para os conceitos intangíveis, a fim de fechar a lacuna entre retórica e realidade. Também introduzimos o conceito de sabedoria paradoxal para explicar como ideias aparentemente contraditórias podem fornecer a compreensão mais profunda de um processo.

Capítulo 4: Fazendo a transformação acontecer
No capítulo 4, discutimos os processos de aprendizagem organizacional necessários para que a transformação aconteça. Apresentamos um estudo de caso sobre os processos pelos quais a instituição de caridade Save The Children International passou. Apresentamos a Roda da Eficácia Organizacional (REO) como um fabricante de coerência que fornece foco para que a transformação 4Cs ocorra nas empresas. Neste capítulo, também abordamos o criador de coerência Diamante da Aprendizagem Profunda para aprofundar a aprendizagem nas organizações por meio de:

- Atuação: empoderamento e autodireção.
- Investigação: valorização das perguntas em detrimento das respostas.
- Feedback: interação com experimentação.
- Experiência: capacidade emocional, de relação e de pensamento.
- Relevância: aplicação em um contexto.

Para ilustrar essas abordagens, apresentamos um estudo de caso sobre o Efeito Glasgow.

Capítulo 5: Criatividade

Começamos com um estudo de caso sobre o início do uso dos óculos, a história da *Dresden Optics*. Por meio dela, explicamos o nosso criador de coerência para a criatividade, a cascata da criatividade. Argumentamos que uma compreensão completa da criatividade nas organizações pode impulsionar a eficácia. Tal como acontece com os outros três Cs, este sobrepõe-se, interage e depende da reflexão crítica, comunicação e colaboração.

Capítulo 6: Reflexão crítica

Fundamentalmente, este conceito depende de uma análise profunda e ampla que torna transparentes os pressupostos e as suposições de cada indivíduo e organização sobre conhecimento e poder. O capítulo começa com o fracasso da Volkswagen em refletir criticamente sobre este episódio e suas ramificações. Falamos também sobre como as organizações devem empregar a reflexão crítica para gerar ação produtiva. Como forma de demonstrar o funcionamento na prática, apresentamos o criador de coerência para o cadinho da reflexão crítica.

Capítulo 7: Comunicação

Discutimos a parceria da IDEO e da Cineplanet (com sede no Peru) como um caso de comunicação clara e verdadeira que tornou possível a transformação. Apresentamos o cristal da comunicação como um fabricante de coerência que estruturou uma abordagem para a compreensão e para o desenvolvimento de habilidades de comunicação. Na verdade, o prisma de cristal com suas muitas superfícies e ângulos é usado para descrever a comunicação, pois é multifacetado, refrata e reflete as mensagens de inúmeras maneiras.

Capítulo 8: Colaboração

Uma premissa da abordagem dos 4Cs é que, mediante a colaboração, os seres humanos tornam o seu eu mais pleno. Por meio da reciprocidade verdadeira, expandimos o que somos. E, para alcançar essa solidariedade benéfica, no entanto, é necessária a navegação nas dinâmicas complexas das relações. Apresentamos aqui o caso da parceria *Johns Hopkins Community Health* para demonstrar o que a colaboração profunda pode alcançar. Sintetizamos os processos em um criador de coerência: círculos de colaboração, uma estrutura de apoio ou andaime para ilustrar como a colaboração pode ser aprendida e facilitada.

Capítulo 9: Como os 4Cs podem fechar a lacuna da realidade retórica: algumas implicações

Encerramos o livro discutindo como as características da transformação baseada nos 4Cs funcionam em conjunto. O formador de coerência Emaranhado da Transformação descreve as fases de mudança. Além disso, discutimos as realidades e implicações de tornar a transformação uma realidade nas organizações. Argumentamos aqui que a transformação dos 4Cs é alcançável se as verdades e os desafios forem compreendidos e se as estratégias forem empregadas de maneira eficaz.

Quando começamos a nos envolver com o assunto, sabíamos que essa era uma tarefa ambiciosa. O atual clima de aversão ao risco e de intransigência organizacional nos deixou com muitas instituições se tornando irrelevantes ou sem resposta às nossas necessidades atuais como sociedade. Nós nunca afirmamos que qualquer uma dessas mudanças seja fácil; muito pelo contrário. Temos, no entanto, em nossas discussões com as organizações, sentido um desejo por um novo caminho — um caminho que se conecta com as capacidades que contribuem para a prosperidade humana. Estamos passando por mudanças críticas em nossa sociedade e em nossas comunidades. Esperamos que este livro contribua para o desenvolvimento de organizações, e que elas façam uma diferença benéfica e tragam uma contribuição construtiva para o desenvolvimento de uma transformação autêntica, sábia e sustentável.

1
Transformando organizações

Introdução: Salto sobre o espaço da realidade retórica

Em 5 de outubro de 1979,[1] o dublê Kenny Powers (Figura 1.1) tentou atravessar, com seu Lincoln Continental movido por foguetes, do Canadá para os EUA, cuja distância é de 1,6 quilômetro sobre o rio St. Lawrence. A preparação demorou mais de quatro anos, foi cara (mais de um milhão de dólares), metódica e exigente. Quando o dia finalmente chegou, o carro voou quinze metros e mergulhou direto no rio, ferindo gravemente o dublê. No fim, não importa como a preparação do equipamento foi cuidadosa ou quão experiente era a equipe e o dublê. A verdade é que eles ficaram muito aquém do objetivo.

FIGURA 1.1 *O dublê Kenny Powers antes do "grande salto".*

Avançamos rapidamente para o hoje, e nossas organizações enfrentam um momento semelhante. Passamos anos preparando, aprendendo, reestruturando, harmonizando, recrutando e desenvolvendo as pessoas "certas". Mas não temos ainda capacidade para dar o salto. Precisamos reduzir a distância entre as formas de pensar e fazer, e entre as abordagens que irão nos ajudar a passar da retórica (criatividade, reflexão crítica perceptiva, inovação, comunicação incisiva e colaboração efetiva e autêntica) para as realidades (problemas complexos, conjuntos de conceitos fixos e práticas obsoletas) que nos confrontam em um mundo incerto. Neste livro, queremos oferecer alguns preparativos e processos para as organizações tentarem esse salto.

A lacuna da realidade retórica

Há um coro crescente de governos, acionistas, conselhos empresariais e acadêmicos bradando sobre a necessidade de nossas empresas mudarem. Eles argumentam (como fazemos mais adiante neste livro) que as transformações na tecnologia, nas práticas de trabalho, no meio ambiente e na sociedade estão criando um impulso irresistível para o avanço. Discutiremos a transformação mais adiante neste capítulo, mas, em resumo, estamos nos referindo ao processo de mudança de práticas e abordagens para torná-las relevantes às realidades atuais. O problema é que a retórica raramente se envolve com a realidade das organizações e da transformação. No fim, isso pode levar a que algumas organizações tateiem no escuro para saber como transformar ou voltar atrás em velhas práticas. Essas abordagens são, muitas vezes, inadequadas para novos desafios e podem levar ao declínio e ao desaparecimento de algumas organizações. *Transforme sua empresa* pretende começar a preencher esse espaço entre a retórica da transformação e a ação da transformação.

Forneceremos abordagens e estruturas que explicitem as capacidades necessárias para que as organizações não apenas sobrevivam, mas prosperem em circunstâncias com desafios novos e dinâmicos. Neste momento, mais do que nunca, precisamos de instituições que possam olhar para as ondas recebidas de conformidade e administração para encontrar um caminho em um mundo, às vezes, confuso, complexo e caótico, e construir uma visão para a mudança. Os 4Cs formam a base dessas abordagens e são fundamentais para que nossas organizações se tornem museus com práticas ultrapassadas. Esses conceitos possuem o potencial de tornar as empresas lugares vigorosos, flexíveis e resilientes que satisfaçam diretamente às necessidades de um mundo volátil. Como Kenny Powers, estamos olhando para um abismo entre a retórica (o quê) e a realidade (o como). Este livro pretende acabar com esse abismo, oferecendo estratégias, abordagens e estruturas tangíveis. Acreditamos que seja hora de uma reconsideração na forma como atuamos nas organizações. Em todas elas, independentemente do seu tamanho, forma ou motivação, precisamos incorporar as capacidades que as tornam sábias, flexíveis, produtivas, inovadoras e resilientes, para que possamos prepará-las para um futuro incerto e contribuir para um mundo focado na prosperidade humana, e não na desintegração. Embora não afirmemos que temos todas as respostas para esse grande desafio, o foco renovado nos 4Cs é parte essencial para tornar as instuições equipadas para o presente e o futuro. Este capítulo descreve a nossa abordagem da transformação por meio da aprendizagem e das práticas recriadas, e, na maioria deles, começamos com um estudo de caso de uma empresa que se envolveu com a transformação e não apenas sobreviveu, mas prosperou. Aqui, contamos a história da transformação da Lego, para demonstrar como os 4Cs atuam em uma organização para gerar mudança. Este processo só foi possível pela aprendizagem e pelas reflexões sobre suas práticas. A aplicação de criatividade eficaz e focada, reflexão crítica, comunicação e colaboração foi a diferença entre o sucesso e o declínio financeiro.

Transformar uma organização por meio da aprendizagem e da sabedoria

Uma das minhas duas melhores lembranças da infância foi brincar com um balde, aparentemente sem fundo, repleto de Lego (Figura 1.2). Talvez você também tenha uma recordação semelhante. Lembro-me das combinações quase infindáveis que tentava construir, dependendo do que me chamava atenção naquela semana, desde super-heróis a carros de corrida e castelos. Lego, como um produto, foi e ainda é parte importante das primeiras experiências de brincadeiras e inovação de uma criança. No entanto, tanto a empresa e quanto o produto teve uma experiência de quase morte na virada do século passado. Como tantas outras empresas, novas concorrentes e inovações no mercado de brinquedos ameaçavam deslocar uma marca que, durante tantos anos, tinha feito parte das brincadeiras infantis.

FIGURA 1.2 *Um balde de Lego.*

A lendária Lego, que tinha uma história estável e bem-sucedida, enfrentou perdas de vendas de 26 por cento em 2003 e vinte por cento em 2004.[3] A derrocada era quase certa. A situação foi resumida de forma dramática pelo CEO,

Jørgen Vig Knudstorp, naquele tempo: "Estamos em uma plataforma em chamas, perdendo dinheiro com um fluxo de caixa negativo e um risco real de não pagamento da dívida, que poderia levar à dissolução da empresa."[4] Em parte, esses problemas foram criados por uma linha de produtos excessivamente complicada, com mais de 12.500 componentes diferentes em estoque, centenas de cores variadas e onze mil fornecedores. Em 2004, a Lego agiu. Criou uma equipe diversificada de especialistas internos e externos[5] para colaborar e reestruturar a organização, e evitar catástrofes. Os colaboradores consideraram todos os aspectos, desde a cadeia de suprimentos até as entregas e a satisfação do cliente. Em 2005, a equipe criou uma "sala de guerra" para decretar a estratégia da "visão partilhada" com um efeito drástico. A empresa reduziu as cores pela metade e as unidades em estoque de 12.500 para 6.500. A Lego comunicou-se diretamente com seus clientes para refletir a respeito de suas premissas sobre o negócio. As discussões com os vinte maiores clientes revelaram que a entrega dentro de 24 horas, às vezes não cumprida, não era essencial, e essa mudança, por si só, trouxe uma economia de custos significativa para o negócio. Já em 2015, embora algumas das opções de produtos tivessem sido reduzidas, os clientes viram a entrega dentro do prazo melhorar acentuadamente. Devido a essas alterações, entre 2005 e 2008, as vendas aumentaram 35 por cento e os custos fixos foram reduzidos de 75 por cento para 33 por cento. Em 2016, a companhia registrou uma receita recorde, em grande parte devido ao seu investimento em produtos digitais e inovação. O CEO da Lego afirmou à época:

> A inovação é fundamental para o nosso sucesso e, a cada ano, cerca de sessenta por cento do nosso portfólio são novos produtos. Estamos constantemente nos desafiando para engajar e inspirar as crianças com as brincadeiras mais relevantes e excitantes, além de experiências divertidas. Este ano, concentramos os nossos esforços em torno do envolvimento digital e encontramos novas formas de nos ligarmos *on-line* e por meio de uma série de plataformas digitais.[6]

Além disso, a Lego está desenvolvendo parcerias com a UNICEF para proteger os direitos da criança e criando programas de segurança cibernética e iniciativas de educação para refugiados. Em 2016, os colaboradores da empresa organizaram experiências lúdicas para mais de cem mil jovens[7] em todo o mundo, em parceria com instituições beneficentes infantis locais.

Lego como uma organização de aprendizagem

A história de transformação da Lego é, provavelmente, familiar para muitos leitores. A característica-chave dessa história, para nós, é que a empresa aprendeu. Aprendeu por meio de processos focados que produziram habilidades no que é chamado de 4Cs: criatividade, reflexão crítica, comunicação e colaboração. Por aprender, estamos nos referindo à capacidade de uma organização de mudar e se remodelar em resposta à compreensão dos problemas enfrentados por ela. Vamos entrar em detalhes sobre como esses processos podem ser implementados, mas, resumidamente, foi através deles que a transformação na Lego aconteceu.

Criatividade

A criatividade é a alfabetização da revolução, como argumentaremos no capítulo 5. Muitas vezes, quando surgem problemas, as organizações tendem a cortar, de cara, a inovação e a criatividade em vez de investir mais fortemente nelas. No caso da Lego, ocorreu o oposto. Ela inovou para acabar com os problemas, contando com as capacidades de criatividade e modernização para identificar novos produtos e mercados que levaram a melhorias nas receitas. Empresas que enfrentaram desafios semelhantes aos da Lego, como a Kodak, não agiram de maneira semelhante diante de mudanças rápidas.[8] Essas companhias se tornaram histórias de advertência, demonstrando o que acontece quando elas não conseguem se reorganizar diante da mudança rápida das realidades empresariais e sociais. É improvável que as organizações que não conseguem desenvolver a capacidade criativa se conectem profundamente com a inovação. A história de criatividade, inovação e brincadeira da Lego pode ter sido um dos fatores culturais mais profundos que lhe permitiram sobreviver e prosperar quase duas décadas mais tarde.

Outra capacidade que fez com que sua transformação fosse bem-sucedida foi a comunicação.

Reflexão crítica

A reflexão crítica é a capacidade de perceber e analisar situações para formular respostas sábias a problemas complexos. Inerente a ela está a análise individual da sua agência. Agência é a capacidade de cada indivíduo de desenvolver insights e exercer controle dentro de um contexto, situação ou organização. No caso da Lego, a reflexão crítica ajudou a empresa a compreender como suas estruturas intrincada de gestão e seus processos de tomada de decisão, por vezes confusos, levaram ao seu lento declínio. A empresa foi então capaz de agir para conceber uma estratégia de transformação. Naturalmente, a reflexão não é um termo novo para muitos de nós, mas a que analisa e impulsiona à ação na nossa experiência de organizações é atípica. Discutiremos os usos da reflexão crítica com mais profundidade no capítulo 6.

Comunicação

O primeiro instinto no caso da Lego não foi falar, mas ouvir. Entrevistar seus clientes e estar atenta às suas mensagens sobre entregas forneceu-lhe as provas de que precisava para simplificar os processos, uma vez que ouviu a mensagem, compartilhou a visão e envolveu sua comunidade na discussão. Isso pode parecer simples em retrospectiva, mas há inúmeros exemplos organizacionais em que a comunicação é repleta de ruídos, como em um processo unidirecional. No capítulo 7, explicaremos como as instituições podem ser competentes por meio da compreensão e implementação de estratégias eficazes de comunicação.

Colaboração

Em vez de nomear um líder herói que mudou toda a organização e cortou funcionários, a Lego confiou em processos colaborativos. Ela desenvolveu uma equipe interna que tinha experiência ampla na cultura da companhia e trabalhou junto para fazer as mudanças necessárias. O estabelecimento da "sala de guerra" e a estratégia da "visão partilhada" situavam a questão da Lego como um problema partilhado com uma solução partilhada. Na implementação da solução, as divisões da empresa colaboraram entre áreas funcionais, para tornar os sistemas e as abordagens mais eficientes. Ela também trabalhou com seus fornecedores, varejistas e clientes para compreendê-los de forma mais abrangente. Esse tipo de transformação ocorre quando acontece uma verdadeira colaboração, que é, essencialmente, diferente da cooperação e do trabalho em equipe. Discutiremos isso mais adiante, no capítulo 8.

A experiência da Lego demonstra como os 4Cs são centrais para tornar a transformação uma realidade, e, neste caso, evitar um declínio potencialmente terminal. A experiência de mudança da empresa demonstra que os 4Cs não são apenas conceitos aspiracionais vagos, eles podem ser profundamente compreendidos e incorporados à cultura de uma organização. Porém, esse trabalho requer vontade, energia, coragem, determinação e, acima de tudo, uma compreensão explícita de como desenvolver e implementar esses conceitos, por vezes ambíguos. Achamos que as lições da Lego traçam o caminho a seguir. Como organização, ela mudou de forma após uma aprendizagem transformadora, e continua a aprender e a se transformar. Dessa maneira, a aprendizagem foi possível mediante a utilização dos 4Cs para refletir criticamente sobre a organização e, em seguida, de forma criativa, para se comunicar e colaborar para provocar a transformação.

As organizações do século XXI não enfrentarão um estado estacionário, pois as circunstâncias continuarão a mudar e a apresentar desafios dinâmicos. A rápida evolução da tecnologia e as mudanças sociais complexas implicam que os nossos pressupostos terão de ser continuamente reformulados. A sobrevivência da Lego demonstra a necessidade de as empresas investirem na compreensão e na aplicação dos 4Cs em seus processos, relacionamentos e parcerias. Porém, antes de avançarmos mais, vamos identificar algumas de nossas próprias suposições, tais como o que queremos dizer com os termos "transformação" e "organização".

Uma organização

Trabalhamos em diferentes tipos de organizações. Atuamos em universidades, empresas, governos, escolas e instituições não governamentais e religiosas, para citar apenas alguns exemplos. A única coisa que notamos é sua necessidade de se tornarem entidades que aprendem. Este livro não se chama *Transforme seu negócio* ou *Transforme sua* ONG. Este livro se chama *Transforme sua empresa*, porque o que todas essas entidades têm em comum é muito mais do que o substantivo que as nomeia. Como muitos sociólogos argumentam, há mais coisas em comum do que distintas entre as organizações. Os pesquisadores organizacionais Bromley e Meyer afirmam:

> À medida que setores tradicionalmente separados mudam para formatos de organização mais padronizados, as distinções históricas entre eles se baseiam cada vez mais em definições legais e científicas, em vez de propósitos funcionais. Hoje, sabemos que uma organização sem fins lucrativos é assim porque tem o estatuto jurídico adequado. Torna-se cada vez mais difícil determinar a sua forma (negócio, governo ou caridade) com base apenas em sua atividade funcional.[9]

Para nós, e com a finalidade de determinar se você trabalha ou não e se vive em uma organização (e se este livro se aplica a você), oferecemos esta definição: as organizações estão vinculadas por um contrato social que reúne indivíduos para organizar e criar estruturas, relações, culturas, climas, ideias e serviços. Essas atividades enriquecem a capacidade humana e a agência para contribuir para o crescimento de uma sociedade sábia, civil, justa, democrática e vibrante.

Note que fizemos um julgamento moral aqui. Há muitas entidades que podem ser consideradas organizações, mas estão focadas na desintegração humana ou social, em vez do florescimento. A máfia, por exemplo, não se preocupa necessariamente com a emergência do bem comum, nem com a justiça, a equidade e a sabedoria. Um requisito necessário para as organizações com as quais trabalhamos é que elas estejam interessadas em construir comunidades e indivíduos em vez de corroê-los. Tendo definido organizações, o que entendemos por transformação organizacional?

Transformação organizacional

A transformação tornou-se uma palavra-chave nas organizações, assim como termos como "disrupção", "mergulho profundo", "competência central", "estrategizar", "socializar", "incentivar", "pensar fora da caixa" e "sangrar". As palavras usadas dessa forma tornam-se um pouco sem sentido devido ao seu uso excessivo (são muitas vezes consideradas gastas). Isso é particularmente verdade para uma palavra como transformação. Para nós, a transformação é um processo, muitas vezes lento, de passar das formas atuais de trabalho para se adaptar às circunstâncias novas e emergentes. Não estamos defendendo que se "jogue fora o bebê com a água do banho". Os recursos e capacidades de transformação estão, muitas vezes, dentro da organização. As habilidades, o conhecimento e a compreensão que as organizações adquiriram ao longo de anos de aprendizagem e experiência não devem ser descartados, mas sim reformulados para enfrentar os desafios que elas enfrentam. Essas transformações não acontecem rapidamente e são muitas vezes difíceis. Onde elas acontecem, toda a organização compromete recursos e energia para essa tarefa de transformação. Essas organizações tomam decisões difíceis, porque entendem que transformação significa sobrevivência. Elas prefeririam estar na posição em que a Lego está hoje, e não na da Kodak.

O "como" da transformação

A maior parte do restante deste livro está focada no "como", e não no "porquê" da transformação. O "porquê" será tratado, em grande parte, no capítulo 2. Em nossa experiência, a transformação é entregue por intermédio de uma liderança transformadora, de uma aprendizagem organizacional profunda, de sabedoria e de práticas reimaginadas. Segue uma breve descrição de cada um desses temas.

Liderança transformadora

A liderança transformadora é uma característica ou qualidade, e é intrinsecamente colaborativa — não apenas presente em uma pessoa. Os 4Cs estão implícitos na liderança transformadora, de modo que a organização com liderança transformadora será explicitamente criativa, colaborativa e criticamente reflexiva com uma comunicação aberta *multi-way* (multidirecional). Mais criticamente, essas características serão evidentes em toda a organização e não apenas no "alto", no "meio" ou "embaixo". O líder transformador desenvolve uma cultura que incorpora profundamente os 4Cs, e isso permite que a organização responda eficazmente às mudanças ambientais, econômicas ou sociais com sabedoria e rapidez. A liderança nessas organizações tem mentalidades, estruturas e processos que:

- podem imaginar o futuro (criatividade);
- refletem sobre pressupostos e práticas estabelecidas (fazem uma reflexão crítica);
- se relacionam com os outros e os valorizam em uma troca multidirecional (há comunicação);
- empregam e habilitam o gênio do coletivo (colaboração).

Essas qualidades inerentemente ágeis levam uma organização a não ficar parada enquanto o mundo passa. Elas podem reimaginar o possível, mas também aprender profundamente com sua própria experiência.

Aprendizagem organizacional profunda

O livro de Peter Senge *A quinta disciplina: A arte e a prática da organização que aprende*[10] argumenta que os benefícios da aprendizagem estão ligados à capacidade de uma organização para o sucesso e a renovação das estratégias.[11] Ele afirma que "as organizações que realmente se destacarão no futuro serão aquelas que descobrirem como as pessoas se comprometem e têm capacidade de aprender em todos os níveis da organização".[12] Em um contexto dinâmico e competitivo, o CEO da BP, John Browne, apoia as afirmações de Senge: "a aprendizagem está no cerne da capacidade de uma empresa para se adaptar a um ambiente em rápida mudança. É a chave para ser capaz de identificar oportunidades que outros poderão não ver e para explorar oportunidades rápida e plenamente."[13] A capacidade de tirar partido e explorar a aprendizagem é vista por muitos CEOs e especialistas em aprendizagem como benéfica para o desempenho de uma organização. No entanto, não se trata de qualquer tipo de aprendizagem; a qualidade da aprendizagem que estamos identificando é profunda e sensata.

O livro de Cal Newport, *Deep Work,*[14] ajuda a definir como é realmente a aprendizagem profunda. Ele enfoca o indivíduo na organização, mas nós pensamos que se aplica também à organização (que, afinal, é a soma dos indivíduos dentro dela). O autor diz: "Para permanecer valioso na nossa economia, portanto, você deve dominar a arte de aprender rapidamente coisas complicadas. Essa tarefa requer um trabalho profundo. Se você não cultivar essa habilidade, é provável que fique para trás à medida que a tecnologia avança."[15] Na análise de Newport, o aprendizado superficial não é suficiente. O conhecimento requer agilidade, mas também requer a capacidade de analisar profundamente os problemas, os desafios e as oportunidades. Newport argumenta, como o psicólogo Mihaly Csikszentmihalyi, que os seres humanos estão no seu melhor quando mergulhados profundamente em algo desafiador.[16]

Uma das características do nosso clima social e econômico em mutação é a emergência de questões e problemas supercomplexos. Na visão de Newport, e na nossa, a capacidade de aplicar profundamente o pensamento de alguém a ideias complicadas fornece um caminho para a eficácia. Por exemplo, a abordagem metódica colaborativa e baseada em evidências da Lego para compreender seus processos de entrega foi um trabalho profundo que levou à aprendizagem profunda. Em vez de apenas mudar sua abordagem, sem provas, a empresa ouviu as opiniões de seus varejistas sobre o problema e o compreendeu em profundidade. Isso, no entanto, não é o suficiente para aprender profundamente. Muitas organizações têm usado o aprendizado profundo para construir melhores formas de oprimir e destruir comunidades. A sabedoria é essencial para fazer das organizações uma força construtiva em nossa comunidade e em nosso mundo.

Sabedoria

A sabedoria é essencial para uma sociedade civil e a sua falta pode ser desastrosa. A necessidade de sabedoria nas organizações é destacada pelos exemplos espetaculares de fracasso em instituições, como a derrocada de empresas como Barings Bank, Lehman Brothers, Fannie Mae e Freddie Mac. A sabedoria é a ação moral, ética e responsável de um bom cidadão. Sabedoria em uma organização significa ser sábio nos detalhes e sábio de um modo geral. Referimo-nos ao altruísmo e à ação, no capítulo 3, como capacidades necessárias na Roda da Eficácia Organizacional para um bem maior. Essas capacidades são inerentes à sabedoria. Aprender a sabedoria requer uma abordagem que vai além de estar em conformidade com as regras e os regulamentos. O antigo filósofo Aristóteles argumentou que a sabedoria é a forma como exercemos o julgamento e que está profundamente enraizada no nosso caráter, aprendizagem e competência.[17] Como, então, podemos aprender sabedoria em uma organização? Argumentamos que a sabedoria começa pela compreensão da aprendizagem profunda. A aprendizagem profunda é o processo de ir além do superficial e compreender os problemas profundamente enraizados que as organizações enfrentam. A aprendizagem profunda é possibilitada pela construção de capacidades em criatividade, reflexão crítica, colaboração e comunicação, para que as organizações possam ir além das reações automáticas e autossuficientes e comecem a desenvolver análises profundas de problemas e soluções eficazes. Organizações com essas qualidades são capazes de reimaginar suas práticas para atender às necessidades emergentes de seus clientes, *stakeholders*, estudantes ou parceiros colaboradores.

Práticas reimaginadas

Como o peixe dourado no aquário, as organizações raramente olham profundamente para o "porquê" de suas práticas. De certo modo, porque essas práticas são a "água" e as organizações nadam para o "fundo"; assim, raramente são questionadas ou reexaminadas. Por exemplo, os pesquisadores Alveson e Spicer sugerem que as empresas de pesquisa de mercado têm práticas "estúpidas" que se tornaram endêmicas e inquestionáveis:

> Essas empresas intensivas em conhecimento tipicamente contratam jovens bem-educados e com diplomas decentes para fazer duas coisas: ligar para as pessoas enquanto jantam para fazer perguntas inúteis, ou analisar os dados que esses telefonemas geram. É questionável o nível de competência intelectual exigido por qualquer desses postos de trabalho. O que eles precisam é de um bom sotaque e de ser imunes a críticas. Não admira que um operador de uma central de atendimento descreva o trabalho como "uma linha de montagem na cabeça".[18]

Essa persistência em práticas potencialmente ineficientes é generalizada em nossa experiência. Tais técnicas permanecem porque muitas vezes não há incentivos em uma grande organização para mudá-las depois que se tornam endêmicas e inquestionáveis. Muitas vezes, uma crise como a queda do lucro na Lego leva a uma liderança transformadora. No caso da Lego, muitas das abordagens "tomadas como certas" da empresa foram questionadas e, depois, transformadas para atender às realidades emergentes. Quando a Lego reduziu as cores pela metade e as unidades em estoque de 12.500 para 6.500, desafiou sua rotina arraigada. Essa alteração, por si só, melhorou consideravelmente a sua lucratividade e constituiu um dos fatores-chave para sua sobrevivência. Para a Lego, a reinvenção de seus processos dependia de uma liderança reflexiva e perceptiva que se envolvesse diretamente com perguntas difíceis sobre suas suposições e práticas fortemente enraizadas.

Como mencionamos no início deste capítulo, o abismo entre a retórica e a realidade precisa ser aterrado para transformar nossas organizações. Ao contrário da história do dublê Kenny Powers, precisamos transportar a nós e a nossas organizações através do abismo. Achamos que os 4Cs são fundamentais para essa preparação, e a experiência da Lego apoia essa afirmação. Ao contrário de muitas das abordagens de transformação do passado, as estratégias e os quadros que estamos apresentando neste livro focam no florescimento individual e organizacional.

Em nosso trabalho com organizações, investimos profundamente nas relações, envolvendo-nos com elas durante longos períodos. Raramente realizamos *workshops* de um dia, mas, em vez disso, nos aproximamos de pessoas e organizações para garantir que estratégias, práticas e abordagens que sugerimos sejam orientadas pelo contexto e profundamente incorporadas por meio de aprendizagem profunda, sabedoria e liderança transformacional, que levam a práticas reimaginadas. Para nós, reimaginar esses processos é algo fundamental se quisermos ver uma transformação real e sustentável nas organizações. Essa abordagem deliberada e estratégica pode criar uma ponte entre a retórica e a realidade e proporcionar uma transformação autêntica e sustentável.

As antigas abordagens da transformação, tais como reestruturações ou mudanças de nome sem reimaginar a prática, raramente tornam as organizações mais relevantes e dinâmicas. Essas mudanças são improváveis de serem eficazes e duráveis em um mundo que está mudando diante de nossos olhos. Se nos preocupamos com o papel das organizações no florescimento humano, devemos garantir que os trabalhos de transformação sejam realizados por todos nas empresas e em nossas comunidades. As organizações com as quais trabalhamos são capazes de aprender, conduzir com sabedoria e transformar as práticas em resposta à mudança do quadro geral — mudar as circunstâncias sociais, empresariais, políticas e ambientais. O desafio para as empresas e para os indivíduos não é ter medo do presente e do futuro, mas aproveitar as oportunidades que se apresentam. Acreditamos que isso se torna possível por meio da incorporação dos 4Cs. No próximo capítulo, descrevemos o "quadro geral" à medida que o vemos e delineamos o caso para a transformação.

2
Compreendendo o panorama geral

O contexto mais amplo da mudança em nossas sociedades, comunidades e organizações — o quadro geral — é fundamental para o "porquê" ou para a lógica da transformação. Embora o panorama geral possa não parecer relevante para alguns indivíduos e empresas, essas circunstâncias mutáveis acabam por contribuir para os desafios enfrentados por nossas organizações. Por vezes, o contexto mais amplo, como a inovação rápida dos concorrentes, cria pressões que moldam as organizações para melhor ou para pior, como veremos no estudo de caso da Nokia, que apresentaremos neste capítulo.

FIGURA 2.1 *Um produto Nokia em seu apogeu.*

Os fortes ventos da mudança na sociedade, política, economia, mídia, tecnologia e em outros setores estão perturbando a forma como vivemos e são relevantes para cada empresa (também qualquer funcionário, gerente e líder em qualquer instituição). As organizações podem optar por se transformar em face do "quadro geral" ou tornar-se ineficazes, marginalizadas, irrelevantes e, em última análise, extintas (como Nokia, Toys R Us, Kodak, Blockbuster Video etc.). Em 2015, o Boston Consulting Group (BCG) relatou que as empresas sobrevivem apenas metade do tempo do que sobreviviam trinta anos atrás, ou seja, a maioria das empresas, em grande parte das indústrias, morre mais jovem.[1] O BCG explica o novo padrão: "os ambientes de negócios são cada vez mais voláteis. E as condições mudam cada vez mais rapidamente: as empresas movimentam-se através dos seus ciclos de vida duas vezes mais depressa do que há 30 anos."[2]

Em outras palavras, circunstâncias mutáveis exigem que as organizações se transformem. Os custos para tal podem ser elevados, mas os custos da não transformação são evidentes no caso da Nokia.

Nokia: o medo em vez da transformação

A Nokia é uma empresa multinacional de telecomunicações fundada em 1865 que cresceu exponencialmente durante a década de 1990, impulsionada por produtos de comunicação inovadores (celulares etc.). Na época, a Nokia era a empresa de tecnologia que mais crescia no mundo.[3] Esse domínio de mercado foi ultrapassado por outros operadores, como a Apple; mas, na década de 1990, o domínio da Nokia no mercado de celulares era aparentemente inconquistável. No período de 2007 a 2012, no entanto, a empresa passou do topo para a sarjeta. Resultados recordes de lucros altos foram divulgados em 2007, mas, em 2012, a Nokia estava em processo de falência e, por fim, foi adquirida pela Microsoft em 2014.[4] Embora existam várias razões para o declínio dessa outrora grande empresa, a maioria das explicações se resume a má comunicação, gestão hierárquica, *bullying* e péssima negociação, com, talvez, a mais básica de todas as emoções humanas: o medo. O medo começou no topo, com os gerentes percebendo que, para competir com a Apple, precisavam de um sistema operacional mais eficaz, mas não podiam admitir isso publicamente "por medo de parecerem derrotistas para investidores externos, fornecedores e clientes e, assim, perdê-los rapidamente".[5] O medo, nesse caso, surgiu porque o "quadro geral" da mudança das realidades do mercado causou ansiedade em vez de oportunidade. Esse medo transtornou a Nokia dentro de si mesma. A rápida evolução e o domínio do mercado de empresas de telecomunicações como a Apple e a Samsung atordoaram a Nokia, e, diante da concorrência acirrada e da inovação, ela parecia incapaz ou pouco disposta a transformar sua cultura. A história da Nokia demonstra evidências de criatividade e colaboração no desenvolvimento de muitos produtos de ponta que levaram ao domínio de mercado. No entanto, sua tendência para a gestão do "comando e controle" criou problemas enormes. Em um estudo recente sobre a cultura organizacional da Nokia, o professor de Estratégia Quy Huy fez esta observação:

> Ficamos impressionados com as descrições de alguns membros do conselho da Nokia e da alta administração como "extremamente temperamentais", que gritavam regularmente com as pessoas "a plenos pulmões". Um consultor disse-nos que era muito difícil dizer-lhes coisas que não queriam ouvir. Ameaças de demissões ou rebaixamentos eram muito comuns.[6]

A cultura do medo na Nokia foi criada por indivíduos que negligenciaram a comunicação e a reflexão crítica. Frente à rápida mudança e à concorrência violenta, uma empresa que sobreviveu durante mais de um século foi posta de joelhos por fatores humanos. Esse é, muitas vezes, o caso. Raramente, o fim ou a lenta desintegração das organizações é causado por *software* ruim, construção errada ou insuficiência de recursos, embora esses possam ser fatores contribuintes. Em nossa experiência, as organizações prosperam ou declinam por causa dos seres humanos e de sua capacidade de responder com agilidade e sabedoria para mudar. A Nokia é um caso que demonstra o nosso ponto de vista sobre a presença constante de mudanças. Fatores estranhos como *softwares* e edifícios são facilitadores, mas, no fim, se as organizações não forem sábias e não aprenderem, elas irão enfrentar um destino semelhante ao da Nokia.

Não entender o panorama geral, no caso da Nokia, criou um ambiente de medo que levou a uma desintegração rápida e dramática. Como Quy Huy coloca, o próprio pessoal da Nokia enfraqueceu a empresa e, assim, tornou a empresa cada vez mais vulnerável às forças competitivas. Quando o medo permeou todos os níveis, os escalões inferiores da organização se voltaram para dentro para proteger os recursos, eles mesmos e suas unidades.[7] A falta de compreensão da Nokia sobre o panorama geral e o modo de responder às condições de mudança dentro desse cenário geral levaram à paralisia organizacional e à dependência de práticas antigas. Em vez de colocar sua fé na comunicação e na reflexão crítica para impulsionar a criatividade e a colaboração, a empresa recorreu ao medo e às ameaças. A abordagem dos 4Cs para a transformação — demonstrada no caso da Lego, no capítulo 1 — analisa criticamente as questões e, depois, trabalha profundamente para mudar a cultura, as práticas e as abordagens, integrando e operacionalizando a criatividade, a reflexão crítica, a colaboração e a comunicação no DNA da organização. A resposta 4Cs aos desafios externos é concentrar-se na construção explícita dessas competências. Argumentamos, ao longo deste livro, que criatividade, reflexão crítica, comunicação e colaboração são fundamentais para reformular, reimaginar e refazer nossas instituições e ajudar nossa comunidade a responder proativamente ao quadro geral em tempos pós-normais. Estamos defendendo uma transição revolucionária para organizações que se deslocam de lugares que dependem do *business* comum para lugares que começam a se concentrar na criação de valor para suas comunidades, fazendo com que seus locais de trabalho apresentem cocriatividade, engenhosidade e imaginação. Então, o que é esse futuro imaginado, olhando para "o quadro geral", que torna essas transformações tão urgentes?

Imaginando o inimaginável

Por alguma razão, é muito difícil para os seres humanos imaginarem um futuro diferente do presente. Por exemplo, nossos ancestrais não muito distantes pensavam que o voo mecanizado humano era improvável, apesar de uma série de desenvolvimentos rápidos envolvendo pipas, balões e planadores. Em nossa vida cotidiana, temos dificuldade de imaginar que pode chover se estivermos no meio de um sol brilhante, mesmo que as previsões meteorológicas antecipem uma tempestade repentina. De certa forma, essa falta de capacidade de antever ou imaginar está no centro do desafio da relevância futura para as nossas organizações. Como na analogia com o clima, as previsões acertam. Eles preveem um futuro tanto com clima ruim como bom e nós precisamos de habilidades e capacidades em nossas organizações para sobreviver. Entramos no que o sociólogo Zygmunt Bauman chama de uma fase de liquidez "na qual todas as formas sociais se fundem mais rápido do que as novas podem ser lançadas. Não lhes é dado tempo suficiente para se solidificarem e não podem servir de quadro de referência para as ações humanas e as estratégias de vida em longo prazo".[8] Essas novas estruturas sociais impedem-nos, de certa forma, de imaginar como será o futuro e podem tornar a sua reinvenção mais difícil do que nunca. A educadora e filósofa Maxine Greene[9] argumenta que ser capaz de imaginar é um estado de espírito absolutamente necessário para criar o que pode ser possível. Em nosso trabalho, que possibilita a transformação organizacional, percebemos que zonas de conforto, medo, apatia e indiferença podem ser agitadas e desafiadas apenas por uma crença no poder da imaginação. Greene[10] descreve a imaginação como um espaço de liberdade no qual os humanos são iniciadores e agentes de uma realidade alternativa. A imaginação permite-nos romper com o que damos por garantido e deixar de lado o que é familiar. A história do transporte é um exemplo tangível de como a imaginação pode impulsionar a inovação e o crescimento econômico. Quando os irmãos Wright pilotaram pela primeira vez um avião a motor, em 17 de dezembro de 1903, foi um triunfo da engenharia, mas, talvez, mais criticamente, foi um ato extraordinário da imaginação. A sua inovação imaginada, criada em face do ceticismo, tornou possível uma indústria multibilionária que está na base da nossa sociedade, agora considerada com mobilidade e produtividade garantidas. Para os irmãos Wright, as habilidades de engenharia eram essenciais, mas o mais importante era a imaginação do que a inovação poderia ser e trazer. Enquanto os irmãos Wright tinham pouco em termos de habilidade empresarial, eles, como muitos empreendedores modernos, tinham a capacidade de imaginar e inovar. Olharam para a mudança e se envolveram com ela, em vez de olharem para as abordagens de "negócios tradicionais". Como argumentam os professores de negócios, Komporozos-Athanasiou e Marianna Fotaki[11], o bem-estar de nossa sociedade depende da capacidade das organizações de mudar e imaginar uma série alternativa de futuros:

> A forma como imaginamos as organizações que habitamos (por meio da produção de imagens, significados e emoções) tem um efeito concreto sobre as ações que tomamos dentro delas quando perseguimos nossas metas individuais e objetivos organizacionais. A imaginação é, portanto, fundamental para produzir novas realidades... Sem imaginação, as organizações não podem seguir novos caminhos desafiando os atuais modos dominantes de representação.[12]

Porém, embora imaginar a transformação seja difícil, criá-la nas organizações em um tempo de mudanças rápidas é mais difícil.

Renovação de organizações: o caso da transformação

A transformação é difícil e, principalmente, dolorosa. Muitos de nós nos tornamos "envolvidos" com as organizações por causa de nosso tempo, dinheiro ou atenção. Muitas vezes, investimos em instituições e, consequentemente, temos medo de deixar de fazer o que sempre fizemos. Somado ao medo está o fato de termos investido em velhos paradigmas, porque não podíamos imaginar o que aconteceria — isso é conhecido na economia como a hipótese do "custo irrecuperável". Você pode ver elementos desse tipo de pensamento em organizações que estão fadadas ao esquecimento (Nokia) e, no entanto, ninguém ainda foi capaz de apontar o óbvio. Uma incapacidade de mudança, muitas vezes por causa de custos afundados e "negócios tradicionais", significa quase declínio organizacional certo. Teria sido esse o destino da Lego se não fosse a sábia liderança que discutimos anteriormente. O desaparecimento de empresas como a Bear Sterns na crise hipotecária *subprime* de 2007, assim como a subsequente crise financeira global ou a morte lenta e longa de jornais outrora famosos (como o *News of the World*) ao fazer "negócios tradicionais" perante um mundo em rápida mudança são histórias de alerta para aqueles que se preocupam em transformar nossas organizações para o futuro. É claro que nem todo esse investimento é perdido à medida que as organizações continuam a crescer, mudar e evoluir. No entanto, as exigências do século XXI fazem com que as transições pareçam mais urgentes, mais iminentes.

A capacidade de imaginar e, depois, reimaginar a nós mesmos e nossas organizações tornou-se mais importante à medida que enfrentamos grandes mudanças sociais, econômicas e políticas. O advento da globalização e a revolução tecnológica apresentaram oportunidades, bem como a ruptura e a fragmentação das comunidades. Até certo ponto, essas mudanças desestabilizaram as "velhas certezas" em nossas instituições (incluindo nossas organizações), nas quais costumávamos confiar. Temos os recursos nas organizações, precisamos apenas da vontade de transformar a mudança de condições em nossas comunidades e em nossas sociedades em resposta. Então, quais são as condições predominantes (o quadro geral), em nossa sociedade, que exigem mudanças em nossas organizações?

O desafio da pós-normalidade

Embora não haja nada de novo sobre a ganância corporativa, o capitalismo contemporâneo e as economias de mercado hiperativas, todas essas características criaram uma miséria econômica globalizada e em rede, causando níveis cada vez menores de confiança nas organizações e instituições. Essas crises de confiança e de competência desenvolveram-se no meio de outras:

a crise dos conflitos internacionais, das alterações climáticas, do terrorismo patrocinado pelo Estado, da segurança alimentar e dos movimentos de refugiados em massa, que causam miséria em escala internacional. O rápido intercâmbio de informações que a tecnologia facilita criou uma "tempestade perfeita" de crises complexas, contraditórias e confusas. Como sugerem os economistas Marshall e Picou: "A questão crítica não é como reduzir a incerteza, mas sim como tomar melhores decisões em um mundo de incertezas irredutíveis."[13] Nesse contexto líquido e mutável, como é que compreendemos a realidade atual? Precisamos olhar além das "normalidades" do passado e reimaginar nossas práticas para garantir que elas sejam adequadas ao propósito em um mundo pós-normal.

Para além da "normalidade"

O paradigma da normalidade é um ponto de partida inadequado e, em grande medida, desacreditado pelas organizações. Entendendo o presente e imaginando o futuro de nossas instituições, devemos não apenas levar em conta, mas trabalhar para "construir" as características da pós-normalidade (caos, complexidade e contradição) em nossas suposições. À medida que reconhecemos as características do panorama geral, podemos preparar nossas entidades "para o futuro"; um futuro incerto. O problema é que estas estão quase universalmente focadas nos pressupostos que surgem da normalidade: hierarquia, padronização, causa e efeito, crescimento econômico, prosperidade industrial e motivação do lucro. Se olharmos para os nossos sistemas educacionais, vemos hipóteses semelhantes. Há vastos regimes de testes e relatórios impostos por governos em economias ocidentais, como a Austrália e o Reino Unido, e muitas das habilidades que são testadas ainda são baseadas em competências que não são mais relevantes em tempos pós-normais. O esforço para melhorar um raciocínio antigo é semelhante, em nosso ponto de vista, ao aperfeiçoamento da tecnologia do trem a vapor — é bom, mas dificilmente uma resposta eficaz para um mundo que há muito tempo se afastou do vapor para impulsionar o crescimento.

Em muitas organizações, ainda nos apoiamos em práticas antigas, porque, como os trens a vapor, são familiares e temos um carinho por fazer as coisas da maneira que sempre as fizemos. Os trens a vapor sobreviveram à sua utilidade como meio de transporte e muitas de nossas práticas sobreviveram à sua relevância, mas as organizações muitas vezes se apegam a elas (Figura 2.2).

Os antigos modelos de design organizacional são, na melhor das hipóteses, inadequados e, na pior, falharam. Atualmente, temos falta de imaginação e uma mentalidade de baixo custo afundadas em organizações que prejudicam a sua capacidade de serem ágeis e estarem prontas para a mudança.

FIGURA 2.2 *Um trem a vapor. Trabalhar em alguns paradigmas antigos é como aperfeiçoar a tecnologia do trem a vapor — confortável, mas sem sentido.*

FIGURA 2.3 *Singapura está continuamente se transformando.*

Singapura é um pequeno estado nacional (721,5 km^2) com uma população de mais de 5,5 milhões de pessoas situadas na região mais dinâmica do globo. O governo de Singapura, como organização, tem estado vigilante para garantir a mobilização em tempos pós-normais, não apenas reagindo, mas também antecipando mudanças. O pequeno estado continua tentado reimaginar a transformação em um mundo em rápida transformação (Figura 2.3).

Singapura reimagina o negócio tradicional

Singapura confiou em seu capital humano para tornar-se a história de sucesso próspera e moderna que é hoje. No cerne desse sucesso não está a capacidade de extrair recursos ou criar grande riqueza mediante o cultivo de mercadorias, mas sim o desenvolvimento da riqueza nacional por meio da construção de uma economia moderna orientada para os serviços. O governo tem sentido, no entanto, que, para continuar a fazer o que sempre fez, deixará seus cidadãos despreparados para um mundo em rápida mutação. Em 2012, Singapura foi uma das primeiras nações asiáticas a sinalizar um afastamento da aprendizagem de rotina e um movimento em direção à priorização da criatividade. O ministro da Educação, Heng Swee Keat, argumentou que a educação deveria ser "menos sobre o conhecimento do conteúdo, mas mais sobre como processar a informação para permitir aos alunos discernir verdades de inverdades, ligar pontos aparentemente díspares e criar conhecimento mesmo quando o contexto muda".[14]

Essas mudanças demonstram uma imaginação que muitas de nossas organizações e comunidades não têm. Enquanto muitos dos governos (especialmente Reino Unido, Estados Unidos e Austrália) continuam se esforçando em testes e aprendizagem de rotina em uma suposta iminência do sucesso de Singapura, a política e a prática educacional singapurenses seguem em frente. As antigas formas de sobreviver e prosperar estão sendo reconhecidas como obsoletas por economias ágeis e experientes como Singapura. No seu caso, a realidade do sucesso de uma década atrás não levou à complacência, mas sim a uma reinvenção do que poderia tornar essa sociedade bem-sucedida no século XXI. Devemos lutar pela mesma reinvenção em nossas próprias comunidades e organizações dentro delas. A pós-normalidade apresenta desafios para que as instituições reconsiderem as antigas "normalidades". Também nos fornece uma oportunidade para reimaginarmos o que as organizações poderiam ser em um mundo "pós-fato", no qual os funcionários exigem habilidades e compreensão para enfrentar as contradições, o caos e as complexidades do futuro. No caso de Singapura, as pós-normalidades emergentes foram incorporadas em novas estratégias nacionais que tentam construir a capacidade de agilidade social e econômica diante da mudança.

O que é a pós-normalidade e como ela afeta as organizações?

Se estamos entrando em um estado de contradições, caos e complexidade, há implicações profundas para as organizações. Antes de examinarmos tais implicações em profundidade, gostaríamos de explorar exatamente como é a pós-normalidade na prática. Segundo o filósofo e futurista Ziauddin Sardar, a era pós-normal "caracteriza-se pela incerteza, pela rapidez das mudanças, pelo realinhamento do poder, pelas convulsões e pelos comportamentos caóticos".[15] Em outras palavras, as normalidades a que as organizações já se apegaram não são mais confiáveis. Na visão de Sardar, este é um momento de transição no qual as antigas formas parecem ultrapassadas e as novas parecem não confiáveis, inimagináveis ou impossíveis. Ele argumenta que a combinação de complexidade, confusão e contradição tem alimentado uma mudança da normalidade para a pós-normalidade, varrendo as instituições; e a compreensão da sociedade tem se agarrado a elas por milhares de anos, substituindo-as pela incerteza.

Um exemplo recente desse tipo de perturbação generalizada surgiu na crise financeira mundial, na qual reinou o caos, a complexidade e a contradição. Embora as crises financeiras não sejam novas, o reequilíbrio da economia do trabalho e dos recursos do Ocidente para o Oriente significa que o modelo de "débito e deficit" se tornou vulnerável e questionável. Muitas das práticas arraigadas, tomadas como certas em nossas organizações, que surgiram em tempos normais, tornaram-se potencialmente irrelevantes. O CEO e consultor Gill Ringland argumenta que estamos em tempos difíceis quando nos ajustamos à pós-normalidade: "Questões de sistemas globais — como a mudança ambiental, mas também o direito e as finanças internacionais, o acesso a matérias-primas e a gestão da propriedade intelectual — exigem que as nações ricas sacrifiquem parte de seu poder. Essa combinação de reequilíbrio do poder e de um vazio institucional implica que a próxima década será turbulenta."[16] Embora a ciência e a tecnologia tenham impulsionado o crescimento econômico em muitas economias, houve um aumento menos bem-vindo dos efeitos secundários dessas tecnologias. Como argumentam Marshall e Picou, "esses mesmos avanços tendem a produzir problemas ambientais cada vez mais complexos, em grande escala e destrutivos".[17] Há uma ligação paradoxal aqui. A sociedade tornou-se dependente da rede e das economias de mercado, mas os seus frutos combinados são por vezes venenosos, como a poluição, o desmatamento, as alterações climáticas e as crises financeiras globais. A primeira das condições pós-normais de Sardar é a complexidade.

Complexidade

Uma das demonstrações mais convincentes da complexidade pós-normal são as "guerras" em curso contra o "terrorismo", sejam elas sancionadas pelo Estado ou iniciadas por organizações como o Hamas ou o Estado Islâmico. Esses conflitos são respostas a um ato repugnante, como um ataque terrorista ou um ataque de armas químicas a populações civis. Existem, no entanto, forças complexas em ação enquanto a comunidade internacional em rede avalia o custo da ação ou da falta de ação na comunidade global. Nesses casos, a moralidade é moldada e impulsionada, pelo menos em parte, pela segurança energética e pelas pressões econômicas que os preços mais elevados do petróleo exercem sobre as economias locais. O trabalho em rede e a ligação desses fatores geopolíticos e econômicos integrados com a rápida entrega da cobertura jornalística traz novas complexidades aos tomadores de decisão e cria tensões maiores entre os líderes políticos.

Em um dos principais palcos da guerra contra o terrorismo no Afeganistão, o Eisenhower Study Group[18] registra o número de mortos civis como 210 mil, para além dos 2.996 que foram mortos nos ataques de 11 de Setembro.[19] Essas guerras ao terror, com os seus palcos em Nova York, Londres, Bali, Paris e no Afeganistão e Iraque, tiveram um enorme impacto na vida e na esperança humanas. São conflitos complexos, confusos e caóticos. Diante dessas lutas pós-normais, como os indivíduos e as comunidades podem desembaraçar as questões e tomar decisões claras e sensatas? Os atentados de 11 de setembro de 2001 continuam sendo abomináveis, mas será que justificam a tortura e a morte de civis, que têm sido o legado da guerra do Ocidente contra o terrorismo? Essa "guerra" parece, de certa forma, mais complexa do que muitas outras do passado e, talvez, essa complexidade seja um fator que contribui para a próxima condição de Sardar: o caos.

Caos

Uma nova marca de caos tornou-se mais dominante nas nossas sociedades civis. Em 2005, na Austrália, vimos o maior conflito racial coordenado por telefones celulares que já existiu.[20] A anarquia racista reinou, e o pacífico subúrbio costeiro australiano de Cronulla explodiu na mais extrema e caótica violência partidária vista em anos. Em 2011, no Reino Unido, em Hackney, Brixton, Chingford, Bristol, Manchester, Birminghamand e Liverpool, os protestos também mancharam a paisagem[21], e depois também nos em Baltimore, nos Estados Unidos, em 2015. Esses tumultos tiveram a recurso adicional das mídias sociais, que impulsionaram a repentina ferocidade do caos. Como a especialista em comunicação Stephanie Baker ressalta, os distúrbios no Reino Unido não são novidade, mas "as novas mídias sociais desempenharam um papel fundamental na organização dos recentes tumultos a partir de smartphones, dando àqueles com acesso a essas tecnologias o poder de interagir socialmente e estimular a desordem coletiva".[22] O protesto violento no mundo pós-normal é organizado, coordenado e entregue pela rede digital a uma multidão insaciável de mídia. Essas complexidades e o caos produzem, invariavelmente, contradições regulares no mundo pós-normal.

Contradições

A terceira condição de pós-normalidade de Sardar é a contradição. Como ele diz, vivemos, agora: "Um mundo complexo e conectado em rede, com inúmeros interesses e ideologias, desenhos e desejos concorrentes, comportando-se de forma caótica, que pouco mais pode fazer do que levantar contradições... É o produto natural de numerosas redes sociais e culturais antagônicas que lutam pelo domínio."[23] Um exemplo vivo desse estado contraditório é o desfasamento entre a evidência da investigação e a política pública. Há exemplos frequentes de evidências científicas (especialmente em torno da mudança climática global) que são ignoradas em face de "fatos alternativos". Vimos exemplos recentes no Reino Unido, no Brexit, e nos Estados Unidos, na eleição do presidente Trump, em que a experiência científica se tornou sinônimo de retórica política, com o elitismo fazendo da política baseada em provas uma fantasia distante. Nesses casos, evidências fundamentalmente contraditórias tornam-se política e prática. Essas contradições tornaram-se tão entrincheiradas que, muitas vezes, as práticas continuam, em grande parte, sem contestação. A política contraditória é permitida porque, em tempos pós-normais, a sociedade parece ter reduzido drasticamente sua capacidade de discernir ou confiar em fontes "normais" de evidência. As condições pós-normais de Sardar (contradição, complexidade e caos) fornecem um contexto dramático para as mudanças que nossa sociedade e organizações enfrentam. Há também mudanças radicais no modo como trabalhamos e organizamos o trabalho.

As organizações e o futuro do trabalho

Em 2013, uma equipe da universidade de Oxford, liderada por Karl Frey e Michael Osborne[24], realizou um estudo intitulado "O futuro do emprego: quão suscetíveis são os empregos à informatização?".[25] Nessa pesquisa, investigaram 702 profissões diferentes para analisar e modelar como a tecnologia poderia mudar o tipo de empregos que existem atualmente. Examinaram igualmente o impacto da tecnologia na força de trabalho, como a computação em nuvem, a robótica, a inteligência artificial (IA), a automação e a extração de grandes volumes de dados. Fizeram algumas descobertas fascinantes. Constataram que 47 por cento dos trabalhadores nos Estados Unidos estão atualmente em risco. Em 2015, um relatório do Comitê de Desenvolvimento Econômico da Austrália encontrou uma tendência semelhante.[26] Empregos que não requerem interação social e que têm baixos níveis de criatividade são mais propensos a serem substituídos por automação e inteligência artificial.

O que as organizações podem fazer para se preparar para essa rápida mudança? Frey e Osborne constataram: "No entanto, para que os trabalhadores ganhem a corrida, terão de adquirir competências **criativas** e **sociais**."[27] Esses economistas do mercado de trabalho descobriram que quase metade dos empregos atualmente existentes provavelmente serão eliminados dentro de cerca de uma década. Quando uma criança de cinco anos completar dezesseis, metade dos empregos para o qual ela está sendo preparada não estará lá, de acordo com esse crescente corpo de investigação. Talvez, isso seja um grande chamado para despertarmos para essa situação. Esse é um apelo à ação que não apenas encoraja, mas exige que repensemos a forma como educamos e formamos os nossos jovens. Também questiona as prioridades que perseguimos nas organizações. Neste tempo de mudanças rápidas, é fundamental que as organizações desenvolvam capacidades como os 4Cs e aumentem a eficácia organizacional (ver a Roda da Eficácia Organizacional, no capítulo 3) para estarem preparadas para mudanças rápidas e imprevisíveis. Embora as instituições possam não ser capazes de imaginar quais são as mudanças, elas podem construir as capacidades para tornar suas respostas ágeis, sábias e eficazes. Essa pesquisa mostra que a mudança está sobre nós e que precisamos agir rapidamente, ou nossas organizações podem estar condenadas à irrelevância e à obsolescência.

Mudança nas organizações

Em nossa visão, nossas organizações e comunidades já têm as matérias-primas para a mudança. Por exemplo, em nossas escolas e universidades, temos educadores transformadores capazes de compreender como as estruturas e abordagens de mudança crítica na aprendizagem são fundamentais para preparar os alunos para um futuro incerto. Nossas organizações estão agora acostumadas a desafios "disruptivos", e temos muitos exemplos nestes capítulos, e em outros lugares, de organizações que respondem a esse desafio agindo sabiamente para reimaginar suas práticas.

Neste livro, queremos fazer a ponte entre a retórica e a realidade. O fato é que as organizações enfrentam, talvez, alguns dos desafios mais difíceis desde a Revolução Industrial. A retórica é clara: temos de mudar. No entanto, o "como" é, muitas vezes, ilusório. Em nosso trabalho com os 4Cs, vemos organizações que constroem capacidades de criatividade, reflexão crítica, comunicação e colaboração efetivamente se remodelando para um futuro incerto. Se quisermos que as organizações respondam às grandes mudanças que sabemos que estão surgindo nos papéis de trabalho, na sociedade e em nossa economia, precisamos transformar nossos sistemas organizacionais para tornar os 4Cs centrais para a forma como trabalhamos. Essas são as capacidades que Sardar (2010),[28] Osborne e Frey (2013)[29] e outros argumentam que serão fundamentais não apenas para sobreviver, mas também para prosperar entre o meado e o fim do século XXI.

Para onde agora? Transformando organizações por meio dos 4Cs

A experiência de quase morte da Lego, que abriu este livro, no capítulo 1, revela um conjunto de desafios para as organizações. Tal como a Nokia, o modelo de "negócio tradicional" da Lego falhou e, nesse vácuo, o medo tinha sido a estratégia de transformação dominante. A Lego viu uma separação entre fazer negócios em tempos normais e entrar em um período pós-normal. Eles sobreviveram mediante a construção de capacidades nos 4Cs para entregar liderança transformacional, aprendizagem organizacional profunda e práticas reimaginadas. Essas capacidades podem não ter importado tanto quando tínhamos "normalidade" para nos agarrarmos, mas, na rápida mudança do século XXI, a mudança incremental ou trivial pode levar à irrelevância que, em última análise, leva ao fracasso organizacional. A interligação do mundo pós-normal moderno, caracterizado por complexidade, caos e contradição, exige novas abordagens para novos desafios. No capítulo 9, fornecemos um construtor de coerência para a transição, o Emaranhado da Transformação, que esclarece e estrutura aquilo que contemplam a mudança.

Precisamos de renovação para nossas organizações, nossos líderes, gerentes e funcionários e, por fim, para nossas sociedades. Defendemos aqui que que as organizações mudem de forma a se tornarem irreconhecíveis a partir dos modelos antigos. Estamos imaginando novas lideranças, novos processos e novas estratégias que coloquem os 4Cs no centro do que fazemos e como entregamos. O que supomos é o que vislumbramos nas transformações que vemos diariamente em nosso trabalho com as organizações. Acreditamos que essa mudança não apenas é possível como é essencial para tornar as organizações relevantes para as necessidades de um mundo em mutação e, às vezes, inseguro. No próximo capítulo, exploraremos como podemos preparar o terreno para a transformação, para fechar a rachadura entre a retórica e a realidade. O capítulo 3 discute como a mudança de um modelo de "negócio tradicional" para uma abordagem 4Cs é alcançável uma vez que o terreno esteja pronto.

3
Preparar o terreno: pré-condições para a transformação

Estudo de caso: Woolf Farming and Processing[1]

Figura 3.1 *Mudar as práticas na agricultura significa que é necessário um novo pensamento.*

O sol parece ser um recurso ilimitado para os agricultores, mas os caprichos das alterações climáticas e dos mercados globais significam que eles precisam gerir continuamente a incerteza. Há dúvida sobre se as chuvas virão, o que produzirão e, como consequência, como desenvolverão seu negócio como organização. Stuart Woolf, CEO da Woolf Farming and Processing,[2] é um agricultor e produtor da ensolarada Califórnia, que nos últimos anos tem lidado com a seca e a alocação em nível zero de água superficial. A Woolf Farming and Processing é uma empresa familiar de três gerações, que afirma com orgulho: "Nosso objetivo é construir uma empresa familiar duradoura sobre a simples noção de alimentar mais pessoas com menos recursos. Vamos conseguir isso por meio de uma boa gestão, reinvestimento e inovação." Em vez de cultivar as tradicionais culturas de grãos rotativos do Vale de San Joaquin, a família Woolf desenvolveu culturas especiais de maior valor, incluindo amêndoas, tomates, pistache e alho. Como uma organização agrícola, tem um histórico de reinvestimento, desenvolvimento de infraestrutura e inovação para expandir com sucesso suas operações, mas continua a ser desafiada pela incerteza do ambiente, do clima e da alocação de recursos hídricos.

Seja pelo clima, pela volatilidade do mercado de ações, pela rápida mudança de tecnologia, pela dependência da economia global, pelos efeitos da política governamental, pela influência das crises geopolíticas e das mudanças na sociedade etc, o estudo de caso de Woolf Farming and Processing destaca a incerteza que todas as organizações enfrentam em tempos pós-normais. Todas as organizações têm de enfrentar essa insegurança continuamente se quiserem permanecer relevantes, sustentáveis e eficazes. Porém, a fazenda Woolf tem um enigma. Apesar das inovações bem-sucedidas, no passado, na experimentação de culturas e tecnologias para sobreviver aos períodos de seca e na expansão para o processamento de alimentos e investimentos, a seca de longo prazo e a alocação de água em nível zero os levou a um novo ponto de inflexão. Será que o aumento das temperaturas e a volatilidade do clima são o padrão habitual dos acontecimentos na agricultura ou eles estão lidando com uma nova norma climática? Eles devem continuar com os negócios como sempre foram ou devem continuar transformando-os? Devem mudar para produtos biológicos que têm lucro potencialmente maior? Ou devem investir no desenvolvimento da energia solar em suas terras? Ou, ainda, perfurar mais poços de água subterrânea? Ou defender o desenvolvimento de um mercado de comércio de água para uma alocação eficiente? Será que deveriam simplesmente vender a fazenda e recomeçar investindo em algo mais viável? No fim do capítulo, voltaremos à fazenda Woolf e veremos o que decidiram fazer. Essas questões estratégicas e estruturais para a fazenda devem ser consideradas com base nos seus méritos em curto e longo prazos e, finalmente, deve-se levar em conta como elas influenciam a visão do que a fazenda quer ser: uma organização empresarial familiar, que continua a alimentar a população mundial de forma econômica e ambientalmente sustentável. Como a Woolf Farming and Processing avança é uma questão de como a organização continua a se transformar para enfrentar a incerteza. Transformar, no entanto, requer que as organizações "preparem o terreno" para permitir que a mudança aconteça, assim como uma cultura deve ter um terreno preparado e fértil para começar a crescer. Se a base organizacional está lá para se modificar, a Woolf Farming pode tomar decisões desafiadoras, aprender com o sucesso e o fracasso e ser ágil e adaptável para cumprir sua visão.

Preparação do terreno

Este capítulo examina o que as organizações "precisam ser" para operar por meio dos 4Cs (criatividade, reflexão crítica, comunicação e colaboração) para facilitar e tornar possível sua transformação. Deve-se preparar o terreno para a transformação para que as organizações compreendam os conceitos-chave que sustentam uma abordagem 4Cs. Esses conceitos-chave envolvem uma abordagem 4Cs para a liderança e uma ênfase na aprendizagem organizacional que transforma mentalidades. Usamos o que chamamos de "criadores de coerência" para desenvolver a aprendizagem nos processos e transformações dos 4Cs. Usamos o "pensamento paradoxal" para desenvolver uma capacidade da organização de aprender e tomar decisões sábias na antecipação de eventos futuros. Sabedoria é a capacidade de raciocinar e tomar as melhores decisões para o bem comum da organização e da sociedade em geral. Sem os 4Cs e a sabedoria, uma organização como a Woolf Farming and Processing não pode se transformar para lidar com a incerteza e fazer o que é melhor para o bem maior.

Quais são, então, os pré-requisitos para que as organizações tenham a capacidade de aprender e decretar os 4Cs para tomar decisões sábias e se transformarem? Argumentamos que começa com as instituições refletindo honestamente sobre si mesmas e sabendo se têm as pré-condições para a transformação a partir dos 4Cs. As empresas podem avaliar esse conhecimento de si mesmas através da lente do nosso formador de coerência Estrutura das Organizações Líderes. Antes de explorar os pré-requisitos para a transformação, temos que examinar por que desenvolvemos criadores de coerência, o que são e como funcionam.

O que são os responsáveis pela coerência?

Muitas vezes explicamos que as palavras que compõem os 4Cs — criatividade, pensamento crítico, comunicação e colaboração — se tornaram "palavras aerossóis"; elas são pulverizadas ao redor, cheiram bem, mas, rapidamente, transformam-se em nada (Figura 3.2). Talvez, devido à sua utilização excessiva, os conceitos tenham perdido o seu significado. Desenvolvemos formadores de coerência para iluminar um significado estrutural para as organizações de definições e ideias que, por vezes, são elusivas. Neste livro, desenvolvemos os seguintes formadores de coerência:

- Estrutura das Organizações Líderes (capítulo 3);
- Roda da Eficácia Organizacional (capítulo 4);
- Diamante da Aprendizagem Profunda (capítulo 4);
- Emaranhado da Transformação (capítulo 9).

FIGURA 3.2 *As "palavras aerossóis" desaparecem quando você tenta pegá-las.*

Para aprender e desenvolver processos nos 4Cs, desenvolvemos formadores de coerência para a criatividade, para a reflexão crítica, para a comunicação e para a colaboração (Figura 3.3). Eles são:

- Cascata da Criatividade (capítulo 5);
- Cadinho da Reflexão Crítica (capítulo 6);
- Cristal da Comunicação (capítulo 7);
- Círculos da Colaboração (capítulo 8).

Nossos formadores de coerência visam tornar tangíveis as "palavras aerossóis" e os "conceitos aerossóis" e elaborar esses processos — incluindo os 4Cs — como complexos, mas que podem ser aprendidos para preencher a lacuna entre a retórica e a realidade.

Então, como funcionam os criadores pela coerência? Os fabricantes de coerência são esquemas que dão clareza e ordem a conceitos complexos. O paradoxo é que, na sua simplicidade para tornar claros os conceitos, eles também devem revelar profundidades ocultas nesses conceitos para uma complexidade cada vez maior.

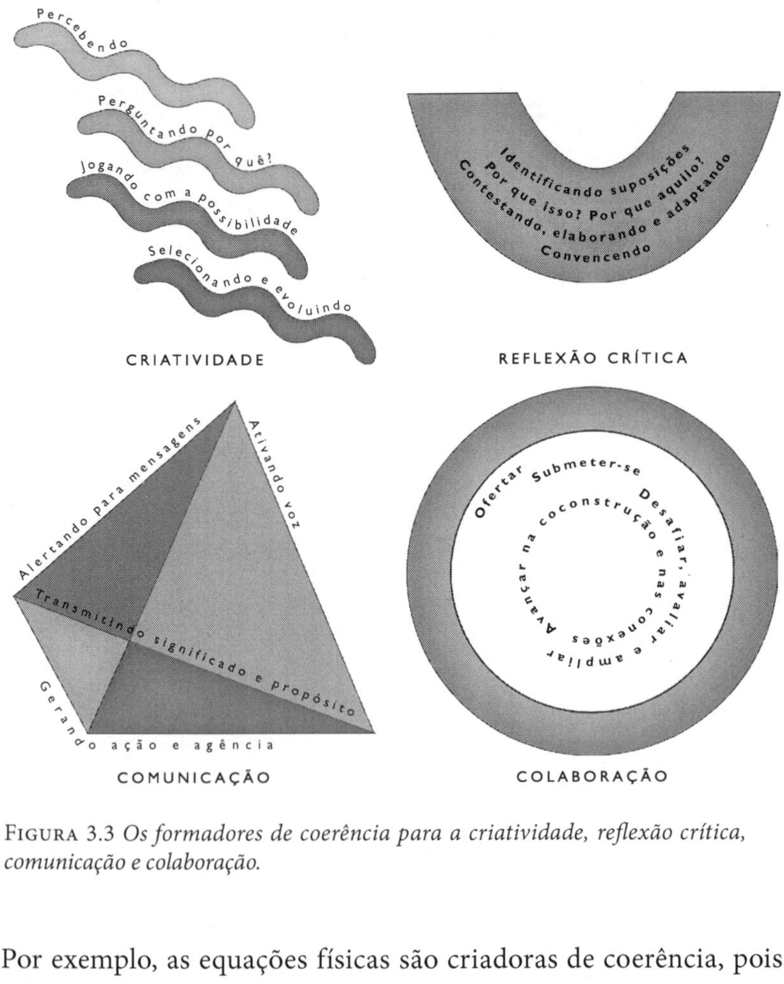

Figura 3.3 *Os formadores de coerência para a criatividade, reflexão crítica, comunicação e colaboração.*

Por exemplo, as equações físicas são criadoras de coerência, pois são simples no *design*, mas complexas no conceito. A fórmula algébrica simples $E = mc^2$ (energia = massa x velocidade da luz ao quadrado), por exemplo, é aparentemente simples; mas explica uma relação complexa e profunda entre energia e matéria. Embora nossos formadores de coerência não sejam equações, nem tão profundos, eles tentam revelar e abordar a complexidade de conceitos e processos, como os 4Cs, pela simplicidade. Os responsáveis pela coerência abrem-se e aprofundam a compreensão, em vez de fechar e limitar o pensamento. Na sua simplicidade, tornam a aprendizagem acessível, mas também devem desafiar. Eles não devem "explicar" tudo para que não haja nada para questionar. Howard Gardner argumenta, em *Cinco mentes para o futuro*,[3] que a coerência ou síntese como um meio para fazer conexões com "tudo" não deve paralisar a mente crítica. Por exemplo, os responsáveis pela coerência dos 4Cs encorajam uma "atitude mental" que apoia e desafia uma maneira de fazer as coisas. Os 4Cs enquadram a nossa abordagem, conforme demonstrado pelo nosso primeiro responsável pela coerência, a Estrutura das Organizações Líderes, que utilizamos para explicar os pré-requisitos significativos (e as condições em constante evolução) que suportam a transformação.

A Estrutura das Organizações Líderes

Para explicar como concebemos a liderança e a transformação dos 4Cs nas organizações, desenvolvemos um gerador de coerência que é demonstrado na Figura 3.4. O que você notará neste diagrama é que a liderança está no centro, com os 4Cs organizados em torno da estrutura dos líderes. Consideramos os 4Cs como componentes de uma liderança eficaz. Não existe uma sequência definida para que esses componentes 4Cs ocorram. Os círculos de intersecção menores da Figura 3.4 indicam os componentes que consideramos críticos para as organizações e para a transformação. O uso do diagrama de Venn sugere que os 4Cs estão integrados em todas as facetas da liderança: visão, cultura, estrutura, estratégia e integração, parcerias colaborativas, aprendizagem e avaliação. Obviamente, esses não são os únicos componentes da mudança, mas são, pela nossa experiência, os principais componentes mais desafiadores e, portanto, fundamentais para uma transformação bem-sucedida.

Também usamos esses componentes de liderança para examinar se determinados pré-requisitos estão em vigor para a transformação. Cada componente traz uma pergunta que a liderança deve avaliar a respeito de sua organização e de si mesma. São elas:

FIGURA 3.4 *A Estrutura das Organizações Líderes na abordagem dos 4Cs.*

Visão: A liderança está totalmente engajada na transformação 4Cs da organização?

Cultura: Existe uma massa crítica de membros da organização dispostos, capazes prontos para se engajar na transformação 4Cs?

Estrutura: Existem estruturas para apoiar a transformação 4Cs?

Estratégia e Integração: O pensamento estratégico da organização pode ser integrado com a transformação 4Cs?

Parcerias de colaboração: Existem parcerias que possam apoiar e desafiar a transformação 4Cs na organização?

Aprendizagem e avaliação: A aprendizagem e a avaliação apoiarão a transformação dos 4Cs?

Discutimos como esses componentes e perguntas esclarecem e estabelecem o que é necessário nos pré-requisitos para a transformação.

O primeiro componente do nosso modelo de liderança transformacional 4Cs é o termo "visão".

Visão: A liderança está totalmente engajada na transformação 4Cs da organização?

Talvez, o termo visão seja tão usado que começou a perder o seu significado; mas, para liderar a mudança, é possivelmente o ponto de partida mais importante. A visão foi encapsulada pelo político e filósofo romano Cícero, que disse: "Não vamos passar pelo terreno antigo, vamos antes preparar-nos para o que está para vir." Ter uma visão de para onde quer ir direciona o foco da organização para alcançar essa visão.[4] Ter uma visão é fundamental para o sucesso organizacional, mas, por si só, a visão não cria sucesso. Muitas vezes, as organizações têm declarações de visão que são apenas isso, declarações. O "falar" da visão não significa necessariamente "caminhar" em direção a ela. De certa forma, a desconexão entre falar e andar é a razão pela qual a visão se tornou tão insignificante como um termo. No capítulo 1, nós nos referimos a essa desconexão como a lacuna da realidade retórica. É relativamente fácil afirmar uma visão, mas exponencialmente mais difícil implementá-la. Que a liderança deve estar totalmente envolvida na visão da transformação 4Cs parece demasiado óbvio. Liderança e visão devem andar juntas, mas, em nossa experiência, os líderes podem, às vezes, falar da visão, mas não necessariamente levar as organizações até ela. Não são apenas os políticos que acham fácil ter políticas visionárias numa campanha eleitoral, e, depois, na realidade do governo, têm dificuldades de implementá-las. Uma visão é uma aspiração para uma organização, porém não são informados os processos para alcançar essa visão. O foco deste livro é saber "o que" acontece, "por que" e "como" na transformação 4Cs, e nosso pré-requisito é que os líderes sejam totalmente investidos na liderança desse processo. Se a liderança terceirizar a abordagem 4Cs para que outros aprendam, significa que ela não entendeu que os 4Cs devem ser incorporados em todos os aspectos da vida organizacional, incluindo a liderança. Se os líderes não estiverem envolvidos na transformação 4Cs, será difícil liderar sobre algo que não entendem, praticam ou de que são modelo. Em suma, se não houver tempo, energia ou compromisso para a liderança conduzir a transformação 4Cs, a organização não pode ser transformada. Por exemplo, em uma organização educacional com a qual trabalhamos recentemente, os líderes eram grandes na visão, na retórica de serem focados no futuro e transformacionais, então demos apoio a uma equipe para incorporar os 4Cs em seu trabalho. No entanto, os próprios líderes não tiveram tempo para se envolver com estas práticas transformacionais. Por não terem tempo, eles não viram a abordagem como relevante para sua gestão e liderança da organização, mas ficaram felizes pelo fato de os outros aprenderem. Com o tempo, a equipe 4Cs estava transformando sua prática de ensino e obtendo sucesso na aprendizagem dos alunos. A liderança apoiava os ganhos, mas não tinha compreensão do que tinha acontecido, do porquê e de como as mudanças haviam ocorrido. Ficaram do lado de fora olhando para dentro em vez de estarem no meio da mudança. Gradualmente, duas culturas muito distintas e desconexas começaram a operar na organização — uma com a "maneira 4Cs de fazer as coisas" e uma com a "maneira não 4Cs de fazer as coisas". No fim, a equipe percebeu uma falta de engajamento e compreensão por parte da liderança e começou a se sentir constrangida em expandir seu trabalho, apesar do sucesso. Como resultado, os membros da equipe 4Cs deixaram a organização. Esse exemplo ilustra não apenas a necessidade de a liderança se incluir na conversa, mas também demonstra como uma abordagem dos 4Cs impacta a cultura de uma organização, que também tem um papel nos pré-requisitos para a transformação.

Cultura: Existe uma massa crítica de membros da organização dispostos, capazes e prontos para se engajar na transformação 4Cs?

Estratégia, estrutura e visão são fundamentais para iniciar o processo de transformação, mas uma mudança na cultura é necessária para que esse processo seja sustentado. A cultura não pode ser modificada do dia para a noite. Ela está profundamente arraigada nos alicerces de uma organização e nada mais é do que os pressupostos e as crenças profundamente enraizados que dão origem às atitudes e aos comportamentos.[5] Você tem de ler o clima ou observar a realidade de uma organização para começar a entender e sentir a cultura subjacente. Por exemplo, aqui estão dois climas: (a) um otimista, no qual as pessoas geram ideias umas com as outras, e (b) um em que certos assuntos são evitados. Em (a), o ambiente otimista observável é sustentado por uma crença cultural de que novas ideias são valorizadas e fortalecem uma organização (por exemplo, a Lego). Em (b), a crença cultural é que certos temas minam perigosamente o compromisso do pessoal com os objetivos prescritos por uma organização (por exemplo, a Nokia).

As suposições que moldam a cultura funcionam invisivelmente e abaixo da superfície.[6] A cultura se esconde atrás da atmosfera de design dos escritórios sofisticados, das declarações de missão de alto nível, dos *slogans* dos *sites*, dos códigos de vestuário e conduta, da forma como as reuniões são conduzidas, da forma como as ideias são geradas e as narrativas sobre uma organização são construídas. Isso porque os pressupostos e crenças que sustentam a cultura são complexos e invisíveis, muitas vezes impenetráveis e resistentes à mudança. Porém, a transformação envolve uma transição cultural, como argumenta Michael Fullan, diretor da Global Leadership: "A estrutura faz a diferença, mas não é o ponto principal para alcançar o sucesso. Transformar a cultura — mudar a forma como fazemos as coisas por aqui é o ponto principal, é um tipo particular de reculturação pelo qual nos esforçamos."[7]

A transformação dos 4Cs é um desenvolvimento da cultura que valoriza os frutos e o florescimento da criatividade, da reflexão crítica, da comunicação e da colaboração. Portanto, é um pré-requisito perguntar se há membros e líderes organizacionais suficientemente prontos para se engajarem na transformação dos 4Cs para afetar uma mudança cultural. Nós chamamos esse grupo de massa crítica de voluntários capazes; e é com esse time que a liderança pode começar, ou desenvolver, uma mudança cultural baseada nos 4Cs. Em nossa experiência, os líderes precisam de colaboradores na organização que estejam abertos a serem os primeiros a adotar os processos 4Cs. Esses adotantes iniciais criarão uma cultura colaborativa que construirá a confiança de experimentar e desenvolver processos 4Cs. A massa crítica de voluntários capazes é cuidadosamente escolhida pelos líderes como agente-chave da mudança que influenciará o ambiente organizacional e afetará a mudança cultural ao longo do tempo. A cultura é, no entanto, apenas uma faceta do DNA de uma organização. O modo como uma instituição é organizada ou estruturada é sintomático da cultura, mas, ao mesmo tempo que as estruturas moldam a cultura, elas também estabelecem as bases para a transformação 4Cs.

Estrutura: Existem estruturas para apoiar a transformação 4Cs?

As estruturas são a forma como organizamos as pessoas, o trabalho e o tempo da melhor maneira de alcançar o que é valorizado em uma organização. Elas podem ser hierarquias, papéis e responsabilidades, fluxogramas e prioridades, normas e regulamentos, processos e procedimentos, assim como o ambiente físico ou virtual. As estruturas de uma organização devem depender do que pensamos que otimiza o florescimento humano, não apenas funcionando, embora nem sempre seja o caso. As estruturas são necessárias para uma organização eficaz, mas uma ênfase excessiva nelas pode inundar as organizações e levar ao enfraquecimento de seus principais negócios.[8]

As organizações podem ser consumidas em excesso pela construção de estruturas e procedimentos corretos para garantir que tenham "ticado todos os itens". Ser consumido pela estrutura é o motivo das pilhas de papel na burocracia; isso é satirizado na clássica série de TV da BBC, *Yes, Minister*. O diálogo a seguir é um exemplo de ser tão consumido pela estrutura que isso se torna uma estratégia:

> Bernard Woolley: E se o Primeiro-ministro insistir em ajudá-los?
>
> Sir Humphrey Appleby: Depois seguimos a estratégia dos quatro estágios.
>
> Bernard Woolley: O que é isso?
>
> Sir Richard Wharton: Resposta padrão do Ministério dos Negócios Estrangeiros em tempo de crise. Na primeira fase, dizemos que nada vai acontecer.

Sir Humphrey Appleby: Na segunda fase, dizemos que algo pode estar prestes a acontecer, mas não devemos fazer nada a esse respeito.

Sir Richard Wharton: Na terceira fase, dizemos que talvez devêssemos fazer algo a esse respeito, mas não há nada que possamos fazer.

Sir Humphrey Appleby: Fase quatro, dizemos que talvez houvesse algo que pudéssemos ter feito, mas agora é tarde demais.[9]

Ironicamente, o foco nas estruturas pode se sobrepor a qualquer trabalho real que esteja sendo feito, e as próprias estruturas se tornam um fetiche organizacional. Como um fetiche, as próprias estruturas podem suplantar o trabalho real de uma organização. Em *Yes, Minister*, por exemplo, o Ministério dos Negócios Estrangeiros tem a ver com a implementação de procedimentos, não fazendo nada em tempos de crise. Um exemplo de uma instituição financeira surge quando os bônus de desempenho dos banqueiros se baseiam no número de novas contas, tornado a abertura de novas contas um fetiche organizacional, em vez do foco no trabalho principal de gerir as finanças e servir os clientes. Na educação, isso ocorre quando uma cultura de papelada de auditoria do cumprimento dos objetivos de conformidade se torna o foco principal dos professores, em vez da aprendizagem real nas salas de aula. Já em uma instituição filantrópica, o foco e a energia estão nas estruturas para se candidatar a subsídios, e, assim, obtê-los torna-se o trabalho, e não dar suporte àqueles que precisam. As estruturas também podem tornar-se superficiais ou rígidas e restringir o que é possível. Os autores Alvesson e Spicer argumentam:

> Estruturas formais, regras e rotinas podem ser uma fonte de estupidez significativa nas organizações. Elas são necessárias, mas muitas organizações exageram. As estruturas são, frequentemente, confundidas com garantias de qualidade, produtividade e fiabilidade. A ampla divisão do trabalho encoraja a visão em túnel e o "ticar todos os itens". A maioria das pessoas tem uma visão geral limitada e não faz muito esforço para olhar cuidadosamente para trás das estruturas de superfície.[10]

A reflexão crítica como um dos 4Cs é uma capacidade de olhar para além das estruturas de superfície e considerar implicações mais profundas e mais amplas para a organização do trabalho. Em vez de visão em túnel, a reflexão crítica visa abrir o pensamento e questionar pressupostos, e ver as potenciais conexões no contexto mais amplo da instituição. A reflexão crítica requer tempo e espaço em estruturas organizacionais e prioridade para se superar a visão em túnel e o "ticar todos os itens". Os 4Cs são processos que influenciam a natureza das estruturas. A colaboração, por exemplo, convida a estruturas mais permeáveis nas organizações, e a criatividade nasce de estruturas mais auto-organizadas e emergentes. Na nossa opinião, as ideias certas encontram-se nas estruturas certas. Nos pré-requisitos para a transformação 4Cs, devem existir estruturas que permitam tempo e espaço para que as pessoas aprendam profundamente e reflitam sobre a aplicação da aprendizagem dos 4Cs. Um dia único de "treinamento" em processos 4Cs, embora seja um bom ponto de partida, não irá aprofundar e transformar a prática de trabalho. Os 4Cs são processos de mentalidade e requerem um compromisso de tempo e energia para serem compreendidos, aprendidos e desenvolvidos. Isso só pode acontecer se houver estruturas flexíveis e adaptadas para apoio. Estruturas como visão e cultura só podem ser desenvolvidas se houver pensamento estratégico e integração em uma organização.

Estratégia e integração: O pensamento estratégico da organização pode ser integrado com a transformação 4Cs?

Em nossa opinião, o "levantamento pesado" ocorre quando a liderança organizacional enfrenta a tarefa, às vezes assustadora, de colocar visões e estruturas em prática. O pensamento estratégico é perceber as questões, fazer perguntas e jogar com as possibilidades de encontrar os caminhos, pontes e autoestradas para avançar em direção a um futuro desejado. Porém, assim como as estruturas, os processos 4Cs não se prestam a estratégias, planos e implementação rígidos que são cuidadosamente controlados e gerenciados. Os 4Cs: criatividade, reflexão crítica, comunicação e colaboração promovem um pensamento estratégico flexível, adaptável e emergente.

Uma abordagem 4Cs do pensamento estratégico está mais de acordo com a noção de "aderência" de Mintzberg.[11] A aderência não é uma estratégia improvisada ou reativa, mas, sim, envolve previsão e planejamento. Contudo, não é fixa. É um pensamento estratégico que tem um sentido de direção, mas é aberto e responsivo ao imprevisível, ao incerto e ao complexo, por isso não pode ser um projeto absoluto para uma determinada direção. Em vez disso, a direção estratégica é continuamente modificada, refletida criticamente e gerada como uma coconstrução colaborativa. Argumentamos que o pensamento estratégico é fortalecido quando processos criativos e adaptativos são integrados fundamentalmente no pensamento coletivo de uma organização. No entanto, a integração do pensamento coletivo em uma organização não acontece da noite para o dia.

A integração é a habilidade de saber como, quando, com quem e em que escala implementar estratégias. Qualquer transformação requer uma sobreposição e um equilíbrio entre áreas complexas de uma organização. Estratégia e integração são semelhantes a "jogar xadrez em três dimensões". Integração é a coordenação e estratificação de estratégias para criar um processo coerente e colaborativo de mudança em toda a organização a fim de inspirar confiança no processo estratégico e na direção que está sendo tomada. Existem pontos de partida diferenciados para todos os membros de uma organização em processo de aprendizagem e mudança. Um respingo "tamanho único para todos" da aprendizagem dos 4Cs não funcionará de forma profunda, sustentada e integrada. No entanto, como condição prévia para a transformação, os 4Cs devem ser integrados com a direção estratégica da organização. Assim como a estratégia e a integração, as parcerias colaborativas também podem apoiar e desafiar a transformação 4Cs.

Parcerias de colaboração: Existem parcerias que possam apoiar e desafiar a transformação 4Cs na organização?

As parcerias colaborativas são uma rica fonte de abertura e integração de novas formas de pensar e aprender nas organizações. As colaborações liberam as instituições de ficarem presas em seu próprio histórico.

Por exemplo, a colaboração entre a Mercedes e a Swatch conduziu ao Smart Car; a colaboração das duas principais alianças de companhias aéreas, One World e Star Alliance levou à criação de redes inteligentes; a colaboração do Laser Interferometer Gravitational-Wave Observatory (LIGO), de mil cientistas de quinze países, levou a uma experiência de física em larga escala e à detecção de ondas gravitacionais cósmicas; as parcerias colaborativas da companhia de teatro Ex Machina com arquitetos, cientistas, historiadores e técnicos resultaram em performances inovadoras e multidisciplinares; a colaboração entre a Johns Hopkins Medicine e organizações comunitárias de base levou a melhores resultados sociais e de saúde para os pacientes (ver capítulo 8). As colaborações desencadeiam novos insights e geram novos pensamentos, porque essas parcerias atravessam os limites do conhecimento da organização.[12] Parece algo com que todas as organizações estariam envolvidas, mas, embora seja uma fonte dinâmica de insight e crescimento, muitas instituições veem as colaborações com ceticismo ou medo, pois podem significar acesso a informações valiosas e conhecimento e perda da vantagem competitiva.

As colaborações são uma relação paradoxal para se navegar. Trabalhar além das fronteiras requer compreender as formas de uma determinada organização e, ao mesmo tempo, a transgressão desses limites deve desafiar o pensamento estabelecido. A travessia dessa divisa requer confiança; e confiança nos relacionamentos e nos esforços compartilhados une para a colaboração. A colaboração é um processo complexo, aprendido e transparente que envolve uma partilha de conhecimento que é mutuamente benéfica para todos os colaboradores, sejam eles parceiros, clientes, fornecedores, varejistas, agências, universidades ou consultores. Para preparar o terreno para a transformação, as parcerias colaborativas podem trabalhar apoiando e desafiando a aprendizagem e o crescimento da prática 4Cs. A colaboração, no entanto, deve ser uma coconstrução consciente de confiança, respeito, comunicação e compreensão necessários para atravessar fronteiras mútuas e desenvolver novas ideias. Somos parceiros de organizações, trabalhando com elas para aprender a desenvolver os 4Cs em seu contexto particular. Essa precisa ser uma parceria que seja uma colaboração "verdadeira" e um esforço partilhado entre a nossa organização e a outra. É mediante a mutualidade das parcerias de colaboração que a aprendizagem e a avaliação podem gerar novas ideias e progresso.

Aprendizagem e avaliação: A aprendizagem e a avaliação apoiarão a transformação dos 4Cs?

Demasiadas vezes, nas organizações, estar ocupado e agir é confundido com progredir. "Estar ocupado" é uma atividade operacional que mantém as organizações distraídas de refletirem e realmente constatarem se estão realmente fazendo progresso. Em um negócio, estar ocupado pode ser lidar com clientes; no ramo do Direito, pode ser lidar com litígios; na área da saúde, pode ser lidar com pacientes. Porém, mas estar ocupado pode impedir a avaliação e o aprendizado sobre como transformar o atendimento ao cliente, o sistema jurídico e a prestação de serviço de saúde para seja mais eficaz e imparcial. Estar ocupados nos mantém acreditando que o trabalho que fazemos é produtivo; no entanto, não podemos saber que o trabalho é produtivo a menos que deixemos de ser reativos e muito ocupados com as operações do dia a dia. Estar ocupado mantém o *status quo* e restringe o significado de como progredir na eficácia e transformação das operações da organização.

O progresso por meio da inovação e da transformação deve ser significativo; deve mudar a forma como uma organização vê e faz as coisas e agregar valor para o bem maior. O progresso não acontece sem aprendizagem e avaliação, e a transformação não acontece sem sabedoria. Isso é "ação sábia" ou práxis e envolve aprender e "saber por que, como e quando se adaptar ao ambiente e por que, como e quando mudá-lo".[13] A transformação e o progresso dos 4Cs devem se manifestar como práxis — aprendizagem contínua por meio da reflexão, do diálogo e da prática.

Nós argumentamos que as organizações devem estar aprendendo com as comunidades, profundamente, em sua cultura. Isso desenvolve a capacidade de saber "que" problemas resolver, "por que" e "como" resolvê-lo e desenvolver novas possibilidades para se adaptar e transformar. O aprendizado por meio de criatividade, reflexão crítica, comunicação e colaboração nas organizações tem de ser aplicado *in loco* para práticas de trabalho autênticas; precisa ser uma aprendizagem mais profunda ou aprendizagem gerativa.[14] Discutiremos isso mais detalhadamente no capítulo 4, mas, em essência, a aprendizagem mais profunda ou gerativa é a aprendizagem que pode ser transferida e adaptada a situações novas e mutáveis. Aprender profundamente é essencial para desenvolver os 4Cs, e é claro que estes são essenciais para se aprender profundamente e gerar aprendizado contínuo. Os 4Cs não podem ser implementados; eles só podem ser aprendidos.

À medida que as organizações lançam as bases, elas devem perguntar: a aprendizagem e a avaliação apoiarão a transformação dos 4Cs na organização? Envolver-se profundamente com a transformação significa que o aprendizado é uma investigação contínua que desafia e avalia criticamente ideias, decisões e ações na própria abordagem 4Cs. Se a aprendizagem e a avaliação não continuarem a informar os 4Cs em uma organização, esta não é mais uma organização criativa, criticamente reflexiva, comunicativa e colaborativa. A aprendizagem e a avaliação alimentam o crescimento e a eficácia de transformação em uma organização.

Com base no aprendizado e na avaliação, a Woolf Farming and Processing pôde gerar ideias, considerar suas opções (produção de energia solar, defesa da alocação de água, tecnologia para eficiência no uso da água ou até mesmo vender a fazenda) e decidir quais passos dar em seguida.

A aprendizagem eficaz nunca deve parar em uma organização. Os seres humanos têm a capacidade de aprender ao longo de suas vidas, e, quanto mais se entende sobre a neuroplasticidade ou capacidade de reconexão do cérebro adulto, mais os neurocientistas percebem que a arquitetura do cérebro humano pode ser constantemente desenvolvida pelo ambiente de aprendizagem, pelas condições e pela cultura de uma organização. Moheb Costandi, escritor científico, explica a plasticidade cerebral:

> Longe de ser fixo, o cérebro é uma estrutura altamente dinâmica, que sofre mudanças significativas não só à medida que se desenvolve, mas também ao longo de toda a sua vida útil. Neuroplasticidade significa simplesmente mudança no sistema nervoso, e é um termo coletivo para todos os processos que mudam a estrutura e a função do cérebro. Os

> cérebros evoluíram para responder e adaptar-se ao ambiente e, por isso, a neuroplasticidade é uma propriedade intrínseca do tecido nervoso, que ocorre em todos os níveis de organização, desde o genético ao comportamental.[15]

Os cérebros dos adultos podem mudar para se adaptar aos ambientes e determinar o melhor curso de ação, particularmente em organizações com culturas de aprendizagem 4Cs eficazes. Ao preparar o terreno, então, é essencial que as organizações entendam como essa abordagem desenvolve a aprendizagem, o pensamento e a transformação. Fundamental para a abordagem 4Cs é entender seus processos essencialmente como uma aprendizagem, que é uma mudança ou transformação da mentalidade de um indivíduo. É disso que trata a transformação de uma organização.

Como aprendemos a transformar mentalidades?

Jack Mezirow é um pensador líder em educação de adultos e aprendizagem transformadora. Ele argumenta que a aprendizagem é transformacional quando ocorre uma mudança abrangente na forma como nos vemos; pois envolve uma recalibração da personalidade e da identidade. A aprendizagem transformacional é o resultado de desafios ou de uma situação de crise em que se torna necessário mudar. É "profunda e extensa, exige muita energia mental e, quando realizada, pode ser experimentada fisicamente, em geral, como uma sensação de alívio ou relaxamento".[16] A transformação na abordagem dos 4Cs é carregada tanto emocional como mentalmente, porque envolve uma mudança completa no "quadro de referência" de uma pessoa. Os quadros de referência são preconceitos que definem nossa visão de vida e se tornam nosso ponto de vista habitual e nossa linha de ação, a menos que reflitamos criticamente sobre nossas próprias suposições e as de outros.

Por exemplo, um estudo recente[17] analisou a igualdade de gênero em uma organização onde as mulheres estão sub-representadas na alta direção e configuram apenas vinte por cento dos papéis mais importantes.

Um argumento persistente, uma suposição, é que isso ocorre devido a diferenças de comportamento entre homens e mulheres. O estudo apresentou uma série de hipóteses sobre por que as mulheres não ocupavam cargos de chefia. Talvez, as mulheres tivessem menos mentores, ou menos tempo cara a cara com os gerentes, ou não eram tão proativas falando com os gerentes seniores. Para testar esses pressupostos, foram utilizados dados de comunicação digital e crachás sociométricos[18] com sensores que rastreavam a comunicação entre pessoas, o que significava medir padrões de movimentos, proximidade com os outros, volume e tom de voz, quem falava com quem, onde as pessoas se comunicavam e quem dominava as conversas.

Quando os dados foram analisados, não foram encontradas diferenças entre o comportamento de homens e mulheres na comunicação com os seus superiores. As mulheres tinham o mesmo número de contatos que os homens, elas passavam tanto tempo com a liderança sênior e alocavam seu tempo de forma similar aos homens na mesma função. Se os comportamentos são os mesmos, o que explica as diferenças nas taxas de promoção? A diferença não se deveu ao comportamento feminino, mas à forma como as mulheres foram tratadas. Os dados implicaram que as diferenças de gênero podem não residir na forma como as mulheres agem, mas na forma como as pessoas percebem as suas ações. Isso sugere que a diferença nas taxas de promoção é causada por um viés. Preconceito é quando dois grupos de pessoas agem de forma idêntica, mas um deles é percebido de forma diferente. Esse estudo demonstra como um quadro de referência — um viés — pode ser fixo e oculto. Mudar o pressuposto original — de que a desigualdade de gênero é comportamental — e mudar um quadro habitual de referência de viés — um preconceito perceptual oculto — requerem reflexão crítica e aprendizagem para transformar uma mentalidade.

Quando as ideias não se ajustam aos nossos preconceitos, temos uma forte tendência a rejeitá-las e rotulá-las como irrelevantes, indefensáveis, fantasiosas, absurdas ou erradas. Por exemplo, quando discutimos as possibilidades de criatividade, reflexão crítica, comunicação ou aprendizagem colaborativa nas organizações, nós, às vezes, ouvimos respostas preconceituosas, como "não temos tempo para essas coisas, temos muito trabalho a fazer", "a abordagem corporativa é competitiva, não há realmente colaboração", "nem todos querem pensar em uma organização, nós como líderes temos que pensar por eles" ou "nosso trabalho não é tão criativo". Em vez disso, aqueles que aprendem de maneira transformadora avançam para um quadro de referência que é aberto, ainda que discriminatório, responsivo à experiência, ainda que autorreflexivo.[19] Transformação significa ter perspectiva e atitude mudadas, e mudar suas ações por causa disso. Essas pessoas desenvolvem uma disposição que reflete mais criticamente suas próprias suposições e as dos outros. Em vez de continuarem padrões estabelecidos de pensamento ou, às vezes, "não pensar", elas tomam decisões e realizam ações com base em suas percepções transformadas.[20]

A aprendizagem e os processos 4Cs devem ser experiências que ajudem os indivíduos e as organizações a verem as coisas de forma diferente e a agir de forma distinta e profunda. A aprendizagem 4Cs é uma mudança de mentalidade que muda nossos quadros de referência; não é simplesmente uma habilidade adicional que acrescenta ao que já sabemos. Para ilustrar como os 4Cs são uma forma de pensar que muda nossos quadros de referência, e não apenas o treinamento de habilidades, examinamos o papel dos paradoxos no pensamento e no raciocínio dos 4Cs.

Qual é o papel dos paradoxos?

Paradoxos são duas coisas que existem ao mesmo tempo, mas se contradizem totalmente ou aparentemente se anulam. Parecem disparatadas, mas a realidade é que podem existir juntas. O famoso paradoxo do antigo filósofo Sócrates, "Tudo o que sei é que nada sei", indica que saber e não saber existem simultaneamente e podem complementar-se em sua contradição. Acaba por não ser um caminho ou outro, mas sim duas contradições trabalhando uma com a outra. Essa relação entre as contradições dá origem a uma tensão ou dinâmica que pode gerar uma verdade ou uma descoberta. Filósofos, cientistas, artistas e matemáticos ao longo do tempo continuam a usar paradoxos para entender o complexo e descobrir uma verdade. Em

O retrato de Dorian Gray, Oscar Wilde escreveu: "O caminho dos paradoxos é o caminho da verdade. Para testar a realidade, temos de vê-la na corda bamba."

O pensamento paradoxal usa a corda bamba entre contradições para testar ideias e explorar o complexo. O conceito de criadores de coerência, discutido anteriormente neste capítulo, traz "ordem" à compreensão do complexo; paradoxos são, por outro lado, uma forma de explorar a "desordem" do complexo. Por desordem queremos dizer olhar para múltiplas perspectivas e possibilidades em situações que, muitas vezes, são confusas, não lineares e desafiadoras. Isso é chamado de sabedoria paradoxal, e Rodrigues, Pina e Cunha, Rego e Clegg[21] argumentam que ela é fundamental para desenvolver liderança, gestão e trabalho sábios em uma organização:

> A sabedoria paradoxal envolve a contemplação de múltiplos eventos, sejam eles relacionados ou não, em vez de uma lógica de causa e efeito. Exige abertura a novas possibilidades, disponibilidade para aprender e ser desafiado. Além disso, implica a coragem de ir contra o *status quo* e a confiança de mover-se entre polos sem o medo de parecer incoerente ou fraco. Múltiplas perspectivas aumentam a complexidade, mas também aumentam a chance de avanços. Mais importante ainda, preveem a partilha de valores e a ação em prol do bem comum, que gera resultados mais sustentáveis.[22]

Argumentamos que explorar a tensão das contradições em paradoxos aprofunda a aprendizagem, a liderança e a sabedoria no pensamento 4Cs. Em particular, focamos os seguintes paradoxos para explorar a complexidade e os 4Cs nas organizações:

1. Estrutura e improvisação (na criatividade).
2. Conforto e desafio (em reflexão crítica).
3. Liderança decisiva e consultiva (em colaboração).
4. Ambiguidade e clareza (na comunicação).

O paradoxo da estrutura e da improvisação (na criatividade)

A estrutura refere-se à necessidade de estabelecer uma ordem de capacidade e eficácia organizacional nas práticas e no fluxo de trabalho. As estruturas já foram discutidas como aquelas que promovem clareza e operações suaves dentro das organizações. A improvisação, por outro lado, refere-se com o deixar solto ou com uma falta de estrutura que permita a espontaneidade e o inesperado. A improvisação é gerada por um grupo de pessoas envolvidas em interações complexas e imprevisíveis. A partir da espontaneidade e da imprevisibilidade da improvisação brinca-se e cria-se ideias, e isso é explicado como *emergência criativa.*[23]

A forma como as estruturas funcionam nas organizações muitas vezes encoraja interações previsíveis entre as pessoas. A estrutura e a improvisação podem parecer contradizer-se e negar-se mutuamente. No entanto, o pensamento paradoxal permite que a improvisação e a estrutura não sejam consideradas oposições, mas sejam exploradas como um estado de tensão positivo e dinâmico. A forma como as organizações se movem entre a estrutura e a improvisação pode desbloquear a maneira como a organização compreende a complexidade e gera a criatividade. Bilton e Cummings (2014) argumentam: "As organizações têm de ser suficientemente *frouxas* para permitir a libertação de novas ideias e *inputs* e, assim, regenerá-los, ao mesmo tempo que são *controladas* o suficiente para atrair esses diversos *inputs* para uma direção comum."[24] A IDEO é uma empresa de *design*, que conheceremos no capítulo 7, e é uma organização que "valoriza ideias fortes que são livremente mantidas". Aqui, a IDEO descreve a estrutura (*frameworks*) e a improvisação (*brainstorming*) que nutre a sua criatividade:

> Para ajudar no processo de concepção, os *designers* procuraram quadros que destilassem os padrões de comportamento e temas que observaram no campo. Uma vez que criaram uma estrutura, eles a testaram, considerando-a sob a perspectiva de vários clientes. Isso os ajudou a fazer um *brainstorming* e a testar uma vasta gama de soluções possíveis. No entanto, o processo foi altamente iterativo, uma vez que os *designers* se moveram entre as estruturas e o *brainstorming.*[25]

O paradoxo do conforto e do desafio (em reflexão crítica)

O paradoxo entre conforto e desafio impacta e define a natureza da aprendizagem em uma organização. Há conforto no que é conhecido e desconforto em não conhecer e ser desafiado pelo desconhecido. O conforto com o conhecido pode levar as instituições a explorar e refinar o que sabem e fazem bem. O conforto com o conhecido é atraente, pois inspira confiança, facilidade e sucesso em competência e excelência. No entanto, também pode aperfeiçoar uma rotina de aprendizagem institucionalizada que não questiona nem reimagina, e muito menos aprende desafiando e explorando o que está lá fora para ser conhecido.[26]

Na corda bamba desse paradoxo, estão equilibrados o conforto da certeza e o desafio da incerteza. Há, muitas vezes, medo na incerteza do desafio, e isso requer estar confiante e aberto a suposições estabelecidas de desaprendizagem e à aprendizagem a partir da experiência e do fracasso. O paradoxo do conforto e do desafio apoia a reflexão crítica e o desenvolvimento da sabedoria. A sabedoria é inerente a estar confortável com a incerteza e questionar o que assumimos como certo. Aprendemos a sabedoria tanto pelo conhecimento como pela dúvida e respeitando o que é conhecido e o que é desconhecido. Como Rodrigues e outros argumentam:

> A necessidade de um sentido contínuo de desenvolvimento por meio da aprendizagem é característica de pessoas sábias que abraçam a complexidade do mundo, persistentemente buscando novos desafios para ampliar sua capacidade de estar ciente do paradoxo da excelência ou de armadilhas de competência. Elas oscilam entre o conforto (o que é conhecido) e o desafio (o que está lá fora para ser conhecido).[27]

O paradoxo decisivo e consultivo da liderança (em colaboração)

Em uma globalização cada vez maior, o projeto de liderança GLOBE[28] fornece alguns insights sobre liderança organizacional em sociedades e culturas. Em seu estudo abrangente, eles identificaram seis estilos de liderança global e descobriram que dois estilos são universalmente endossados entre países e culturas: o de liderança carismática/valores baseados em liderança e o de liderança orientada para as equipes.

Líderes carismáticos e baseados em valores gerenciam com visão, inspiração e autossacrifício e operam de forma decisiva e com integridade. Os líderes que são orientados por equipes são colaborativos, diplomáticos, cuidadosos com os outros e administrativamente competentes. Curiosamente, existe um certo paradoxo nesses dois estilos. Como é que um líder pode ser decisivo de forma independente e colaborativa? A colaboração e a consulta não interferem na conduta deum líder determinado e decisivo? Mais uma vez, é na tensão do paradoxo de ser ao mesmo tempo decisivo e consultivo que reside o poder da verdadeira liderança colaborativa e transformacional. A colaboração, como argumentamos no capítulo 8, não é definida por consenso ou cooperação. A colaboração é algo muito mais difícil, mas muito mais eficaz e sustentável para tornar as organizações dinâmicas e bem-sucedidas. A colaboração entra no gênio dos indivíduos do grupo, em vez de em um único indivíduo. O único gênio do indivíduo é um nome errado, como muitos já argumentaram.[29] Por exemplo, Steve Jobs pode creditar o gênio colaborativo de trabalhar com Steve Wozniak no desenvolvimento de computadores Apple. Steve Jobs é um grande exemplo de um líder que se tornou carismático e dinâmico como um indivíduo e, ao mesmo tempo, um excelente colaborador com pessoas que respeitou e em quem confiou. Ele pode não ter começado dessa maneira, mas se tornou um líder magistralmente decisivo, mas consultivo. Isso é o que Steve Wozniak disse sobre Jobs mesmo em seus primeiros anos:

> Ele confrontaria diretamente as pessoas e quase as chamaria de idiotas... Mas sabe o que mais? Quando elas o confrontavam de volta e lhe diziam por que estavam certas de maneira compreensível, ele estava apenas testando e aprendendo, e ele respeitava essas pessoas e lhes dava altos privilégios na empresa. Isso era uma coisa que ele respeitava — alguém que acreditava o suficiente nas suas próprias ideias para falar, e não apenas se calar e ser tímido diante dele.[30]

Nisso vemos o início de uma abordagem colaborativa que é clara e decisiva, mas que também reconhece que diversas ideias e pensamentos podem ser aproveitados para desafiar, avaliar e ampliar o pensamento e a tomada de decisão da liderança. A liderança decisiva, mas consultiva, é sustentada pela nossa compreensão paradoxal da colaboração na abordagem 4Cs. O "gênio" do pensamento individual diversificado é a chave para a construção do gênio coletivo da colaboração em grupo. No nosso conceito de colaboração, a identidade faz parte da agência individual e da agência de grupo, e o paradoxo está em criar um "espaço liminar ou de transição" que funde ambos. A agência individual dá origem à agência de grupo e vice-versa. A liderança que pode aproveitar e explorar esse paradoxo pode conduzir a dinâmica contínua da transformação com os 4Cs.

O paradoxo da ambiguidade e da clareza (na comunicação)

Ser claro e ambíguo soa como se você estivesse dando voltas sem chegar a lugar algum ou usando palavras evasivas para ofuscar a verdade e realmente não dizer nada. Sir Humphrey Appleby, o funcionário público em *Yes, Minister*, era famoso por isso, como indica o diálogo a seguir:[31]

> Sir Humphrey Appleby: A identidade do funcionário cuja alegada responsabilidade por essa hipotética supervisão foi objeto de discussão recente não está envolta em uma obscuridade tão impenetrável quanto certas revelações anteriores podem ter levado você a assumir, mas, para não colocar um ponto muito nítido sobre ela, o indivíduo em questão é, pode surpreendê-lo ao saber, aquele que seu atual interlocutor tem o hábito de definir por meio do pronome perpendicular.
> James Hacker: Perdão?
> Sir Humphrey Appleby: Fui... Eu.

Circunlocução e ofuscação não são o que queremos dizer com a combinação de ambiguidade e clareza. A clareza é uma necessidade se você quiser transmitir uma mensagem como uma troca de duas vias ou múltipla via entre pessoas. A clareza sugere que você quer transmitir exatamente o que quer dizer sem ser dúbio, confuso, falso ou traiçoeiro. A integridade está no centro da comunicação clara na abordagem dos 4Cs. George Orwell argumentou: "O grande inimigo da linguagem clara é a falsidade. Quando há uma lacuna entre o real e os objetivos declarados, recorre-se instintivamente a palavras longas e expressões idiomáticas esgotadas, como uma lula esguichando tinta."[32]

Ser claro não significa ser simplista, superficial ou breve. Significativamente, a clareza serve para comunicar melhor o complexo, o oculto, o confiável, o sábio e o profundo. Então, como pode a clareza funcionar com ambiguidade? A ambiguidade é mais do que uma interpretação de algo, e pode criar um estado de incerteza na compreensão. O sentido de inexatidão na ambiguidade sugere uma falta de clareza na comunicação e na compreensão. De fato, a ambiguidade está, geralmente, no coração do que é complexo, profundo, confiável, sábio e oculto. Vamos usar a litografia de Escher *Order and Chaos* (1950) (Figura 3.5) como um belo exemplo de comunicação que é paradoxalmente ambígua e clara ao mesmo tempo. Na litografia, o caos representado por objetos quebrados se reflete na ordem perfeita do cristal. Tanto a ordem como o caos representados por Escher são meticulosamente desenhados; há ordem no desenho do caos. Porém, ao mesmo tempo, a ordem do cristal desenhado é perturbada pelo caos que o rodeia. Escher está sugerindo uma ligação entre ordem e caos?

A ambiguidade da mensagem na litografia de Escher significa que está aberta à interpretação, mas, ao mesmo tempo, expressa claramente algo complexo e profundo: o paradoxo da clareza e da ambiguidade na comunicação é um modo honesto e profundo de lidar, expressar e resolver a realidade da incerteza e do equívoco no modo como o mundo funciona. Clareza é tentar constantemente dar sentido ao mundo por meio da ordem, mas o caótico princípio do universo e do nosso próprio mundo em um estado de pós-normalidade cria ambiguidade e complexidade. Em essência, ele está procurando e encontrando clareza a partir de uma infinidade de ângulos.

Figura 3.5 *Ordem e Caos, de M. C. Escher.*

Pensamento paradoxal

Tolerar a ambiguidade e a incerteza é um ingrediente essencial no desenvolvimento da criatividade e da sabedoria. Isso é o que o estudioso da criatividade e da sabedoria Robert Sternberg tem a dizer sobre isso:

> As pessoas gostam que as coisas sejam preto no branco. Gostam de pensar que um país é bom ou mau (aliado ou inimigo) ou que uma dada ideia na educação funciona ou não funciona. O problema é que há um monte de cinza no trabalho criativo, assim como há quando se investe em uma ação cujo valor pode ou não subir. Muitas ações são de baixo valor. As ambiguidades surgem quanto ao que vai subir, quando vai subir e, mesmo, para alguns indivíduos, o que eles podem fazer para fazê-las subir.[33]

Os paradoxos que exploramos na abordagem 4Cs não são quebra-cabeças intelectuais ou uma ginástica conceitual que não têm relação com a prática diária. Eles não paralisam o pensamento e as práticas de trabalho, são uma forma de pensar que abre as organizações para desenvolver continuamente soluções e ideias criativas e mais sábias. O pensamento paradoxal envolve uma relação entre incertezas que podem ser descritas como estabilidade dinâmica.[34] É a capacidade de entendê-las e trabalhá-las e de dar sentido ao contraditório. Procurar contradições é mais do que reconhecer o cinza entre o preto e o branco; é ver as cores através do espectro. Ao ver mais da "luz", serão tomadas decisões mais bem-sucedidas e mais sensatas e serão geradas melhores ideias.

Os processos 4Cs são sobre pensar e agir. Eles não são um programa, procedimento ou protocolo, são uma filosofia, abordagem e mentalidade que podem mudar a cultura de uma organização. Os cérebros humanos são plásticos, são maleáveis para crescer com novas aprendizagens, e para se moldar por meio da desaprendizagem acumulada e de suposições habituais que se escondem atrás da forma como as coisas sempre foram feitas. Aprender é transformador, é ver as coisas de maneira nova, ver o familiar como estranho e imaginar e agir de acordo com as possibilidades. Essa abordagem é uma experiência e um ambiente que tem a capacidade de mudar o quadro de referência de um indivíduo e de uma organização. É um quadro de referência que procura a aprendizagem na criatividade, na reflexão crítica, na comunicação e na colaboração para conhecer, antecipar e criar mudança. É ser adaptável e ágil para perseguir e desenvolver o florescimento humano; é transformar uma organização mediante uma ação sábia (práxis).

O estudo de caso de Woolf Farming and Processing que abriu este capítulo reflete uma organização que lida com a incerteza dos tempos de mudança e suas circunstâncias. Mediante um raciocínio prático e brincando com a possibilidade de continuarem a usar novas tecnologias para maior eficiência agrícola (particularmente uma eficiência hídrica), eles investiram na geração de energia solar na fazenda, estão considerando como converter resíduos agrícolas em energia utilizável, estão fazendo uma campanha ativa pela reforma competitiva da alocação de água na Califórnia e desenvolveram uma horta comunitária que produz alimentos para famílias atingidas pela falta de água. As ações da Woolf Farming and Processing são sábias, pois vão além do interesse próprio e da autoajuda, e servem à comunidade em geral de muitas maneiras.

Segundo o acadêmico de negócios Bernard McKenna, a sabedoria é uma orientação parafilosófica para o mundo que envolve o físico, o ético e o lógico. A sabedoria "é incorporada em nossa disposição de agir de certas maneiras para produzir o que é bom. Embora baseada na autoconsciência profunda, na atenção ao outro, na compreensão mundana e no raciocínio cognitivamente complexo, a ação sábia acaba se tornando encarnada, habitual e resiliente".[35] Como organização, a Woolf Farming and Processing incorpora esses atributos, e este livro argumenta que os 4Cs e a transformação devem encarnar a ação sábia (práxis) também.

Nem todas as organizações estão prontas para a transformação, nem todas querem a transformação. O terreno é fértil quando uma organização vê a aprendizagem e a transformação por intermédio dos 4Cs como um investimento em longo prazo, e não, como uma "poção mágica" instantânea. Preparar o terreno é entender que os 4Cs devem permear todos os aspectos da visão, da cultura, da estrutura, da estratégia e da integração de uma organização, com parcerias colaborativas, aprendizagem e avaliação. É saber que transformar uma organização é transformar mentalidades por meio de processos mais profundos de aprendizagem e pensamento organizacional e pela cultura. A transformação dos 4Cs é desafio e é mudança, mas é uma ação sábia que cria condições e ambientes para o bem maior. É apenas no fazer, por meio da aprendizagem, aplicação e reflexão, que as organizações verão os 4Cs, não como uma moda ou mágica, mas como fundamentais para que uma organização desenvolva e realize seu potencial.

Começando: preparando o terreno

Ao preparar o terreno para a transformação dos 4Cs, a sua organização se envolverá com:

1. Formadores de coerência.
   Como os responsáveis pela coerência apoiarão a transformação 4Cs?
2. As grandes questões.
   Todos os pré-requisitos para a visão transformacional 4Cs — cultura, estrutura, estratégias e integração, parcerias colaborativas, aprendizagem e avaliação — foram abordados?
3. Aprendizagem transformadora.
   Como a aprendizagem e a transformação das mentalidades irão sustentar a transformação?
4. Sabedoria paradoxal.
   Por que e como os paradoxos e a sabedoria são parte integrante da transformação dos 4Cs?

Agora que o terreno está preparado, o próximo capítulo explora como as organizações fazem a transformação acontecer.

4
Fazendo a transformação acontecer

Quantos pessimistas são necessários para trocar uma lâmpada?

Nenhum, é uma perda de tempo porque a nova lâmpada provavelmente nem sequer funciona.

FIGURA 4.1 *Piadas sobre lâmpadas iluminam as ansiedades humanas.*

Talvez a razão pela qual existam tantas piadas sobre lâmpadas seja porque a mudança está sempre presente e, no entanto, é difícil de ser gerida e definida. No nosso mundo contemporâneo, parece que a transformação é uma constante. No entanto, ainda há muitos exemplos em que a transformação foi muito ruim, criando enormes danos à reputação das organizações ou às pessoas dentro delas, e pondo em perigo sua sobrevivência. Este capítulo trata de como a transformação pode ser considerada não como "única", mas como uma característica constante das organizações. Argumentamos que a transformação pode ser uma constante se for compreendida e praticada por meio dos 4Cs: criatividade, reflexão crítica, comunicação e colaboração.

Este capítulo explora como fazer a transformação acontecer, examina as considerações gerais da mudança organizacional e, em seguida, explora como o potencial humano e a eficácia organizacional são aproveitados para a transição. Utilizamos dois fabricantes de coerência para apoiar o complexo processo de aprendizagem e desenvolvimento das capacidades humanas para a transformação a partir dos 4Cs.

O primeiro formador de coerência é a Roda da Eficácia Organizacional, que permite a compreensão e o foco nas capacidades individuais necessárias para construir uma organização bem-sucedida e produtiva. O segundo fator de coerência é o Diamante da Aprendizagem Profunda, que explica a natureza das experiências necessárias para o desenvolvimento e a entrega dessas capacidades. Por meio de estudos de caso de transformação, consideramos as lições para a transformação eficaz e fornecemos algumas reflexões sobre como as organizações podem se tornar ágeis e sábias à medida que aprendem por meio da mudança e em resposta a ela mudança.

Então, qual é a "grande" natureza da transformação e como as organizações devem considerá-la e abordá-la? A menos que sua organização seja uma startup trabalhando em um *greenfield* (campo verde) sem qualquer legado, a transformação será parte de sua linguagem organizacional contínua, prática, histórica e de futuro. Embora, muitas vezes, sonhemos em começar a trabalhar do zero, a realidade é que todos nós trabalhamos dentro de sistemas, organizações, culturas e estruturas que exigem repensar e mudar à medida que enfrentamos desafios internos e externos emergentes. Para começar essa exploração do "como" da mudança, vamos aproveitar a oportunidade para olhar para um estudo de caso de transformação.

Transformar ou morrer — como a Save The Children International se salvou

A Save the Children International (SCI) é uma organização não governamental (ONG) que passou por uma transformação complexa e continuada nas últimas décadas. Ela é uma das maiores e mais antigas agências de ajuda e desenvolvimento do mundo. Em 2016, seu faturamento foi de US$ 2,1[1] bilhões, e, naquele ano, seus programas atingiram 56 milhões de crianças.[2] Como organização, a ONG tem influência significativa sobre a mudança de políticas por meio de seu trabalho em sessenta países.[3] Em 1990, a organização era muito diferente. Naquela época, a SCI não era consolidada e coerente, mas sim um conjunto de organizações individualizadas e específicas em cada país, que tinha pouca ou nenhuma unidade. Isso levou à diminuição de sua parte no financiamento total, em comparação com outras agências de ajuda. Além disso, as disputas entre as organizações nacionais da Save the Children consumiram muito do seu tempo e tiraram o seu objetivo principal — apoiar as crianças necessitadas internacionalmente.

Em 2010, a organização passou por um enorme processo de mudança que viu todas as organizações individuais colaborarem para criar uma aliança internacional. Os 14 mil funcionários das organizações dos países se alinharam em uma estrutura unificada de gerenciamento.[4] Essa mudança foi necessária para transformar uma organização estabelecida na realidade de 1919 em uma organização inserida na realidade supercompetitiva e globalizada do século XXI. Os doadores individuais e nacionais esperavam agora um nível de coerência em termos de liderança, estrutura e objetivo da organização. A SCI encontrava-se em um ambiente de crescente concorrência por doações, uma expectativa de estruturas de gestão modernizadas e arranjos organizacionais transparentes. A antiga estrutura, que contava com 29 organizações sediadas em cada país, não conseguiu oferecer consistência para atender a essas necessidades complexas, mas teve algumas vantagens. Organizações locais em diferentes países permitiram a descentralização, que poderia acessar diversos e diferentes recursos locais (incluindo pessoal, conhecimento etc.) e fornecer para a organização. O plano de aliança (também conhecido como plano 2020) criou um arranjo organizacional de "rede estelar" no qual uma estrutura internacional de liderança unificada foi desenvolvida para apoiar os porta-vozes situados em cada país-membro (29 ao todo).

No coração dessa transformação estava o propósito central da SCI de maximizar a eficácia da organização para beneficiar crianças. Charlotte Petri Gornitzka, membro do conselho da aliança SCI, lembra-se dessa forma:

> Não começamos com uma decisão sobre qual seria a estrutura organizacional certa... Em vez disso, nos concentramos em pensar sobre as necessidades das crianças, qual era o papel relevante para a Save the Children e sobre aquilo em que nós éramos bons. As mudanças estruturais seguiram-se à nossa definição do impacto que queríamos causar na vida das crianças.[5]

No entanto, não importa quão profundo ou importante seja o propósito organizacional, a transformação é sempre difícil. Rudy von Bernuth foi diretora de Programas Internacionais e liderou grande parte do processo de transformação. Ele argumenta que o ritmo da mudança foi essencial nesse processo:

> Se nos movêssemos muito devagar, arriscaríamos perder o ímpeto. Havia grandes expectativas e temíamos o 'efeito Obama' de não cumprir nossas promessas. No entanto, se avançássemos depressa demais, arriscávamo-nos a cometer erros enormes que destruiriam o processo de mudança.[6]

Com o benefício da retrospectiva, é óbvio que uma organização como a SCI precisava mudar uma estrutura que permanecia praticamente inalterada desde 1919. A realidade é que esse tipo de mudança é sempre difícil, especialmente em uma organização tão complexa como essa. O que ela conseguiu foi uma transformação que modernizou seus processos e abordagens, mas manteve a especificidade de todas as suas operações individuais no país, para atender mais eficazmente às crianças, que eram, em última análise, as suas principais partes interessadas. A SCI argumenta que essa transformação levou a um apoio mais poderoso para as suas causas na mídia e no governo[7] e simplificou seus processos de gestão. Jasmine Whitbread, CEO da SCI, em 2010, argumentou:

> Perguntamos a nós mesmos: "Quais são os princípios fundamentais de uma organização do século XXI com uma missão como a nossa?" Em primeiro lugar e acima de tudo, trata-se de ser um catalisador. Não se trata apenas de oferecer grandes programas no local, que é a nossa especialidade e o que sabemos fazer. Em segundo lugar, trata-se também de ser capaz de comunicar o que estamos fazendo, de aprender com isso — dentro da organização, mas, criticamente, com outros players também. Não somos as únicas pessoas trabalhando nessas questões. Estamos tentando usar o conhecimento para ajudar a criar a mudança.[8]

Em sua opinião, isso garante maior eficiência e eficácia. É claro que essas mudanças não resolveram todos os problemas da organização — nenhuma transformação jamais poderá resolver. De certa forma, o mundo que nos rodeia, em rápida evolução, lembra às instituições a necessidade de tornar a transformação constante, em vez de um evento isolado.

Analisar a transformação — aspectos da mudança

Um dos principais benefícios dos estudos de caso de transformação é a nossa capacidade de utilizar a retrospectiva como uma ferramenta analítica para compreender o "como". Na seção seguinte deste capítulo, vamos considerar alguns dos aspectos-chave do estudo de caso da SCI para compreender alguns aspectos específicos desse processo, incluindo:

1. o propósito.
2. a comunicação.

3 o ritmo da mudança.
4 a construção de uma cultura de transformação.
5 a transformação para a agilidade organizacional.

Propósito

Não há nada mais desanimador do que uma mudança pela mudança. O objetivo, no caso da SCI, era relativamente específico — criar uma estrutura de liderança clara e coerente para ajudar as crianças necessitadas. Como as organizações consideram a necessidade de transformação, o propósito deve ser claro, coerente e relacionado diretamente com a missão geral da organização. Os acadêmicos de transformação organizacional Ward e Uhl analisaram treze estudos de caso de organizações em processo de mudança e argumentam que a transformação "deve ter uma lógica estratégica clara explicada em uma linguagem que todos possam compreender. Caso contrário, haverá pouca motivação para mudar".[9] A necessidade de propósitos explícitos e claros que se articulem com as forças internas e externas nas organizações deve ser claramente declarada no caso de mudança. Elsbeth Johnson[10] argumenta, na Harvard Business Review, que há quatro aspectos de propósito (ou racionalidade estratégica) que as organizações devem explicitar:

1 Por que precisamos mudar? E, por que agora?
2 Qual é a extensão total da mudança de que precisamos?
3 Se descobrirmos as respostas para as questões 1 e 2, o que deve melhorar para alcançar como resultado? Como vamos medir a melhoria que estamos buscando?
4 Como é que esta nova estratégia ou mudança se liga às estratégias anteriores?

No caso da SCI, essas questões foram abordadas, mas exigiram uma integração com uma estratégia de comunicação clara. A estratégia de comunicação precisava fazer sentido para as partes interessadas e poderia, simultaneamente, criar confiança e impulso para a agenda de transformação. Tem de estar implícito para uma organização, em linguagem acessível, a comunicação desse propósito e a explicação de suas implicações para as partes interessadas.

Comunicação

Falamos em profundidade sobre comunicação no capítulo 7, mas vale a pena tomar tempo para reconhecer a centralidade da comunicação no processo de transformação. Qualquer um que tenha passado por uma "reestruturação", uma "harmonização" ou uma "reorganização" sabe que rumores e fofocas irão preencher uma lacuna que é deixada quando a comunicação é vaga, não tem propósito ou é inexistente. Jasmine Whitbread, CEO da SCI, argumenta que a comunicação reforça a confiança na transformação o das organizações:

> Fala-se muito da necessidade de comunicação em uma mudança ou transformação. Acho que todos recebemos essa mensagem agora. Todos sabemos como garantir uma boa comunicação nos dois sentidos. Porém, há uma diferença entre comunicação e construção de confiança e compreensão. Não subestime a necessidade de continuar a ter essa confiança e compreensão em um pequeno grupo de pessoas, e depois continue a promovê-la. Não a tome a mudança como garantido e construa a partir daí um círculo eleitoral mais e mais amplo para a mudança.[11]

No caso da SCI, a comunicação não era apenas "agradável de ter", estava profundamente enraizada na confiança daqueles que estavam criando a transformação. Nesse caso, e em muitos outros semelhantes, a comunicação permite que as organizações construam confiança à medida que o difícil processo de transformação passa de um estágio para outro.

O ritmo da mudança

Não há um ritmo "certo" para a mudança. O que pode ser certo para uma grande organização não governamental pode não ser certo para uma pequena ou média empresa. No caso da SCI, a meta original para a transformação até 2020, identificada na década de 1990, avançou mais rapidamente do que o inicialmente previsto em resposta às exigências das partes interessadas. O desenvolvimento, pela SCI, de uma "coligação de vontades" e a sua capacidade de levar a organização com ela permitiram que o prazo de transformação fosse alcançado mais rapidamente (mais de dez anos antes do previsto). O ritmo da mudança é ditado pela habilidade de uma organização de desenvolver uma transformação proposital, efetivamente comunicada e ágil.

Naturalmente, as ramificações de uma transformação que acontece muito rápido ou muito lentamente são familiares para muitos que sofreram com nesse processo. A transformação apressada é tipicamente liderada por um grupo com pouca conexão com as realidades da mudança. Esse tipo de transformação deixa a organização vulnerável a perdas internas e externas de confiança e tipicamente resulta em funcionários de alta qualidade saindo para encontrar "melhores opções". No entanto, quando é demasiado lenta, também é frustrante. Nesse cenário, as organizações parecem estar se transformando infinitamente sem muito progresso e ocasionando falta de competitividade, irrelevância e falta de dinamismo. Esse processo prolongado corrói, muitas vezes, a confiança das partes interessadas externas e deixa a organização vulnerável a mudanças externas cada vez mais rápidas na demanda, concorrência, tecnologia e regulamentações.

A construção de uma cultura de transformação

A cultura é fundamental para o processo de transformação, mas também proporciona um objetivo. Qual é a cultura a que sua organização aspira? Em nosso trabalho com organizações, muitas vezes nos conectamos primeiro com os "dispostos e capazes" de apoiar a transformação (da mesma forma que a Lego e a SCI). Essa abordagem reflete a realidade de que as organizações podem gastar uma enorme quantidade de tempo lidando com a resistência e não mudar nada realmente. Nossa abordagem, ao contrário, é buscar aqueles em todos os níveis de uma organização que querem ser parte da mudança, estão convencidos da necessidade de mudar e têm a capacidade de apoiar a mudança em vez de gastar quantidades excessivas de tempo, energia e recursos com aqueles que não estão convencidos. Esse grupo não é um bando de "simpáticos". Seus membros são, muitas vezes, questionadores e criticamente reflexivos, mas convencidos da necessidade de transformação.

Isso não quer dizer que aqueles que não estão convencidos não são dignos de fazer parte do processo; pode ser um caso de alguns "ainda não". Muitas vezes descobrimos que, à medida que a transformação ocorre, as pessoas se tornam mais persuadidas pelas oportunidades e sentem que podem se conectar de maneira mais eficaz com a abordagem. Jasmine Whitbread, CEO da SCI, durante a sua transformação, baseou-se em uma abordagem cultural semelhante. Ela aconselha:

> Certifique-se de ter preparado as suas bases. Certifique-se de que tem um grupo principal — e não precisa ser assim tão grande — de atores-chave que estejam totalmente prontos para ir nessa jornada com você. Realmente, nutra e não subestime o valor desse grupo. Pouco a pouco, tente aumentá-lo.[12]

Em essência, sua abordagem na SCI foi construir uma equipe pequena e comprometida, e então, à medida que a confiança se espalhou, ampliar essa equipe responsável pela transformação. Alguns podem argumentar que se trata de mera estratégia; na nossa opinião, ela constrói uma cultura proativa e positiva para a transformação que se expande enquanto outros ganham confiança no processo. Embora essa seja uma estratégia de transformação, também visa construir uma cultura organizacional que possa promover a agilidade em face da mudança de circunstâncias.

A transformação para a agilidade organizacional

Como mencionamos anteriormente, as organizações não podem mais ficar paradas — a transformação tornou-se uma constante. Uma das características das instituições que entendem essa realidade é que elas constroem práticas de transformação ou práticas ágeis contínuas. Para nós, agilidade é a capacidade de se aprender em resposta a fatores externos e internos e agir sabiamente para reformular suas práticas, políticas e abordagens, mantendo-se segura e estável. Embora esse tipo de flexibilidade organizacional possa parecer desejável em si mesma, de acordo com um estudo de 2017 da consultoria McKinsey[13], a agilidade também aumenta a capacidade e a eficácia:

> Oitenta e um por cento dos entrevistados em unidades ágeis relatam um aumento moderado ou significativo no desempenho geral desde que suas transformações começaram. E, em média, os entrevistados em unidades ágeis são uma vez e meia mais propensos do que outros a relatar desempenho financeiro superior ao de seus pares, e 1,7 vezes mais dispostos a relatar desempenho superior ao de seus pares em medidas não financeiras.

Enquanto exploramos o papel dos 4Cs nos próximos capítulos deste livro, esperamos que você veja como uma organização de aprendizagem pode aplicar essas capacidades sabiamente para fazer suas instituições não apenas transformadas, mas sustentadas pela agilidade.

O caso da Save the Children International ressalta a gravidade da obtenção do "como" na transformação correta. Se essa organização não tivesse conseguido se transformar, não seriam os acionistas ou clientes que perderiam, seriam as crianças mais vulneráveis de nossa comunidade que teriam sofrido. Nesse sentido, e em tantos outros, o "como" não é uma busca "acadêmica", é a diferença entre a sobrevivência e a morte de uma organização que, muitas vezes, tem ramificações profundas para muitos em nossa comunidade.

O que é o "material" da transformação?

O estudo de caso da Save the Children revela o grande quadro de transformação bem-sucedida de uma organização. É uma visão abrangente que lida com os componentes do nosso quadro de liderança em 4Cs, discutidos no capítulo anterior, e que envolve a redefinição e remodelação da visão, cultura, estrutura e estratégia dessa ONG. O que então sustenta o quadro geral da transformação, o que exatamente faz a mudança vir de dentro? Que energias, pensamentos e capacidades humanas realmente apoiam o grande quadro de reforma? É aqui que argumentamos que certas capacidades podem ser desenvolvidas e fortalecidas na forma como o trabalho e a aprendizagem acontecem em uma organização. Para uma organização ser ágil e transformadora, os indivíduos dentro dela têm de ser ágeis e transformadores.

Comunicar uma visão, mudar as estruturas e implementar estratégias são facilitadores da mudança, mas não o "material" no qual habita a mudança. O material da transformação é o potencial humano. Como esse potencial é realizado torna-se um desafio de aprendizagem para as organizações. Como é que as pessoas aprendem melhor a desaprender velhos hábitos e aprendem novos? Como desenvolvem a agilidade e os 4Cs? Em nosso trabalho com organizações, começamos com um construtor de coerência que se concentra nas capacidades humanas necessárias para a transformação; é a Roda da Eficácia Organizacional (REO).

Os responsáveis pela coerência, como a REO, trazem clareza à compreensão de algo bastante complexo, como a construção do potencial humano e o desenvolvimento da eficácia organizacional. Como discutido no capítulo 3, os responsáveis pela coerência nunca devem ser entendidos ou usados como coisas simplistas ou redutoras. Os formadores de coerência são entendimentos fundamentais que se abrem para uma maior complexidade e para conexões em fenômenos e experiências. Eles são uma construção para tornar o complexo tangível, conhecido e de fácil aprendizado. Ao mesmo tempo, devem permitir a exploração e a descoberta contínuas de um fenômeno ou experiência. Neste caso, a REO resume, identifica e articula as capacidades humanas que tornam uma organização capaz de se transformar.

A Roda da Eficácia Organizacional (REO)

A Roda da Eficácia Organizacional (Figura 4.2) é um formador de coerência que descreve as capacidades que podem ser encontradas em uma instituição dinâmica e eficaz. Pode descrever tanto o indivíduo em uma organização como uma entidade corporativa. A REO também é usada como uma ferramenta de diagnóstico para analisar e avaliar os pontos fortes e fracos, o pensamento, as relações e emoções para a transformação de uma organização. Isso dá à liderança a oportunidade de desenvolver uma visão panorâmica, de 10 mil quilômetros de altura, um ponto de vista que desenvolva a eficácia da organização em *reflexão crítica*. Para desenvolver as capacidades da organização em todas as áreas da REO, os pontos fortes gerais são reconhecidos para poder se abordar os fracos. Por meio de pesquisas, questionamentos e discussões, certas capacidades da REO emergem como pontos de partida para o desenvolvimento, aprimoramento e refinamento.

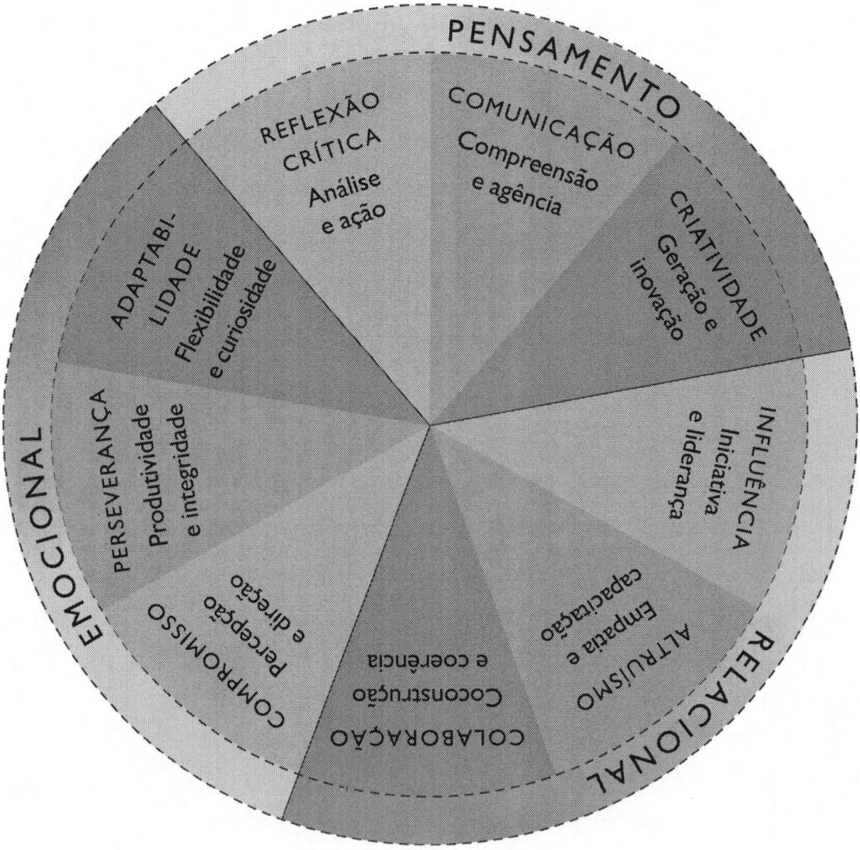

FIGURA 4.2 *A Roda da Eficácia Organizacional (*REO*) concentra as organizações nas capacidades necessárias para a transformação por meio dos 4Cs.*

A REO é usada como uma lente macro para dar uma visão panorâmica, e também pode ser usada como uma lente microscópica para reconhecer e desenvolver as capacidades individuais. Em uma organização com a qual trabalhamos recentemente, vários indivíduos foram nomeados para cargos de liderança recém-criados, a fim de aumentar a responsabilidade e ação em equipe. Usando a REO como uma ferramenta de diagnóstico, tornou-se evidente que esses indivíduos precisavam de desenvolvimento nas habilidades sociais de *colaboração* e *influência*. Desenvolver suas habilidades de liderança os capacitaria como pessoas influentes e fortaleceria o ambiente e a cultura de mudança da organização. Como um diagnóstico, a REO destaca pontos de partida para construir o potencial humano para a transformação organizacional. Ela avalia continuamente a eficácia das capacidades da organização e dos indivíduos, e diagnostica o que desenvolver e fortalecer na sequência. Por isso, argumentamos que uma organização como entidade e os indivíduos dentro da organização podem desenvolver todos os atributos da Roda da Eficácia Organizacional por meio dos processos 4Cs explorados neste livro.

A REO baseia-se no relatório do Conselho Nacional de Investigação dos EUA, *Education for Life and Work: Developing Transferable Knowledge and Skills in the 21st Century,*[14] e em pesquisas em psicologia da economia e do desenvolvimento educacional, organizacional e social. Ela descreve como as habilidades de pensamento (cognição) e a regulação relacional (interpessoal) e emocional (intrapessoal) são essenciais para a construção do potencial humano e a eficácia organizacional.[15] As capacidades na REO são integrais e codependentes. O que isso significa é que você não pode desenvolver uma capacidade como a criatividade sem também desenvolver todos os outros aspectos da REO. A tabela 4.1 descreve as capacidades interdependentes. Uma organização em transformação tem de considerar essas competências no ambiente organizacional, em sua cultura e nas vocações individuais. Conforme trabalhamos com organizações, descobrimos que a eficácia da REO é revelada ao usá-la como uma ferramenta de diagnóstico, mas também há outros benefícios como um fator de coerência para a transformação.

TABELA 4.1 *Capacidades na Roda da Eficácia Organizacional*

Pensamento

O cognitivo envolve capacidades de pensar, raciocinar, interpretar e gerar ideias.

Reflexão crítica	
Análise e ação	Resolução de problemas complexos por meio de análise, avaliação e ação.
Comunicação	
Compreensão e ação	Compreensão e expressão de significado por meio da ação.
Criatividade	
Geração e inovação	Geração e inovação de ideias inventivas e iniciativas.

Emocional

O intrapessoal envolve capacidades para gerir comportamentos e emoções para alcançar um objetivo.

Adaptabilidade	
Flexibilidade e curiosidade	Continuamente aprendendo a ser flexível e curioso sobre a mudança de perspectivas e circunstâncias.
Perseverança	
Produtividade e integridade	Mostrando determinação e integridade para alcançar um resultado produtivo.
Compromisso	
Percepção e direção	Fazer escolhas perceptivas e convergir para uma direção positiva.

Relacional

O interpessoal envolve capacidades de expressar, interpretar e relacionar-se com os outros.

Influência	
Iniciativa e liderança	Tomar a iniciativa e a responsabilidade de liderar os outros mediante influência e orientação.
Altruísmo	
Empatia e capacitação	Usar empatia e compaixão para capacitar a todos para prosperar e beneficiar as decisões e ações.
Colaboração	
Coconstrução e coerência	Ligação com outros para gerar e coconstruir ideias e ações em um esforço coletivo.

A REO como criadora de coerência

Nas organizações, os responsáveis pela coerência podem desenvolver:

- uma linguagem comum;
- metacognição (engajamento);
- crença positiva na aprendizagem.

Uma linguagem comum

Os formadores de coerência fornecem às organizações uma linguagem comum para falar sobre processos como os 4Cs ou as capacidades REO. Uma linguagem comum leva à compreensão comum e ao significado compartilhado. No nosso trabalho, ouvimos a liderança e os funcionários das organizações usarem a linguagem dos responsáveis pela coerência para desenvolver estratégias e processos que abordem questões e ideias. Por exemplo, referem-se à *oferta* e ao *rendimento* (do responsável pela coerência dos Círculos de Colaboração, no capítulo 8) ao desenvolver competências de colaboração, ou a *identificar pressupostos* ao resolucionar um problema (do Cadinho de Reflexão Crítica, no capítulo 6), ou a *jogar com a possibilidade* ao tentar gerar uma nova ideia (da Cascata da Criatividade, no capítulo 5), ou consideram como desenvolver o *envolvimento* ou *altruísmo* do pessoal nas práticas de trabalho ou a *perseverança* em determinadas tarefas (das capacidades da REO, Figura 4.2).

Uma linguagem ou metalinguagem comum ajuda as organizações a se concentrarem em explorar processos e capacidades mediante uma compreensão compartilhada do que são. Não se trata simplesmente de usar jargões, tem de ser uma linguagem que seja compreendida e utilizada por meio da experiência ativa. *Oferecer e ceder* como um processo é um termo que só faz sentido quando é experimentado e praticado. A linguagem dá um nome a um processo compartilhado e também cria metacognição do processo.

Metacognição

A REO como uma formadora de coerência é útil para trazer clareza e complexidade à compreensão das partes componentes da eficácia de uma organização e o potencial de um indivíduo. Trazer atenção, consciência e pensamento (engajamento) às capacidades da REO desenvolve metacognição. Essa é a habilidade de estar ciente, entender e controlar sua própria cognição ou pensamento para que, por meio do pensamento antecipado e da autorreflexão, ajustes nos comportamentos e ações possam ser feitos. Mediante a metacognição, a capacidade de aprender, desaprender e reaprender é reforçada:

> Metacognição refere-se à habilidade de uma pessoa de selecionar, monitorar, gerenciar e avaliar o processamento cognitivo durante a aprendizagem ou o desempenho de uma tarefa cognitiva. Estratégias de metacognição são métodos de nível superior para gerenciar o pensamento e o raciocínio de alguém enquanto este aprende ou executa uma tarefa. As estratégias metacognitivas podem desempenhar um papel central na capacidade de transferência das pessoas — ou seja, na capacidade delas de resolverem novos problemas e aprenderem novas coisas.[16]

A metacognição é fundamental para as capacidades de aprendizagem e o desenvolvimento de uma crença positiva de que esta é possível.

A crença positiva na aprendizagem

Todas as capacidades da REO podem ser desenvolvidas, pois o ambiente e a cultura de uma organização podem mudar,[17] e a capacidade de um indivíduo pode ser desenvolvida.[18] A REO, como uma formadora de coerência, faz duas coisas: descreve as capacidades gerais para uma organização eficaz e as competências específicas de que os indivíduos precisam. É um ciclo de autorreforço na construção da capacidade organizacional com competências individuais. A capacidade de uma organização e a de um indivíduo para aprenderem, se desenvolverem e empregarem *criatividade, reflexão crítica, comunicação, colaboração, influência, altruísmo, engajamento, perseverança e adaptabilidade* não são rijas ou imutáveis. Em ambiente e condições adequadas, essas competências podem ser inculcadas, apreendidas e continuamente desenvolvidas. Portanto, um ambiente organizacional e capacidades individuais são maleáveis e podem ser desenvolvidos e modificados.

As mudanças na capacidade individual e na personalidade são tanto determinadas pelo ambiente como pelos genes.[19] O ambiente é então tão determinado por personalidades individuais como pelas crenças e suposições da cultura. Isso significa que, se você estiver em um *ambiente criativo, criticamente reflexivo, comunicativo e colaborativo*, se tornará *mais criativo, criticamente reflexivo, comunicativo e colaborativo*. Se existem condições que apoiam o desenvolvimento individual de *engajamento, perseverança, adaptabilidade, influência e altruísmo*, mais essas capacidades se tornam o DNA e a cultura de uma organização.

A arquitetura do cérebro humano pode ser desenvolvida e reconectada por intermédio da neuroplasticidade, das condições e do ambiente de uma organização (ver capítulo 3). Saber que a capacidade para aprender e mudar não é rija, mas possível, cria uma crença positiva ou "mentalidade de crescimento". Uma mentalidade de crescimento afeta como você se aproxima das capacidades de desenvolvimento, como explica a professora de Psicologia Carol Dweck:

> Nesta mentalidade, a mão que você recebe é apenas o ponto de partida para o desenvolvimento. Essa mentalidade de crescimento baseia-se na crença de que suas qualidades básicas são coisas que você pode cultivar por meio de seus esforços. Embora as pessoas possam diferir em todos os aspectos — seus talentos e aptidões iniciais, interesses ou temperamentos —, todos podem mudar e crescer mediante a aplicação e experiência.[20]

Crenças positivas e produtivas são fundamentais para desenvolver os aspectos emocionais (*engajamento, perseverança e adaptabilidade*) na REO, que são parte integrante da construção das outras capacidades de pensamento e relacionamento.[21] A capacidade é uma dinâmica entre a competência inata e a disposição que desenvolvemos para a aprendizagem. Como formador de coerência, a REO demonstra que as competências de aprendizagem e os processos nas capacidades são possíveis, o que encoraja uma crença positiva necessária para desenvolvê-los. Uma linguagem comum, a metacognição e uma crença positiva na aprendizagem são necessárias para desenvolver os 4Cs, mas sozinhas não são suficientes.

Para que os processos e as capacidades 4Cs sejam aprendidos, desenvolvidos e inculcados, são necessárias experiências descritas como aprendizagem mais profunda. Os 4Cs de criatividade, reflexão crítica, comunicação e colaboração só podem ser aprendidos e entendidos quando aplicados autenticamente em um contexto organizacional; não podem ser um projeto pontual ou ocasional. Conforme discutido no capítulo 3, os 4Cs são uma mentalidade e cultura que existe apenas como processos em ação, autenticamente aplicados ao trabalho de uma organização. Fundamentalmente, aprender e desenvolver os 4Cs deve ser um processo contínuo e autêntico de transformação. Para entender e destacar a aprendizagem mais profunda nos processos 4Cs e de transformação, vamos usar um estudo de caso que envolve uma série de organizações de serviço público que lidam com questões altamente complexas e aparentemente intransponíveis: o Efeito Glasgow.

Estudo de caso: o Efeito Glasgow

Glasgow, no oeste da Escócia, já foi reverenciada como um dos principais centros de construção naval, siderurgia e engenharia, mas, em 2008, a cidade tornou-se conhecida por ter alguns dos piores resultados de saúde e expectativa de vida baixa na Europa.

FIGURA 4.3 *Crianças brincando no pátio do condomínio Gorbals em Glasgow, Escócia, em 1970.*

A Organização Mundial de Saúde[22] relatou que um menino que vivia em uma área carente de Glasgow tinha uma expectativa média de vida de 54 anos, em comparação com um menino de uma área mais bem favorecida economicamente a 11 quilômetros de distância, que poderia esperar viver até os 82 anos. As grandes desigualdades na saúde passaram a ser conhecidas como Efeito Glasgow. A sabedoria convencional era de que os habitantes da localidade tinham uma dieta pobre (barras de chocolates e haggis fritos*), alto índice de consumo de tabaco e álcool, que levava a doenças cardíacas, especialmente ao câncer. Investigações mais aprofundadas sobre o assunto questionaram essas suposições e descobriram que a história era muito mais complexa.

A diferença na expectativa de vida entre ricos e pobres em Glasgow sempre existiu, mas, nos anos 1960, começou a aumentar ainda mais. Sir Harry Burns, ex-diretor médico da Escócia, explica o que aconteceu na época:

> Pudemos ver a desintegração das comunidades à medida que os *booms* habitacionais do pós-guerra começaram a se expandir, os velhos edifícios dos prédios em Glasgow estavam sendo demolidos — e deveriam ser, porque já não eram adequados para habitação humana, havia banheiros externos, por exemplo. Porém, o que os substituiu não facilitou a conexão da comunidade.[23]

As pessoas tinham vivido em situação de pobreza em áreas de cortiço, mas se apoiavam mutuamente nessas circunstâncias. Nos anos 1960, foram transferidas para as propriedades municipais na periferia, ao mesmo tempo que os estaleiros navais e as fábricas de automóveis foram fechados e elas perderam os seus empregos.

A nova hipótese para a saúde precária e a baixa expectativa de vida do Efeito Glasgow era que a fragmentação social e a instabilidade tinham causado um efeito duradouro e terrível nas populações pobres. A expectativa

---

* NR: Haggis é um prato típico feito com os órgãos internos (intestino, estômago, entranhas e afins) do cordeiro e aveia.

de vida, quando analisada de perto, dez anos antes, revelou a existência de um efeito de corte impactando as tendências, e não a morte mais precoce dos idosos. As principais causas foram drogas, álcool, violência, problemas de saúde mental e suicídio em jovens de 30 a 35 anos. Dez anos mais tarde, o efeito é evidente no mesmo corte de 40 a 45 anos de idade. O efeito sugere que "algo aconteceu aos que se predispuseram a uma doença socialmente determinada que os levou a morrer pelas drogas, pelo álcool, suicídio etc.".[24] As influências epigenéticas também surgiram como um fator, no qual o ambiente estressante da infância estava ativando certos genes. A abordagem médica convencional para lidar com esses problemas consistiria em programas de prevenção ao fumo e ao consumo de drogas, bem como medicamentos para doenças cardíacas e saúde mental. Em vez disso, os fatores sociais e biológicos que causam instabilidade e estresse, desconexão e desempoderamento precisavam ser abordados.

De acordo com Harry Burns, agora professor de Saúde Global na Universidade de Strathclyde, em Glasgow, "para melhorar vidas difíceis, precisamos descobrir o que está realmente errado nessas vidas e procurar transformá-las".[25] Em vez de focar os *deficit* das desigualdades na saúde, Burns argumenta que o foco deve ser a construção de ativos humanos e capital social para que os indivíduos possam oferecer uns aos outros amizade e apoio mútuo. Contudo, para construir o capital social, era necessária uma nova abordagem organizacional nas intervenções de saúde pública e serviços públicos para lidar com uma questão como o Efeito Glasgow.

A forma convencional de fazer política de saúde é por intermédio dos funcionários públicos e de alguns peritos que concebem uma intervenção e depois a transmitem ao pessoal da linha da frente para a sua implementação. Muitas organizações dos setores governamental e privado implementam e agem dessa forma, mas, na opinião de Harry Burns, isso não funciona. Ele argumenta que, quando "o pessoal da linha da frente não se envolve na definição da intervenção, não está particularmente entusiasmado com ela e, muitas vezes, não a implementam adequadamente".[26]

Em vez disso, foi desenvolvida uma nova abordagem, chamada *Early Years Collaborative* (Colaboração nos Primeiros Anos), que constituiu um ponto de partida radical na forma como a intervenção e a entrega foram concebidas. O objetivo desta era "conseguir que o pessoal da linha de frente desenhasse a intervenção, porque eles veem as pessoas que precisam de ajuda".[27] As intervenções não foram apenas baseadas nas experiências em primeira mão dos líderes comunitários, elas também funcionaram em todos os setores e sistemas da função pública. Burns explica:

> Ao longo dos últimos cinco anos, pedimos ao pessoal envolvido no apoio aos pais e às crianças que apresentassem ideias, as testassem e, se vissem uma melhoria, difundissem essa aprendizagem pela colaboração. Então, as pessoas estavam se reunindo regularmente para discutir o que tinha e o que não tinha funcionado, e depois tentavam implementar as coisas de forma consistente.[28]

A *Early Years Collaborative* visa abordar a questão do Efeito Glasgow a partir de múltiplas perspectivas, experiências e conhecimentos. Em vez de trabalhar a partir de um escritório central, ela trabalha na linha de frente por meio dos centros de serviços familiares e comunitários, do sistema de saúde e educação e dos setores público, privado e voluntário. Todos os serviços colaboram no que querem alcançar e entram em acordo quanto a métodos, medidas, feedbacks e evidências que utilizarão. Como resultado, houve uma diminuição significativa das taxas de natimortos e mortalidade infantil, e nas mortes de crianças hospitalizadas, uma melhor utilização de serviços como a avaliação de crianças, um melhor suporte e monitoramento do desenvolvimento infantil, uma maior prontidão e desempenho na aprendizagem na escola e assim por diante. A abordagem está sendo ainda mais desenvolvida para os jovens, na medida em que passam por outras transições significativas, tais como do ensino primário para o secundário e a transição da escola para o emprego. Para as organizações do setor público, é uma forma muito diferente de fazer as coisas; não envolve apenas "fazer coisas" às "pessoas", mas sim apoiá-las para agirem por si próprias.[29]

Um exemplo de uma das muitas iniciativas é o GalGael Trust, uma instituição de caridade que é um ponto focal para cursos de artesanato e atividades comunitárias em Glasgow. Segundo o diretor fundador, Alistair McIntosh,[30] seus cursos ensinam mais do que artesanato:

> Um projeto como esse dá vida a uma comunidade. Traz de volta até mesmo as pessoas com a autoestima mais afetada; ajuda as pessoas a se reconectarem com as suas raízes culturais, a expressarem a criatividade que nunca souberam ter e desenvolverem redes e competências para a vida para combater os vícios e outros problemas de saúde.

Os resultados de uma abordagem como a da *Early Years Collaborative* são, em uma escala temporal de dez a quinze anos, muito para além das agendas de curto prazo dos ciclos políticos habituais. Como uma intervenção, a *Early Years Collaborative* está transformando a prestação de serviços públicos e a política.

Analisando a transformação

Transformar a vida das pessoas é o foco da *Early Years Collaborative*. Trata-se de uma abordagem centrada na promoção da saúde e do bem-estar, e não naquilo que causa doenças. A *Early Years Collaborative* é também uma transformação 4Cs da estrutura organizacional, cultura e abordagem do serviço público. Os 4Cs são aparentes no estudo de caso desta forma: a *Early Years Collaborative* aplicou processos de *reflexão crítica* à questão (o Efeito Glasgow), os pressupostos foram identificados e contestados e novas hipóteses foram desenvolvidas para resolver a questão. A *criatividade* foi evidente nas possibilidades desenvolvidas pelo pessoal de sua linha de frente para abordar a questão a partir de uma multiplicidade de perspectivas. A *colaboração* entre setores da *Early Years Collaborative* foi fundamental para unificar e ampliar a eficácia das intervenções e a sua execução. A *comunicação* permitiu que a voz dos funcionários da linha de frente e da comunidade com a qual eles estavam trabalhando pudesse gerar ações produtivas e positivas. Na *Early Years Collaborative*, há também indícios de "aprendizagem mais profunda".

Processos 4Cs e capacidades REO (Figura 4.2) incluindo:

- adaptabilidade;
- comunicação;
- perseverança;
- criatividade;
- compromisso;
- influência;
- colaboração;
- altruísmo;
- reflexão crítica.

Nós introduzimos outro formador de coerência, o Diamante da Aprendizagem Profunda (ver Figura 4.4) para explicar os componentes complexos das experiências de aprendizagem profunda.

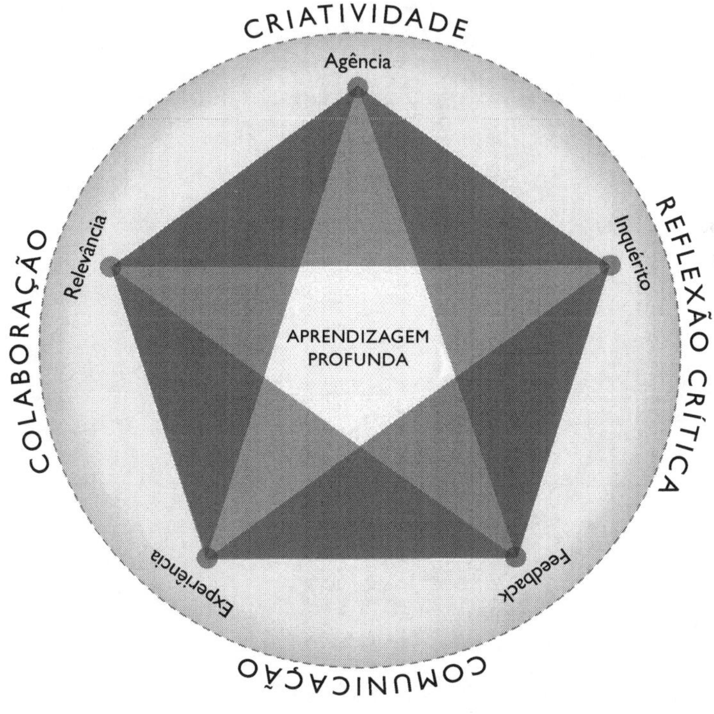

FIGURA 4.4 *O formador de coerência Diamante de Aprendizagem Profunda descreve os componentes da aprendizagem profunda.*

O Diamante de Aprendizagem Profunda identifica a *ação dos componentes, a investigação, o feedback, as experiências e a relevância* como chave para o desenvolvimento de experiências de aprendizagem transformadoras. No diagrama do Diamante de Aprendizagem Profunda, o anel dos 4Cs envolve os componentes de *ação, investigação, feedback, experiências* e *relevância*, e, dentro dos 4Cs, todos esses componentes estão relacionados e afetam uns aos outros. *Ação, investigação, feedback, experiências e relevância* que apoiam a aprendizagem profunda são evidentes no estudo de caso de Glasgow. Explicamos o que eles significam e como são exibidos na história da *Early Years Collaborative.*

Ação: empoderamento e autodireção

A ação é o poder de agir, e vem de um sentido de empoderamento derivado da confiança, oportunidade e capacidade. Ela fortalece a autonomia, a autoconfiança e a autoestima. Na *Early Years Collaborative*, a ação foi dada aos trabalhadores da linha de frente quando lhes foi dada "propriedade" para suas intervenções. O pessoal da linha de frente conhecia as pessoas que estavam ajudando e sabia como desenvolver e moldar as intervenções que estavam implementando. Por terem a ação, os funcionários eram precisos, comprometidos e entusiasmados com o que faziam. Com maior autonomia foram mais autorregulados e autodirigidos em seu trabalho. O aprendizado é aprofundado quando as ações são realizadas de forma mais consciente e eficaz por causa do empoderamento da autodireção.

A ação é também evidente nos encontros e processos que o pessoal da linha de frente tem com a comunidade. A *Early Years Collaborative* (e o *Raising Attainment Collaborative*) reconhece que o envolvimento com os jovens não precisa ser fazer "para" eles, mas apoiá-los para que ajam por si mesmos. Trabalhar com pais que vêm de contextos de pobreza, violência doméstica e questões de saúde mental é também um processo de empoderamento e apoio às crianças. A confiança e autoestima que vêm com a ação têm de ser construídas como uma capacidade e desenvolvida como uma oportunidade por meio de processos criativos, críticos reflexivos, comunicativos e colaborativos. A ação para pensar e agir por si mesmo é reforçada pela investigação.

Investigação: valorizar as perguntas em detrimento das respostas

O combate ao Efeito Glasgow e a compreensão dos maus resultados da saúde só podem ser explorados e aprofundados com uma investigação de aprendizado. A investigação é abordar tudo com perguntas, em vez de respostas rápidas flexíveis, de tamanho único e compatíveis com todos os procedimentos. A realidade é que resolucionar problemas e gerar novas ideias é complexo e requer uma abordagem mais profunda, multifacetada e com muitas perspectivas. Profundidade, camadas e perspectivas só podem ser analisadas mediante questões de qualidade da investigação. Ao pedir ao pessoal da linha de frente para conceber as intervenções, foi usado o sistema de investigação para gerar ideias e depois testá-las para trazer melhorias. O inquérito foi, então, parte integrante da prestação de cuidados de saúde, em vez de uma abordagem superficial e processual.

Uma abordagem de investigação é sempre perguntar "por que, realmente por que" algo é um fenômeno ou uma experiência. É preciso nunca tomar nada como um dado adquirido, pois as suposições sustentam tudo o que fazemos e observamos.[31] Investigar requer consciência e poderes muito fortes de observação, mas, por si só, começa a desenvolver percepções e insights. A investigação como uma mentalidade crítica e reflexiva contínua é essencial para uma compreensão mais profunda de qualquer coisa, incluindo os 4Cs. Ela é refinada por meio de um feedback contínuo.

Feedback: iteração com experimentação

Qualquer investigação só pode ser desenvolvida por meio de feedback oportuno, portanto testar e analisar resultados na *Early Years Collaborative* foi fundamental para aprender com suas intervenções. O feedback informou o seu trabalho e, mediante discussões regulares, ele foi constantemente aperfeiçoado e reavaliado para uma implementação mais eficaz e consistente. Nas avaliações de *big data*, às vezes, foi difícil determinar quais as intervenções da *Early Years Collaborative* produziram qual mudança, e isso é devido a uma abordagem de investigação multifacetada que lida com grande complexidade. Os resultados positivos gerais, no entanto, apoiaram a continuação da abordagem, mas o feedback como evidência é fundamental para os decisores políticos e burocratas nas organizações em termos de decisões de financiamento. As melhorias espetaculares alcançadas pela *Early Years Collaborative* convenceram os burocratas a financiar a nova abordagem.

O feedback é um processo contínuo, iterativo e colaborativo que constrói pontos fortes e aborda os pontos fracos para encontrar possíveis direções futuras. Feedback como reflexão e avaliação é fundamental para o crescimento de uma organização pelos 4Cs, mas isso só pode ser alcançado por meio do impacto das experiências e condições emocionais, relacionais e cognitivas.

Experiências: emocional, relacional, capacidades de pensamento

A reflexão sobre experiências valiosas na linha de frente desenvolveu a abordagem e as intervenções da *Early Years Collaborative.* As experiências de aprendizagem têm de ser propícias ao crescimento,[32] pelo que a interação entre o pessoal da linha de frente e a comunidade tem de ser positiva em termos emocionais e relacionais, para apoiar uma intervenção eficaz. Uma das intervenções, *Bedtime Bear*, envolveu crianças que recebiam um urso de pelúcia que precisava de uma história para dormir todas as noites. *Bedtime Bear* encorajou as crianças a pedir aos pais para lhes dar a experiência positiva de uma história para dormir. Essa intervenção é uma experiência que desenvolve conscientemente aspectos emocionais e relacionais com a intervenção cognitiva, não apenas entre pais e filhos, mas também entre o pessoal da linha de frente e a comunidade.

Experiências que são transformadoras são experiências de aprendizagem sociais, psicológicas e fisicamente incorporadas.[33] A capacidade de pensar e raciocinar está ligada à forma como controlamos as nossas emoções e como nos relacionamos com os outros, e esses fatores são genéticos e moldados pelo contexto externo.[34] Nosso ambiente social impacta nosso desenvolvimento como indivíduos, e o aprendizado é uma interação de nossa disposição com nossas experiências sociais.[35] Os processos de criatividade, reflexão crítica, comunicação e colaboração devem ser habitados como experiências sociais, incorporadas e reflexivas para afetar o crescimento e o desenvolvimento de um indivíduo e de uma organização. As experiências também devem ser relevantes para ter impacto.

Relevância: aplicação em contexto

A *Early Years Collaborative* demonstra como os 4Cs são apenas realmente entendidos como experiências incorporadas autenticamente quando aplicados a um contexto. Os 4Cs devem ser aplicados a um contexto real, caso contrário são abstratos como declarações de missão, boas ideias em teoria e nada mais. Uma sede desligada da comunidade não estava inventando políticas; as intervenções basearam-se nas experiências autênticas e relevantes do pessoal da linha de frente com a comunidade. Por estar no terreno e ser transversal a todos os setores, as intervenções colaborativas da *Early Years* foram relevantes ao perceber como as questões são complexas, multifacetadas e conectadas.

Os processos 4Cs são uma aprendizagem contínua

Desenvolver processos 4Cs com *ação, investigação, feedback, experiências e relevância* estabelece confiança e crença na capacidade humana para transformar e fazer prosperar comunidades e organizações.[36] As capacidades dos processos REO e 4Cs requerem, no entanto, novas aprendizagens: desaprender e reaprender por meio de aplicação, prática e reflexão. Por exemplo, é experimentando obstáculos e retrocessos e obtendo resultados de produtividade e integridade que são desenvolvidas a *perseverança*, a determinação e a resiliência. Desenvolver competências e processos mediante aplicação, prática e reflexão é educacionalmente sólido e lógico, mas, na nossa experiência, a maioria das organizações trata a aprendizagem (incluindo aquelas em instituições educacionais) como uma experiência única, como "ticar os itens de uma lista", e pode ou não necessariamente ser incorporada em práticas reimaginadas. Fundamentalmente, a aplicação dos processos 4Cs deve ser autêntica a situações e questões reais de trabalho e, quando é bem-sucedida ou falha na prática, deve ser refletida e desenvolvida de maneira colaborativa no local de trabalho.

Implementar os 4Cs em uma organização requer um processo 4Cs: deve ser colaborativo e criticamente reflexivo, comunicativo e criativo. As organizações, no entanto, podem ser frenéticas, lugares movimentados, e há desafios em priorizar tempo e esforço para tal abordagem. Argumentamos que investir tempo e energia nesses processos é sensato como um investimento em longo prazo. A recompensa é uma organização ágil e adaptável, que tem em seu coração uma cultura baseada na aprendizagem contínua e na transformação. No caso de Glasgow, isso traduziu-se em parcerias entre organizações de serviços públicos e do setor privado, proporcionando resultados mais bem-sucedidos em termos sociais e de saúde com enfoque no bem-estar, e não na doença, transformando as vidas de uma comunidade.

4Cs para transformação e sabedoria

Cada "C" é um processo de aprendizagem que, quando profundamente compreendido e praticado, abre continuamente a reflexão, a possibilidade, a ação, o desafio e as conexões. Essas dinâmicas são evidentes nos construtores de coerência que apresentamos nos capítulos "C" (capítulos 4 a 8) — a Cascata da Criatividade, o Cadinho da Reflexão Crítica, o Cristal da Comunicação e os Círculos de Colaboração. A aprendizagem mediante os processos 4Cs tem de ser generativa, ou seja, tem de perpetuar e sustentar a aprendizagem contínua. A aprendizagem mais profunda ou generativa é construir sobre o que já sabemos, e nós argumentamos que os 4Cs são o motor para uma aprendizagem mais profunda, contínua e ágil que potencializa a reflexão permanente e a reinvenção do trabalho da organização.

O que também é vital para o sucesso é uma cultura que valoriza a aprendizagem da sabedoria. Sem sabedoria, as instituições agem sem previsão e discernimento em sua sustentabilidade, bem como no percurso para um bem maior. A sabedoria é imperativa em negócios, liderança e gestão e aprendizagem organizacional, pois, sem ela, as organizações estão nas mãos do interesse próprio e da conveniência, da imprudência, da visão de curto prazo, do desperdício, da injustiça, da avareza e do abuso. Novas ideias inteligentes e sem sabedoria são as práticas de contabilidade de alto risco da Enron ou da alavancagem do Lehman Brothers em hipotecas *subprime* ou da desativação de sistemas de controle de emissões da Volkswagen ou da exploração de dados da Cambridge Analytica por meio do Facebook. A sabedoria orienta o comportamento ético e faz julgamentos sólidos e fundamentados na tomada de decisões e ações. Em nossa visão, a sabedoria prática é parte integrante dos processos 4Cs, e estes são uma forma de reintegrar a sabedoria conceitual e praticamente na vida de trabalho de uma organização.

Fazer a transformação acontecer é assumir a visão do otimista de que a mudança é possível. A possibilidade é aproveitada quando o propósito, a comunicação e o ritmo da mudança de transformação são esclarecidos e comunicados. A possibilidade é a construção de uma cultura organizacional que promova a agilidade e a aprendizagem por meio do desenvolvimento do potencial humano e das capacidades na Roda da Eficácia Organizacional. Essas competências são aprofundadas quando há ação autodirigida; aprendizagem como investigação e feedback; e experiências emocionais, relacionais e cognitivas que são relevantes e aplicadas no contexto do trabalho de uma organização (o Diamante Profundo de Aprendizagem). Com conhecimento em processos e habilidades 4Cs, os otimistas podem fazer a transformação acontecer.

Quantos otimistas são necessários para trocar uma lâmpada?

Nenhum, eles estão convencidos de que
a energia voltará em breve.

Começando: fazendo a transformação acontecer

Fazer a transformação acontecer requer que uma organização faça as seguintes perguntas.

Para a transformação 4Cs, como a organização está considerando, explorando e desenvolvendo:

1 Comunicação.
Como o propósito e o ritmo da mudança serão comunicados à organização?

2 Uma cultura de aprendizagem.
Como os 4Cs criarão uma cultura de aprendizagem ágil, na qual a transformação é uma constante?

3 Potencial humano.
Como a Roda da Eficácia Organizacional será usada como uma ferramenta de coerência e diagnóstico?

4 Aprendizagem mais profunda.
Como a ação, o inquérito, o feedback, as experiências e a relevância serão desenvolvidos nos processos 4Cs?

5 Sabedoria.
Como a sabedoria pode sustentar a aprendizagem nos 4Cs?

Os próximos quatro capítulos exploram cada um dos 4Cs: criatividade, reflexão crítica, comunicação e colaboração, e explica como seus processos funcionam para transformar as organizações.

5
Criatividade

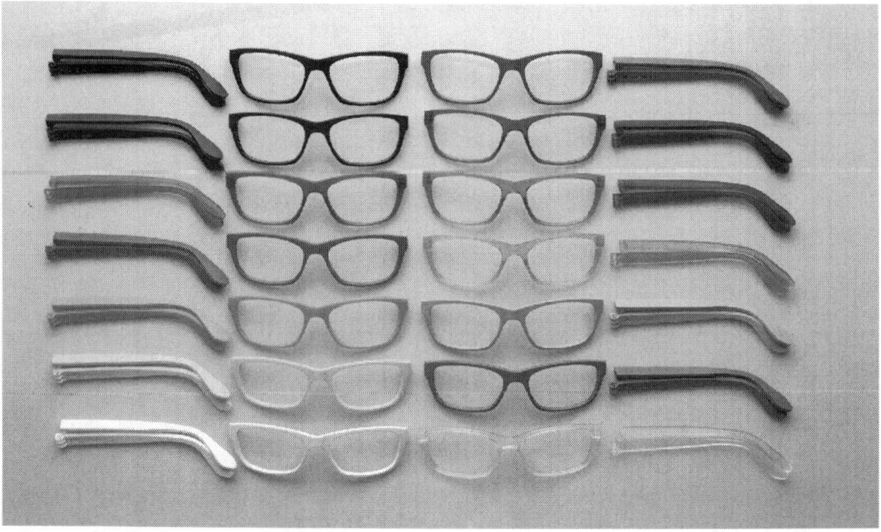

FIGURA 5.1 *Design modular da Dresden Optics.*

Na nossa experiência de trabalho com organizações, a criatividade é muito discutida e pouco compreendida. Por um lado, parece ser a poção mágica que irá resolver todos os problemas. Por outro, encontramos pessoas em organizações que afirmam "Eu não sou criativo", como se a criatividade fosse doada a poucos por algum processo místico ou mágico. Na nossa opinião, ambas as atitudes não só estão erradas como também restringem a oportunidade das organizações de atingirem todo o seu potencial. Como discutiremos neste capítulo, a criatividade não é mística. É uma característica humana inerente à comunicação, por isso, introduzimos um formador de coerência para a criatividade — a Cascata da Criatividade.

Nós demonstramos a Cascata da Criatividade trabalhando na prática mediante um estudo de caso de uma startup, Dresden Optics, que fez da criatividade a base para seus processos e produtos em suas organizações.

Os óculos são, para muitos de nós, um incômodo necessário. Talvez você nunca tenha pensado em óculos (incluindo fabricação, marketing etc.) como particularmente criativos. No entanto, há espaço, como explicamos neste capítulo, para que a criatividade seja uma expectativa em qualquer indústria, setor ou organização. A Dresden Optics demonstra como a criatividade pode emergir em lugares improváveis e tornar-se fundamental para a forma como as organizações são constituídas, gerenciadas e desenvolvidas.

Dresden Optics

Em 2000, Bruce Jeffreys (cofundador da Dresden Optics) foi assistir a um show de um DJ em Amsterdã. Nada particularmente incomum, exceto pelo fato de o espetáculo acontecer numa loja de óculos. Ele se perguntou, depois dessa experiência, por que os óculos eram uma vivência tão estéril e aparentemente distante quando poderiam ser muito mais divertidos. Naquela época, e desde então, os óculos (usados por cerca de 48 por cento da população da Europa)[1] eram uma necessidade com preços altos. O que Bruce Jeffreys notou foi a diferença entre o custo de varejo real das lentes e o custo de fabricação real. Ele notou uma enorme margem de lucro e uma indústria pronta para ser interrompida. E então ele fez a si mesmo uma série de perguntas — *por que, por que mesmo*: Por que os óculos são tão caros? Por que a experiência do cliente é desprovida de diversão? Por que os óculos não são mais funcionais e versáteis? Por que os óculos não são como escovas de dentes — baratos, confiáveis, padronizados e facilmente substituíveis?

Ele criou uma ótica e começou a se *divertir com as possibilidades*. A Dresden Optics brincou com materiais diferentes para as armações e as lentes. Eles apostaram em diferentes abordagens de *branding*, varejo e *marketing*, RH e pessoal. Por exemplo, *brincaram com as possibilidades* ao adquirir materiais dos lugares mais improváveis para uso na fabricação das armações. Um guarda-florestal no Golfo de Carpentária, no norte da Austrália, que sabia da abordagem da ótica, entrou em contato com uma ideia. Ele tinha um suprimento ilimitado de redes de pesca de nylon abandonadas (redes fantasmas) que destruíam a vida marinha e eram uma ameaça ambiental. Essas redes podiam ser recicladas para fazer as armações dos óculos? Sim, podiam; e, agora, todas as semanas um caminhão cheio de redes descartáveis descarrega sua carga em uma fábrica em Sydney e recicla o potencial aterro sanitário em armações para os óculos da Dresden.

A capacidade da Dresden de brincar com possibilidades levou a várias respostas inovadoras que agora podem ser refinadas em um modelo de negócios. A *seleção e a avaliação* das possibilidades fizeram com que fossem avaliadas todas as abordagens que haviam considerado em relação às realidades do mercado. Que preço funcionaria? Que gama de produtos e cores seriam atraentes? Os clientes ficariam satisfeitos com o design de apenas uma armação?

Óculos de baixo custo, embora relativamente recentes, não são novos. Warby Parker, nos Estados Unidos, fabrica e vende armações de baixo custo desde 2010. O ponto de diferença em relação à Dresden, no entanto, é que ela tem apenas um *design* de armação (com centenas de cores — ver Figura 5.1). Ao contrário da Warby Parker, isso permite à Dresden simplificar o processo de produção e investir na experiência do cliente, reduzindo drasticamente o preço e maximizando a margem (os óculos da Dresden são menos da metade do preço dos da Warby Parker). O resultado, hoje, é uma empresa transformadora de alta tecnologia, ambientalmente sustentável, com margens saudáveis e forte potencial de exportação. Para os clientes das dezenas de lojas da Dresden na Austrália e no Canadá, isso significa que eles podem caminhar pelas ruas e ter óculos personalizados para eles dentro de dez minutos por uma fração do preço dos óculos de "marca". Os planos para a Dresden são ambiciosos, com aspirações de abertura de 58 lojas de varejo e expansão para Índia, África do Sul e Nova Zelândia.

Eles também têm planos para fornecer óculos de baixo custo para pessoas que atualmente não podem comprá-los. A sua intenção é clara: "A nossa missão é transformar a vida das pessoas por meio de uma melhor visão — permitindo que elas aprendam, trabalhem e sejam independentes. Estamos trabalhando dia e noite para trazer óculos de alta qualidade, feitos de forma sustentável para qualquer pessoa no mundo, não importa onde elas morem e quanto dinheiro tenham."[2] A Dresden tem seus olhos voltados para as mais de cinco bilhões de pessoas que precisarão de óculos até 2050. Esse é um empreendimento ambicioso, mas os benefícios potenciais da criação de uma armação de óculos robusta e barata permitem que essa pequena, mas crescente, empresa responda a esse desafio. Isso poderia criar enormes benefícios para indivíduos e comunidades que são prejudicados por problemas de visão evitáveis.

Embora isso possa parecer um processo de desenvolvimento de negócios bastante simples, a criatividade é aparente em todo esse caso. Talvez inconscientemente, Bruce Jeffreys e a Dresden tenham seguido o processo de criatividade que chamamos de Cascata da Criatividade. A Cascata da Criatividade tem quatro componentes (que colocamos em itálico no estudo de caso): *perceber; perguntar "por que, por que mesmo?"; jogar com a possibilidade;* e *avaliar e selecionar*. Para a Dresden, a oportunidade de negócios foi possível mediante a constatação de que os óculos eram caros e que havia potencial para torná-los simultaneamente sustentáveis, do ponto de vista ambiental, e acessíveis. O próximo passo era fazer perguntas profundas, "*por que, por que mesmo?*". O que você precisa saber sobre as realidades de negócios da indústria para entender *por que, realmente por que* as coisas são como elas são e como pode ser possível mudar. Na fase de *brincar com as possibilidades*, a Dresden experimentou amplamente em todas as áreas do seu negócio. Ao explorar esse processo, encontrou maneiras de inovar em seus sistemas, abordagens de fabricação e abordagens de recrutamento e RH. Finalmente, a organização passou por um processo de seleção em que foram consideradas as realidades de marketing, varejo, desenvolvimento de produtos etc. Em seguida, a Dresden selecionou e avaliou uma abordagem para levar o produto ao mercado.

Atualmente, a Dresden é um pequeno participante no negócio internacional de US$ 102 bilhões[3] de óculos e óticas, mas a sua abordagem de criatividade e inovação constante significa que pode não permanecer como um pequeno participante por muito tempo. Sua abordagem não considera a criatividade como uma função remota do negócio, mas a coloca na base de seus processos, abordagens e produtos. Isso permite que essa organização e muitas outras semelhantes reimaginem todos os aspectos do negócio para gerar benefícios para a comunidade, o meio ambiente e a economia. Para a Dresden, a criatividade não faz parte do negócio, mas sim é a forma de fazer negócios e está na base da organização. Em outras palavras, a Dresden não pensou apenas fora da caixa — ela reinventou a caixa.

Esse apelo para pensar "fora da caixa" e tornar as organizações inerentemente criativas e inovadoras tornou-se um chamado nos negócios, na educação e em tantos outros lugares. As demandas da vida do século XXI significam que a criatividade deixou de ser uma coisa que "é bom ter" e passou a ser essencial para as organizações que querem ser ágeis e receptivas às suas realidades emergentes. A empresa de consultoria Price Waterhouse Coopers (PWC) afirma: "Para as empresas de todos os tamanhos, os desafios colocados pela tecnologia, pela complexidade e pela mudança das preferências dos clientes estão determinando a necessidade de inovação dos modelos de negócio."[4] E, se isso não for suficientemente evidente, estudos recentes[5] afirmam que a criatividade conduz à liderança de mercado/setor e à "resultados econômicos diretos e tangíveis."

Mito que destrói os 4Cs como palavras de aerossol

Em um estudo de 2010 com 1.700 CEOs, 61 por cento[6] deles identificaram a criatividade como uma exigência para o futuro sucesso dos colaboradores — a pesquisa também identificou a colaboração (75 por cento) e a comunicação (67 por cento). O problema é que a criatividade é uma "palavra aerossol" que é, frequentemente, pulverizada pelos gerentes e líderes porque cheira bem. O problema é que o conceito, como o aerossol, muitas vezes desaparece quando você tenta se apoderar dele (como discutimos no capítulo 3). Embora a criatividade não possa ser ignorada (em muitas organizações, ela e a inovação são frequentemente discutidas), a sua natureza mística e desestruturada (a sua "aerossolidade") torna difícil a sua implementação. O problema de pensar nela como uma capacidade misteriosa e irreconhecível é que ela se torna inatingível, inabitável e, por fim, irrealizável.

Para as organizações, esse tipo de imprecisão não apoia o crescimento e o desenvolvimento da inovação. Também não faz da criatividade e da renovação uma expectativa-padrão de uma cultura organizacional. Acreditamos que criatividade é a alfabetização da inovação. O que queremos dizer com isso é que ela constitui o alicerce vital para a inovação, da mesma forma que a linguagem torna a comunicação possível. Se você não tem linguagem, a comunicação é quase impossível. O que se aplica também à criatividade. Se você não tem uma compreensão sobre ela, a inovação é quase impossível. No entanto, as organizações, muitas vezes, falam sobre inovação sem uma compreensão funcional da criatividade — seus processos e abordagens. Teresa Amabile, que pesquisa sobre criatividade, e seus colegas argumentam: "Toda inovação começa com ideias criativas. A implementação bem-sucedida de novos programas, lançamentos de novos produtos ou novos serviços depende de que uma pessoa ou equipe tenha uma boa ideia — e desenvolva essa ideia indo além do seu estado inicial."

Neste capítulo, discutimos algumas questões e alguns mitos em torno da criatividade e fornecemos um processo para que as organizações façam da criatividade mais do que um conceito impreciso. A Cascata da Criatividade, que exploraremos mais adiante neste capítulo, fornece uma estrutura para que as instituições entendam e implementem processos criativos que levem diretamente à inovação. Em cada um dos capítulos C (Criatividade, Reflexão Crítica, Comunicação e Colaboração), vamos passar algum tempo explorando e destruindo mitos sobre os 4Cs. Isso tem o objetivo de ajudar no processo de desaprendizagem. Ao longo dos anos, esses termos têm sido atormentados pela falta de clareza e pela mitologia. Ao discutir os mitos, esperamos torná-los menos como aerossóis e mais como conceitos que possam ser compreendidos e implementados. Vamos começar por discutir o mais mitologizado dos Cs, a criatividade.

Mito 1: A criatividade é irreconhecível

Vamos começar com uma experiência de pensamento: qual é o mais tangível, a gravidade ou a criatividade? Se você disse gravidade, não está sozinho. Muitas pessoas acham a criatividade um conceito difícil de entender, ao passo que podemos sempre imaginar a maçã de Newton caindo quando tentamos imaginar a gravidade. Talvez, a primeira imagem que nos venha à mente quando pensamos em criatividade sejam pessoas (talvez astronautas) a flutuar por aí sem qualquer tipo de restrição no espaço ou em um desses simuladores sem gravidade. Então, notamos a gravidade na sua ausência, e não na sua presença. Pensamos que isso se aplica também à criatividade. Muitas vezes, notamos a ausência de criatividade em nossos locais de trabalho, em nossas comunidades e em nós mesmos, em vez de sua presença. Por exemplo, quando trabalhamos com corporações, muitas vezes começamos com a pergunta: "Quem aqui se autodenomina criativo?". Em quase todas elas, menos da metade do grupo se identifica como "criativo" (às vezes, menos de 10%). Então, como é a falta de criatividade no trabalho? Tipicamente, na nossa experiência, é uma falta de compromisso, uma falta de entusiasmo e uma falta geral de dinamismo. Porém, não precisa ser assim. A criatividade é uma capacidade definível, desbravadora e aprendível. É como a gravidade como uma força que tem características observáveis e pode ser aplicada nas corporações para torná-las mais vitais e dinâmicas. A criatividade também pode fornecer uma forma consistente para as empresas da mesma forma que a gravidade molda e organiza nosso mundo físico.

Para muitos, a criatividade é um tipo de atividade amorfa, sem forma, empreendida por indivíduos geniais e sem igual. Esse tipo de mito debilitante tem prejudicado o potencial para que a criatividade seja útil. Pensamos que ela é tão real como a gravidade e é um conceito sólido e pesado que é para todos — não apenas para uns poucos talentosos.

Mito 2: A criatividade é para alguns indivíduos especiais, e não para todos

Outro mito sobre a criatividade é que se trata de um processo individual desconectado dos outros — esse é o mito do artista heroico trabalhando individualmente em um sótão (ver Figura 5.2). Isso é, por vezes, chamado de fenômeno do "gênio criativo". Embora não neguemos a existência dessas pessoas, elas são mais a exceção do que a regra e quase sempre colaboram com outros. Mozart, embora obviamente um gênio criativo, não poderia ter sido bem-sucedido sem seus professores, mentores e outros músicos que contribuíram para suas composições e performances.

Podemos ver isso nas histórias que as organizações contam hoje. A história costuma dizer que a criatividade só existe em certas indústrias — publicidade ou marketing —. e apenas em determinadas funções. Como tal, ela é apenas para os "poucos talentosos". Naturalmente, a criatividade é uma herança da nossa necessidade de nos relacionar uns com os outros, e, como relacionamentos, ela pode ser desenvolvida e fortalecida para proporcionar melhores resultados para as empresas.

FIGURA 5.2 *Leonid Pasternak, "The Passion of Creation", por volta de 1880.*

Esse mito é, muitas vezes, concebido para dividir os "criativos" dos "não criativos" ou do eufemismo mais amplamente utilizado, os "técnicos". Essa falsa dicotomia enraíza a antiga ideia de que alguns nascem para a criatividade e outros para a tecnicidade, como se estes não pudessem interagir. É claro que os "técnicos" praticam regularmente uma grande dose de criatividade. Por exemplo, na produção de filmes, se os chamados "criativos" não compreenderem os aspectos técnicos de seu trabalho, é provável que a sua criatividade não tenha êxito. Criatividade é uma capacidade que, muitas vezes, parece diferente em cada função de uma organização, mas está presente em cada indivíduo e em cada função de trabalho, mesmo que possa parecer diferente. Ela faz parte da nossa vida cotidiana e é exercida por todos nós. A criatividade, como a reflexão crítica, a comunicação ou a colaboração, é uma competência que podemos aprender, fortalecer e desenvolver. Todos temos a capacidade de ser criativos. A educadora e investigadora da criatividade Anna Craft[8] chamou isso de "criatividade ao longo da vida", tal como está presente e demonstrada todos os dias na nossa vida profissional, esportiva e social. Em muitos desses contextos ela é, geralmente, também colaborativa.

Se você pensar em exemplos de organizações que têm uma reputação de criatividade — a colaboração está no coração do que fazem. Por exemplo, a Apple é uma das mais criativas da história corporativa. Ela tem sido liderada por indivíduos criativos, particularmente seus CEOs e chefes de *design*, como Steve Jobs, Johnny Ive, Marc Newsom e, mais recentemente, Tim Cook; mas eles não conseguiram isso como indivíduos, eles colaboraram. Todos lideraram equipes que contribuíram para a criatividade, que tem sido a principal característica do sucesso da Apple. Essa abordagem continua com o projeto de seu *campus* em Cupertino, Los Angeles, com um edifício projetado visando à colaboração, com grandes espaços abertos que permitem a criatividade colaborativa iterativa. O pesquisador de criatividade Keith Sawyer argumentou que esse desenho era uma evidência do poder da criatividade colaborativa. Ele disse: "O espaço se alinha com o processo criativo iterativo e improvisado da Apple — um processo no qual as ideias e os designs emergem da colaboração, não da mente de um brilhante gênio solitário".[9] Essa criatividade colaborativa tem sido fundamental para o sucesso da Apple. Para as empresas, a percepção de que a criatividade é um processo compartilhado, colaborativo e iterativo é central para o seu processo criativo. Naturalmente, uma grande cozinha não significa que você é um grande cozinheiro, e temos visto organizações gastarem pequenas fortunas em coisas (móveis, infraestrutura, acessórios e edifícios) e se esquecerem de que a mudança real é possível apenas quando você muda a cultura. A criatividade é mais do que objetos, é uma atitude mental inerente às práticas reimaginadas. O próximo passo é entender que a criatividade requer disciplina.

Mito 3: A criatividade não tem forma nem é estruturada

Outro mito persistente é que a criatividade é livre de disciplina e não estruturada. Ela requer disciplina e resiliência para suportar as iterações e repetições necessárias à medida que o projeto é desenvolvido ou quando as coisas não funcionam como o planejado. Por exemplo, quando os escritores estão tentando escrever seu primeiro romance, seus primeiros rascunhos, muitas vezes, não são inspirados e, em alguns casos, são ilegíveis. A chave para melhorar a escrita é voltar atrás e trabalhar e trabalhar ou repetir e repetir. Esse é um processo clássico de aprendizagem por tentativa e erro ou, de modo mais brutal, por meio de falha abundante e sucesso intermitente. Esse processo de repetição é um trabalho árduo, mas, por fim, mediante a redação e a reformulação da escrita e a habilidade do escritor, um romance é produzido e o público se envolve com ele. O autor do best-seller internacional *A menina que roubava livros*, Marcus Zusak, argumenta: "O fracasso foi o meu melhor amigo como escritor. Ele testa você, para ver se você tem o que é preciso para ir até o fim."[10]

Os produtos da criatividade inicial são, muitas vezes, pelo menos inicialmente, clichês e sofríveis, mas o potencial para a criatividade é reforçado quando as empresas são capazes de desenvolver um clima que celebra e incentiva a tomada de riscos criativos que torna a imaginação, a resiliência e a iteração brincadeiras com possibilidade comum. A aceitação de falhas e, em última análise, de riscos é difícil para a maioria das empresas. Muitas delas têm uma cultura do cumprimento, o que significa que assumir riscos é evitado e mesmo ativamente desencorajado. Isso conduz a situações em que os riscos nunca são assumidos e a inovação se torna quase impossível. Não estamos sugerindo que riscos imprudentes e impensados devam se tornar parte da cultura de qualquer instituição. Existem, no entanto, abordagens sábias ao risco que incentivam colaborações criativas e fazem da iteração baseada em equipes parte de uma cultura organizacional produtiva e ágil.

Esses mitos sobre a criatividade são importantes porque moldam atitudes e comportamentos e levam as pessoas a afirmarem que não são "criativas". Se as pessoas acreditam neles, isso significa, em última análise, que elas não têm confiança em sua própria capacidade de ser criativas e, como tal, não podem fazer uma contribuição criativa às organizações. Se acreditamos que a criatividade é essencial para entender e resolver os desafios que as organizações e nossas comunidades enfrentam, precisamos acabar com esses mitos. Uma compreensão realista e profunda e um envolvimento ativo com a criatividade tornarão as nossas instituições mais dinâmicas e ágeis. O mito final e mais prejudicial de todos eles é o de que a criatividade não pode ser ensinada.

Mito 4: A criatividade não pode ser ensinada ou desenvolvida

Se a criatividade faz parte de alguma loteria da vida e nosso futuro depende dela, podemos ter um grande problema. Se você acredita nesse mito, significa que alguém nasce com criatividade, porque, de alguma forma, é especial. Felizmente, em nossa experiência, esse não é o caso. Apesar de encontrarmos muitas pessoas que acreditam que a criatividade é uma espécie de herança genética, temos visto a criatividade sendo estabelecida e desenvolvida em diversas organizações, incluindo cadeias, grandes corporações e ONGs. Chen e Kauffman argumentam que "a criatividade tem sido descrita como o recurso econômico mais importante do século XXI".[11] Se, de fato, ela é tão essencial para a nossa sobrevivência econômica e nosso bem-estar, estamos em apuros se for apenas "um dom" para uns poucos sortudos. Felizmente, esse não é o caso, a criatividade é uma herança com a qual todos nós nascemos. Claro que, tal como as outras competências inatas, podemos escolher aprendê-la, desenvolvê-la e fortalecê-la como qualquer outra capacidade, mas isso requer trabalho árduo e desenvolvimento sustentado. Como o pesquisador de liderança David Burkus argumenta:

> Nossa compreensão atual da genética nos deixa ansiosos para explicar a capacidade criativa como algo codificado nos genes de alguém e, assim, minimizar o potencial criativo dos outros... Porém, as provas apoiam uma conclusão diferente. A capacidade criativa não se limita a um tipo de personalidade em particular, e não é controlada pelo nosso código genético. Quando as organizações tradicionais separam as que acham que são criativas das que acham que não são, elas estão limitando severamente seu próprio potencial de sucesso.[12]

Se acreditarmos que a criatividade é fundamental em tempos pós-normais, trabalharemos para torná-la uma capacidade-chave em nossas organizações. Esse desenvolvimento exigirá uma abordagem tangível e implementável para a criatividade, como a Cascata da Criatividade, que apresentaremos mais adiante neste capítulo.

Antes de considerarmos a nossa abordagem à criatividade, gostaríamos de explicar como vemos a interação entre criatividade, colaboração, reflexão crítica e comunicação. Em cada um dos capítulos C (capítulos 4 a 8) vamos examinar alguns dos paradoxos que vemos em suas interações. Os paradoxos discutidos no capítulo 3 podem aprofundar nossa compreensão da complexidade e contribuir para o desenvolvimento da sabedoria em nossas abordagens. Os paradoxos ocorrem quando duas forças aparentemente opostas (por exemplo, risco e possibilidade) estão presentes. Eles são oposicionistas, porque o risco parece estar em tensão com a possibilidade, mas, sem o risco, a possibilidade não pode ser criada na maioria dos ambientes organizacionais.

Criatividade e os outros Cs

Criatividade e reflexão crítica: risco versus possibilidade

Como tantas outras capacidades humanas, a criatividade não é necessariamente boa nem má. Houve várias ocasiões ao longo da história em que a criatividade foi usada para gerar opressão, pobreza e miséria (o risco). Por exemplo, a bomba atômica foi uma peça inspirada na criatividade, mas a dor e o sofrimento que ela trouxe ao povo do Japão ainda têm consequências internacionais. A sabedoria, desenvolvida mediante a reflexão crítica (ver capítulo 6), traz uma dimensão ética à criatividade para ajudar os indivíduos e as organizações a analisarem e compreenderem como ela pode ser usada para meios produtivos, e não destrutivos.

Além disso, a reflexão crítica abre questões que se relacionam diretamente com a criatividade. No caso da Dresden Optics, que abriu este capítulo, a criatividade foi determinante para imaginar um negócio que tivesse apelo no mercado internacional. A reflexão crítica permitiu uma análise profunda dos processos e das abordagens necessárias para escalar a Dresden Optics desde o início, com uma loja, até uma empresa multinacional.

Criatividade e colaboração: ingenuidade individual versus contextos colaborativos

Como mencionamos anteriormente, a criatividade nas organizações é esmagadoramente uma prática colaborativa. Como o pesquisador de criatividade Mihaly Csikszentmihalyi argumenta: "A criatividade não acontece dentro da cabeça das pessoas, mas na interação entre os pensamentos de uma pessoa e um contexto sociocultural."[13] Embora existam indivíduos que demonstrem altos níveis de engenhosidade, suas visões criativas requerem altos níveis de colaboração para que esses planos sejam realizados. Os projetos originais de Jørn Utzon para a Ópera de Sydney (Figura 5.3(a)) foram um feito maravilhoso de engenhosidade, mas, sem a equipe de arquitetos, engenheiros e construtores, esses planos teriam permanecido no papel. Em outras palavras, a criatividade é quase sempre uma colaboração entre ideias, pessoas e coisas. Essa colaboração torna possível realizações criativas como a Sydney Opera House (Figura 5.3 b).

FIGURA 5.3(a) *A visão de Utzon da Ópera de Sydney detalhada em um de seus projetos.*

FIGURA 5.3(b) *A Ópera de Sydney tal como é hoje.*

Criatividade e comunicação: desconhecido versus conhecido

Para permitir uma colaboração criativa profunda e rica, organizações e indivíduos precisam se comunicar de forma clara e eficaz. Esse tipo de comunicação é desafiador porque, muitas vezes, exige que indivíduos e organizações articulem o que antes tinham apenas imaginado (o desconhecido). Por exemplo, agora pode ser fácil descrever um iPhone, mas não era nem um pouco fácil antes de ele existir. O processo de desenvolvimento de tecnologias inovadoras no iPhone se baseou na comunicação clara da visão criativa de várias pessoas, de várias origens, em diferentes departamentos da Apple. Embora a inovação e a criatividade fossem fundamentais para o desenvolvimento do iPhone, nada disso teria sido possível sem uma comunicação de alto nível entre as equipes da Apple.

Outro aspecto da comunicação e da criatividade é "vender a ideia". O termo "cortar" tem sido usado ultimamente (muitas vezes na política) para descrever uma comunicação clara e eficaz. Em um mundo onde não há escassez de informação ou mídia, ser capaz de comunicar até mesmo as ideias mais criativas é um desafio profundo. Da mesma forma que indivíduos e organizações precisam se comunicar claramente para apoiar o desenvolvimento da criatividade, eles também precisam entender como se comunicar em um mercado lotado de conceitos e ideias. O "cortar" requer que as organizações clarifiquem seus processos criativos ou produtos com um entendimento profundo do público. Mais significativamente, a criatividade consiste em inspirar os outros com ideias. Dessa forma, o paradoxo do desconhecido e do conhecido está em tensão, mas deve ser reconciliado para criar uma comunicação eficaz.

Um processo de criatividade — a Cascata da Criatividade

Como todos os 4Cs, a criatividade é um conjunto de competências ou processos que podem ser aplicados em todos os aspectos das organizações. Os formadores de coerência são simplesmente maneiras de entender a criatividade (e os outros Cs), para que possa ser aplicada dentro e através dos campos do conhecimento. Também precisamos reconhecer que a abordagem delineada na Cascata se assemelha ao método científico e a outras abordagens bem conhecidas para organizar e produzir instrução. Essa é a nossa intenção. Concebemos a Cascata e todos os outros formadores de coerência para serem aplicáveis tanto às artes como à ciência, à economia, à gestão empresarial e à engenharia.

A Cascata da Criatividade

Nesse formador de coerência, a criatividade é imaginada como uma cascata metafórica com quatro piscinas (ou estágios) que suportam processos criativos (ver Figura 5.4). Usamos a metáfora de uma cascata porque sugere um processo em que uma massa de água (ou compreensão) cai (com força gravitacional e disciplinada, mas de forma variada) para o estágio seguinte continuamente. A Cascata não funciona a menos que a água flua de uma parte para a outra. As quatro piscinas da Cascata são:

- Perceber;
- Perguntar: Por quê? Por que mesmo?;
- Brincar com a possibilidade;
- Selecionar e avaliar.

A primeira piscina metafórica da Cascata é "perceber".

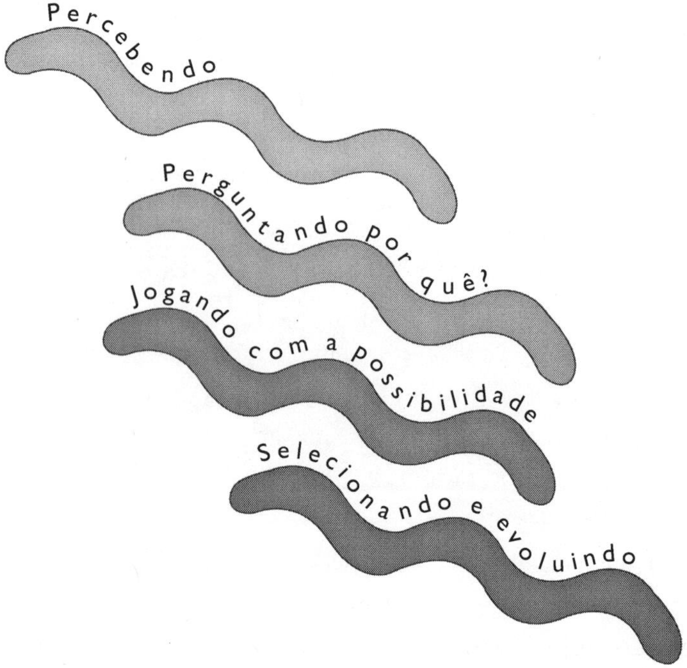

Figura 5.4 *A Cascata da Criatividade.*

Perceber

Educadora e filósofa, Maxine Greene descreveu a percepção como a capacidade de notar o que há para ser notado.[14] Mas o que significa isso? Mais recentemente, o escritor Martin Lindström popularizou o termo "pequenos dados", que é uma forma de notar. Pequenos dados são a percepção de detalhes e padrões, como uma "amálgama de gestos, hábitos, gostos, antipatias, hesitações, padrões de fala, decorações, senhas, tweets, atualizações de status e muito mais".[15] Lindström argumenta que, devido à nossa dependência do *big data*, não estamos conseguindo perceber, e isso tem um impacto profundo nas capacidades criativas de indivíduos e organizações.

Pensamos que o que realmente significa perceber é tomarmos o tempo e a energia necessários não apenas para notar, mas também para alcançar uma percepção profunda e conectada. Maxine Greene referia-se a uma obra de arte, e Martin Lindström repara frequentemente no comportamento dos consumidores. Independentemente do contexto, o princípio de perceber é, no seu cerne, "uma conversa", um conceito ou uma ideia no qual podemos "nutrir o engajamento apreciativo, reflexivo, cultural, participativo".[16] Por exemplo, quando foi a última vez que você olhou profundamente para uma imagem durante muito tempo (por exemplo, mais de sessenta segundos)? Se você é como nós, milhares de imagens pulam à sua frente todos os dias, sem que você gaste tempo "percebendo". Observar exige que nos tornemos conscientes de um processo de reflexão profunda e crítica, em vez de termos apenas uma série de compromissos superficiais.

O compromisso superficial tem sido intensificado pela nossa cultura de tela, que empurra múltiplas mensagens e imagens para a nossa visão diariamente. Assim, dado esse bombardeio, pode ser possível que, como comunidade e individualmente, tenhamos de aprender não apenas a observar imagens e grandes padrões (*big data*), mas também os pequenos dados de relações, ideias, ligações, afinidades etc. Quando alcançamos essa percepção, ela fornece a base para fazermos perguntas profundas e inteligentes sobre o que temos notado e a conectividade da "percepção" que temos alcançado. Em essência, perceber é uma habilidade que é necessária para a aprendizagem (e a criatividade), mas raramente é discutida e, mais raramente ainda, é aprendida ou ensinada. Para ilustrar o que parece ser perceber, vamos dar exemplos de alguns contextos diferentes.

Marina Abramović é uma artista performática que reside em Nova York. Seu trabalho explora as limitações e possibilidades do corpo e da mente. Em uma série de apresentações recentes em Nova York, Londres e Sydney, intitulada *The Artist is Present* (ver Figura 5.5), ela convida o público como indivíduos a entrar e se sentar em cima de uma mesa e olhar para ela durante o tempo que quisessem.

FIGURA 5.5 *Marina Abramović, The Artist is Present, Museum of Modern Art, New York, de 9 de março a 31 de maio de 2010.*

Havia uma série de experiências, desde lágrimas a risos. Tudo isso era consistente com a sua intenção de aumentar a consciência no momento. Esse trabalho é baseado no chamado Método Abramović,[17] que visa aprofundar a observação, a sensibilidade e a percepção. Em uma instalação em Sydney, em julho de 2015, o então CEO de um dos maiores bancos da Austrália, Ian Narev, insistiu que sua equipe de gerenciamento sênior assistisse à apresentação. Sua justificativa para fazer com que seus executivos percebessem por meio desse trabalho era simples: "É muito antiética a maneira como levamos nossas vidas diárias... É isso que tem tanto valor."[18]

Ele queria que sua liderança entendesse que a criatividade começa com a percepção, para que pudessem incorporar essa competência na cultura do banco: "Pegue qualquer coleção representativa de 20 CEOs de empresas maiores e pergunte a eles o que mais os preocupa sobre as capacidades que não têm, aposto que a criatividade aparecerá entre as três primeiras."[19] O trabalho de Abramović, embora pareça estar a milhares de quilômetros de distância da administração de um banco multinacional, é realmente a base para o seu processo criativo. O método criado pela artista faz com que cada indivíduo desacelere e abra seus poderes de observação, ou seja, sua percepção. Nesse exercício, muitos indivíduos notam suas emoções, a forma como os humanos interagem e a natureza do tempo (pequenos dados). Nas organizações, os mesmos métodos podem ser usados para o desenvolvimento das competências de percepção de uma forma estruturada e metódica. Talvez, essas atividades possam ser alcançadas inicialmente por meio de um olhar profundo para uma pintura complexa; depois, pelo ato de ouvir uma peça de música; depois, pela observação de uma interação entre duas pessoas, de perto e prestando atenção aos detalhes. Perceber é o primeiro passo para reconhecer conexões, ver relacionamentos e comportamentos, e, mais criticamente, para a criatividade, provocando curiosidade ao formular perguntas profundas sobre o que está sendo percebido. Para as organizações, isso significa observar os pequenos dados, bem como os grandes. A segunda piscina metafórica da Cascata que flui diretamente da percepção é perguntar "Por quê?" e, depois, ir mais fundo para perguntar, "Por que mesmo?".

Perguntar "Por quê? Por que mesmo?"

Se voltarmos à metáfora da Cascata, há um fluxo entre perceber para perguntar o porquê. A curiosidade como base para o questionamento profundo move as organizações além das respostas fáceis e convida a leituras complexas e profundas de situações e dilemas. Por exemplo, poderíamos questionar: "Por que lutamos para criar locais de trabalho com diversidade?"

Há respostas simples, como "porque as pessoas não conseguem entrar" ou talvez "porque as pessoas são intolerantes à diferença". Embora, de certa forma, essas respostas possam conter alguma verdade, elas não revelam o real motivo. Quando perguntamos "por que mesmo?", vamos além da resposta superficial. Perguntar: "Por quê? Por que mesmo?" procura respostas mais profundas, que são oferecidas pela economia comportamental, psicologia, filosofia, sociologia e história. No caso da diversidade nas organizações, a pergunta "Por que mesmo?" irá revelar questões como racismo e visões estereotipadas sobre quem pode fazer o que em uma empresa, questões essas que são profundamente culturais. Na fase "Por que mesmo?", estamos à procura de perguntas que contemplem, ou pelo menos reconheçam, a profundidade e a complexidade, o caos e as contradições inerentes a um problema. O questionamento "Por que mesmo?" ajuda a compreender os problemas e as questões mais profundamente. Esses novos entendimentos podem permitir práticas reimaginadas que lidam de maneira mais eficaz com o desafio ou problema.

Devemos ser cautelosos com a primeira resposta à pergunta "Por quê?", pois, muitas vezes, ela reflete uma leitura superficial de uma situação. Devemos encorajar as pessoas e organizações a contemplarem as indagações profundas para permitir uma reflexão mais rica. O objetivo é proporcionar tempo para contemplação e reflexão sobre perguntas, para incentivar respostas mais profundas e úteis. Perguntar "Por quê? Por que mesmo?" proporciona tempo e espaço para ir mais longe e pensar mais profundamente. Um excelente exemplo de outro empresário de sucesso que perguntou "Por que mesmo?" é Elon Musk, o fundador da Tesla, do PayPal e da SpaceX. Ele é um Leonardo da Vinci moderno. Sua primeira grande inovação foi permitir pagamentos pela Internet de forma simples por meio de uma empresa iniciante chamada PayPal, vendida por US$ 1,5 bilhão para o eBay.[20] Em seguida, Musk comprou uma empresa que torna os carros elétricos viáveis e acessíveis. Essa empresa de automóveis, a Tesla (nome do inovador americano), teve recentemente uma capitalização de mercado de US$ 51 bilhões. Ele agora construiu uma fábrica no deserto de Nevada que produzirá baterias projetadas para substituir a energia alimentada a carvão e resolver o problema do armazenamento de energia renovável (solar e eólica).

Elon Musk não parou por aí. Atualmente, está trabalhando em viagens multiplanetárias e em um inovador sistema de transporte de alta velocidade chamado *Hyperloop*, no qual veículos viajam em um tubo pressurizado que atinge a velocidade de 1.200 km por hora. Isso reduziria a viagem de Washington para Nova York para 29 minutos (atualmente, a viagem demora mais de três horas de trem). Se esses projetos são fantásticos ou prováveis não é realmente o nosso objetivo definir. O nosso foco aqui é mostrar que a criatividade requer observar as lacunas e possibilidades e depois "perguntar por que e, ainda, por que mesmo" tal coisa não foi criada. Elon Musk se questionou por que os pagamentos pela Internet eram tão difíceis. Por que os carros elétricos não eram acessíveis e difundidos. Por que as pilhas para energias renováveis não estavam sendo produzidas em massa. Ele indagou por que o voo espacial é tão caro e por que é que as viagens por terra em alta velocidade não eram uma realidade. Embora não sejamos necessariamente capazes ou até queiramos replicar os processos de Musk nas nossas vidas ou nas nossas organizações, as duas primeiras piscinas da Cascata da Criatividade são evidentes na sua visão radical do transporte. Em primeiro lugar, notar um problema e depois perguntar "Por quê?" e, ainda, "Por que mesmo?" impulsiona a inovação e, em última análise, resolve problemas prementes e reais. A próxima piscina na Cascata da Criatividade é brincar com a possibilidade.

Brincar com a possibilidade

Utilizamos o termo "brincar", em vez de "desenvolver", "construir" ou "conceber" para sublinhar que a possibilidade e o jogo são fundamentais para a criatividade. Como adultos, as brincadeiras muitas vezes são esquecidas na pressa de se tornarem "sérias". Isso é muito triste, porque o jogo abre possibilidades. Quando estamos brincando, muitas vezes juntamos "ideias diferentes" para gerar ideias novas e inovadoras. Brincar significa improvisar de forma estruturada (o que é um pouco paradoxal). Jogar força as pessoas a abandonarem suas restrições normais e as obriga a tentarem, por vezes, abordagens incomuns ou inesperadas que podem levar a novas, excitantes e, finalmente, muito criativas possibilidades para organizações e indivíduos. A Complicité é uma organização que brinca com a possibilidade de fazer o seu trabalho.

Em 1983, três jovens atores empreendedores, Simon McBurney, Annabel Arden e Marcello Magni,[21] viram a possibilidade de mudar o teatro. Eles compraram uma van velha por US$ 700 e começaram a se apresentar em centros de escoteiros, em todo o Reino Unido, para multidões crescentes, mas modestas. Essa companhia acabou por crescer, indo além dos escoteiros e abandonando a van para se tornar uma das companhias de teatro internacionais mais bem-sucedidas do mundo. O desenvolvimento de suas peças é um processo de jogo disciplinado com possibilidade. Como Catherine Alexander sugere: "O processo de concepção implica experimentar e descartar numerosas ideias, juntá-las e permitir a possibilidade do inesperado."[22]

FIGURA 5.6 *Complicité, ensaio de A Disappearing Number, 2007.*

No trabalho da Complicité é notável a tentativa incessante de inovar e mudar o que é possível no teatro. As possibilidades de performance, texto, *casting*, tecnologia, corpos no espaço, assunto — tudo isso para criar teatro como nada que o mundo já tenha visto. McBurney diz: "Qualquer jogada que marque um ponto é menos interessante do que algo que fique com você e sugere algo mais."[23] Temos visto vários trabalhos dessa companhia, e o que notamos é a profunda ligação com a possibilidade. Na peça *A Disappearing Number*, a Complicité brinca com as ideias aparentemente não relacionadas de "criatividade, passagem do tempo, memória, divisões culturais e a forma como o nosso passado informa o nosso presente".[24] A Complicité pode parecer muito longe de nossas organizações, mas suas performances emergem de uma brincadeira imaginativa com possibilidades baseadas em perceber e perguntar "Por quê?" sobre o mundo ao seu redor, e então usar essas duas primeiras piscinas da Cascata para jogar com possibilidade.

A imaginação é estimulada quando as pessoas têm tempo para considerar as ideias de novas formas. Por exemplo, dar tempo para que as equipes reflitam sobre um problema nos negócios, levando-as a um ambiente incomum, como um museu de história natural ou a um local histórico, pode perturbar o modelo de "negócio tradicional" e despertar a imaginação. Como a filósofa Maxine Greene[25] argumenta: "Sem imaginação, você vive em uma pequena sala com as janelas fechadas. A imaginação abre as janelas e mostra-nos paisagens e horizontes que, de outra forma, não perceberíamos." Para ela, a imaginação capacita as pessoas a verem possibilidades. A imaginação é o primeiro passo no processo de brincar com a possibilidade. Embora a imaginação seja predominantemente uma competência individual, ela alimenta o processo criativo colaborativo que é tão necessário para a inovação. Também ajuda indivíduos e organizações a se envolverem com uma gama de possibilidades que podem ser compartilhadas para construir ideias colaborativas e criativas em todos os domínios de especialização. Imaginação e colaboração também são fundamentais para o desenvolvimento do pensamento de possibilidade. A imaginação oferece uma mostra de possibilidades para explorarmos e jogarmos — esse é o primeiro passo para brincar com a possibilidade.

As bases do processo criativo são as habilidades de perceber e perguntar "Por quê? Por que mesmo?". Sem essas duas capacidades, indivíduos e organizações podem potencialmente ser deixados em um processo descontrolado e indisciplinado que não constrói conhecimento. Brincar com a possibilidade constrói sobre esses alicerces, mas pode ser produtivo apenas quando as atividades de perceber e perguntar "Por quê? Por que mesmo?" tiverem sido compreendidas de maneira profunda e interligada. Brincar com a possibilidade é uma parte fundamental da Cascata da Criatividade, mas é essencial que a inovação passe para a última parte da Cascata — selecionar e avaliar. Nesse processo, passamos de "tudo é possível" para "o que vai funcionar?".

Selecionar e avaliar

As últimas etapas da Cascata da Criatividade são a seleção e a avaliação. Na primeira parte, consideramos todas as escolhas que surgiram de brincar com possibilidade. Se as pessoas e as organizações se comprometeram efetivamente em processos criativos, todos os tipos de escolhas terão surgido. Nessa fase, é necessário fazer escolhas entre todas as possibilidades disponíveis. Por exemplo, na situação da Dresden Optics, que abriu este capítulo, havia várias possibilidades disponíveis para a produção de materiais para as armações (ver Figura 5.1). Eles tinham que, de forma crítica, selecionar e avaliar a partir desse leque de possibilidades contra as duras realidades do que venderiam e do que funcionaria para seus processos, e, mais criticamente ainda, para seus clientes. No fim, escolheram um fabricante perto de seus pontos de venda que pudesse manusear plásticos reciclados e criar uma estrutura durável e barata que mantivesse seus custos baixos.

Na situação da Dresden, era fundamental manter a confiança nos seus potenciais clientes, que valorizavam a reciclagem e a rentabilidade, e, ao mesmo tempo, criar um negócio viável. Nesse exemplo, e em muitos outros, selecionar e avaliar é uma espécie de processo de edição em que aplicamos sabedoria e conhecimento (prévio) para escolher entre todas as possibilidades criativas, ao mesmo tempo que essa escolha é uma avaliação contínua. O processo de avaliação é interno (autoavaliação) e externo (ouvir as avaliações dos outros). Essa fase envolve um processo ativo de discernimento, em que se percebe a qualidade das avaliações. Avaliar requer:

- Uma autoavaliação que identifica as nossas próprias suposições;
- Uma avaliação dos outros que reflete criticamente sobre as motivações do avaliador. Por exemplo, quais são os pressupostos e a agenda do avaliador?;

- Uma reflexão sobre a qualidade da evidência que está sendo aplicada para fazer a avaliação;
- Consideração de opções alternativas sugeridas mediante o processo de avaliação.

Esse processo de avaliação é essencial para que a criatividade seja efetivamente transferida para a inovação. Não é suficiente apenas "obter feedback", devemos selecionar e buscar a avaliação daqueles que compreendem o projeto criativo — alguém que "entende", se envolve e compreende como aprimorá-lo. Então, é claro que estamos de volta à percepção, porque, ao contrário de uma cascata literal, podemos retornar às outras piscinas para desenvolver e estender os processos criativos. Em outras palavras, podemos alternar entre brincar com a possibilidade e selecionar e avaliar.

A criatividade começa com:

- Perceber — percepção profunda que flui para perguntar o porquê, e depois cavar mais fundo.
- Perguntar "Por quê? Por que mesmo?", fazendo perguntas complexas e conectadas penetrantes.

Em seguida:

- Brincar com a possibilidade — imaginar e interagir com o paladar da possibilidade.

E então, finalmente:

- Selecionar e avaliar — que é um processo de escolha e discernimento conjugado com uma avaliação profunda e perceptiva (do indivíduo e dos outros).

Se você foi convencido do lugar fundamental que a criatividade pode ter nas organizações, o próximo passo é considerar como podemos fazer da criatividade uma expectativa-padrão para as organizações. As partes finais deste capítulo descrevem as mudanças que achamos necessárias para torná-la uma realidade constante e previsível na cultura das organizações.

Criatividade e organizações: como começar

Para muitos, essa discussão sobre criatividade parecerá uma notícia antiga. Queremos reconhecer que muitas organizações têm se comprometido com a criatividade há décadas (veja a discussão sobre a Apple, apresentada anteriormente). Essas estratégias são para aqueles que podem ver o potencial de criatividade, mas sentem que não estão cumprindo esse potencial. Também podem ser úteis para organizações que já começaram a jornada, mas agora precisam redirecionar ou verificar seu progresso.

Perguntas: uma auditoria de criatividade

Talvez, a melhor maneira de começar seja olhar para as oportunidades, realizando uma auditoria de criatividade, usando uma medida como o Creative Organizations Index[26] ou o Situational Outlook Questionnaire.[27] Por exemplo, você pode fazer as seguintes perguntas:

- Nossas organizações e as unidades dentro delas estão priorizando a criatividade?
  Se não, por quê?
- Existe evidência de especialização em diferentes tipos de criatividade na organização?
- Há evidências de que a experiência de toda a organização é aplicada de forma criativa aos problemas?
- Imaginar e assumir riscos são encorajados e apoiados?
- Existem espaços e tempo na organização para que a criatividade seja alimentada e apoiada?

Talvez, possa ser usada a Cascata da Criatividade para enquadrar a auditoria. As perguntas-chave que usam a Cascata da Criatividade são:

- O que *percebemos* sobre a presença ou não da criatividade em nossa organização?
- *Por que* esta é a situação? *Por que mesmo*?
- Quais são as *possibilidades* de criatividade em nossa organização?
- Como podemos *avaliar* a mudança em nossa organização?

Desenvolver uma cultura criativa nas organizações

O segundo passo é refletir, pesquisar e comunicar o que funcionou ou não. Novamente, isso requer, principalmente, a colaboração com parceiros fora da organização para entender como a mudança criativa ocorreu, trabalhando com pesquisadores profissionais de universidades, organizações de consultoria e outros lugares para comunicar como tornar as organizações lugares mais criativos. A evidência para a criatividade em organizações é clara. Como discutimos anteriormente, as organizações que apresentam criatividade são mais lucrativas e tendem a liderar seus setores. Com as mudanças trazidas pelas tecnologias emergentes (como a Inteligência Artificial), indivíduos, comunidades e organizações estão enfrentando tempos incertos. Para que nossas instituições sejam bem-sucedidas, precisamos nos engajar com criatividade, mas, mais do que isso, precisamos desenvolver estruturas, processos e abordagens que tornem a criatividade algo compreensível, que pode ser aprendido praticado.

A criatividade, em nossa visão, é fundamental para que as organizações tornem a inovação possível. Sem essas competências, nossas organizações se tornam irrelevantes, inúteis e, por fim, extintas. Se conseguirmos mudar nossas organizações para torná-las mais criativas, nós as provaremos no futuro e forneceremos novas capacidades para que nossa comunidade e sociedade enfrentem os desafios supercomplexos iminentes que o século XXI continua a apresentar.

Começando: construindo a criatividade nas organizações

Construir uma criatividade autêntica requer que uma organização faça as seguintes grandes perguntas.

Como é a criatividade 4Cs em sua organização:

1. Ativa e atuante.
   Todos na organização têm a oportunidade de exercitar a criatividade em seu papel? Se não, por que não?
2. Base.
   Como a criatividade pode se tornar parte do DNA de sua organização, em vez de algo que é "bom ter" para alguns poucos indivíduos escolhidos?
3. Sistemática.
   Como a criatividade pode ser integrada aos sistemas e processos de sua organização? Se existe um processo de criatividade (como a Cascata da Criatividade), como ele pode ser implementado?
4. Parte da estratégia de inovação.
   Se a criatividade é a alfabetização da inovação, como é possível inovar sem criatividade?
5. Colaborativa.
   A criatividade é entendida como uma busca individual por líderes ou "criativos" ou é uma expectativa de que todos trabalhem juntos para torná-la realidade?

No próximo capítulo, consideraremos o próximo de nossos Cs, a reflexão crítica, e como isso pode apoiar a transformação de indivíduos e organizações.

6
Reflexão crítica

A reflexão crítica é um processo para ajudar indivíduos e organizações a compreenderem o poder, as estruturas e as práticas. Tal como a criatividade, ela é, muitas vezes, mais aparente na sua ausência do que na sua presença. Frequentemente, quando consideramos o colapso ou a experiência de quase morte de uma organização, essa falta de reflexão crítica torna-se clara.

FIGURA 6.1 *Um Volkswagen vintage.*

Como veremos no caso Volkswagen (vw), e ao longo deste capítulo, a reflexão crítica pode muitas vezes evitar o colapso das organizações, garantindo que os membros de uma empresa tenham tempo para pensar profundamente e depois serem atuantes (poder adequado e capacidade de falar e agir).

Este capítulo explora as formas como as organizações podem usar a reflexão crítica para torná-las mais eficazes, satisfatórias e lugares motivadores. Quando tudo corre mal, a falta de reflexão crítica é, muitas vezes, a culpada. Nesse caso, consideraremos os recentes fracassos da reflexão crítica na vw.

Problemas na Volkswagen

Em setembro de 2015, a vw admitiu ter instalado dispositivos que distorciam as emissões de gás carbônico nos seus 11 milhões de veículos a diesel.[1] Esse escândalo, que envolveu centenas de empregados, da gerência aos trabalhadores de base da fábrica, teve muitas causas, mas talvez a mais grave tenha sido a ausência de reflexão crítica e de atuação na força de trabalho e na liderança. O estilo e a cultura de liderança agressiva e "sem falhas" da vw, que tem sido descrito por comentaristas e funcionários como generalizado "de cima para baixo", e uma comunicação deficiente, geraram medo em vez de autonomia, resultando em uma organização fechada (organizações que não são transparentes para o mundo exterior). Muitos críticos da vw atribuíram o escândalo das emissões à sua cultura corporativa autoritária e fechada. Ou seja, à falta de reflexão crítica dentro da empresa.

A consequência potencial da ausência de reflexão crítica dentro de uma organização não é trivial. Custou 16,9 mil milhões de dólares à vw[2] e danos de reputação incalculáveis. A lição para nós é que as empresas com líderes autocráticos que criam forças de trabalho passivas acabam pagando o preço. Por outro lado, a construção de organizações criticamente reflexivas pode trazer dividendos. Como argumenta o acadêmico de negócios internacionais Jan Jung, a reflexão crítica permite uma cultura em uma organização na qual todos se sentem bem-vindos para compartilhar o que funcionou ou não. Esse livre intercâmbio de informações pode ajudar a empresa a tornar-se mais inovadora e a responder de forma eficaz às novas exigências do setor.[3]

Em essência, a reflexão crítica oferece aos indivíduos a oportunidade de analisar processos, práticas e abordagens organizacionais para que eles possam entender "como as coisas funcionam" e em que ponto está o poder. Então, partir desse entendimento, enxergar como a mudança pode ocorrer para a transformação ser alcançada. A reflexão crítica permite que os indivíduos dentro das organizações sejam "despertos" para sua própria atuação e poder, e como o poder e a atuação de outras pessoas os afetam. Antes de considerarmos a evidência da utilidade da reflexão crítica, vamos definir o que realmente queremos dizer com isso.

O que é reflexão crítica?

A reflexão crítica proporciona aos indivíduos e organizações a capacidade de compreender o poder e a forma como este é exercido. Ela fornece uma compreensão de como navegar e ter atuação em sistemas complexos (como a maioria das organizações com as quais trabalhamos ou interagimos), em vez de criar instituições cheias de indivíduos passivos ou, na pior das hipóteses, vítimas. Ela também revela tensões, contradições e características ilógicas. Quando a reflexão crítica é implementada, pode trazer à superfície "as emoções e a política que fazem parte dos pressupostos e expectativas subjacentes que informam a prática diária".[4] Quando essas relações "vêm à tona", é possível mudar as práticas com as suposições agora abertas para todos verem. Quando adicionada aos outros três Cs, a reflexão crítica oferece aos indivíduos e organizações maneiras de entender como suas próprias suposições e origens influenciam o conhecimento. Eles também podem entender que o conhecimento é inerentemente dinâmico, contestado e contestável. Isso tem o potencial de construir instituições que estejam engajadas e lugares dinâmicos onde o conhecimento como aprendizagem é usado de forma eficaz para criar transformação.

Como discutimos no capítulo 4, as organizações bem-sucedidas alcançam o sucesso mediante a sua capacidade de aprender e, por causa disso, crescem. Neste capítulo, gostaríamos de explicar como a reflexão crítica torna possível tal aprendizagem. Vamos começar com um estudo de caso de uma pequena empresa (com a qual estamos envolvidos) em uma situação cotidiana.

Estudo de caso: Reflexão crítica, negociação e lições aprendidas

A 3D Learning (3DL) é uma pequena startup de serviços educacionais e espaço de mudança organizacional. Em sua fase de estabelecimento, era muito pequena e tinha apenas um funcionário, mas empregava vários terceirizados para trabalhar com organizações (corporações, ONGs, pequenas empresas, escolas, universidades e outras) para construir a transformação por meio de programas de aprendizagem e mentoria. A empresa não dispunha de capital de risco, à exceção do momento em que os fundadores contribuíram para o seu estabelecimento. Em muitos aspectos, essa organização não é diferente de nenhuma outra em qualquer setor, exceto que os fundadores estavam (e ainda estão) tentando construi-la sobre princípios consistentes com os 4Cs e, particularmente, a reflexão crítica.

Em seus primeiros meses de existência, surgiu uma oportunidade de trabalhar com uma organização de destaque (neste estudo de caso, vamos nos referir a ela como Calipron[5]). A 3DL (desde o início) sugeriu que a relação deveria ser negociada tendo as suposições de cada lado claras. Ela também queria garantir que ambas fossem capazes de desenvolver a relação da forma mais eficiente e produtiva, dada a situação de desigualdade de energia entre as empresas. Na primeira reunião, embora essa expectativa tivesse sido discutida, a Calipron insistiu em certas formas de trabalho que reverteram a relação a um serviço fornecedor/cliente. Nessa fase, a 3DL estava se reestruturando, e a oportunidade de trabalhar com um cliente no setor proporcionou oportunidades para um "boca a boca" e um maior crescimento com clientes semelhantes — era uma grande chance. Contudo, a 3DL resistiu a essa abordagem, porque seu trabalho melhor e mais produtivo ocorria quando os relacionamentos eram colaborativos, em vez da abordagem mais familiar da relação entre "cliente e prestador de serviços".

A Calipron insistiu em soluções "seguras" em vez de negociar a abordagem que incluía mentoria e desenvolvimento de liderança com aprendizagem profissional a ser implementada em toda a empresa ao longo de doze meses. O resultado não foi satisfatório para os envolvidos. A relação de poder assegurou que a Calipron não tivesse experiências efetivas e que a 3DL não fosse capaz de apoiar a transformação efetiva nesse contexto. Havia alguns aspectos positivos, pois a Calipron fez algum progresso por meio desse arranjo, mas o relacionamento nunca encontrou o potencial para uma verdadeira transformação.

Em outros contextos, e em outros locais, a abordagem da 3DL é negociada. Quando isso ocorre, as relações de poder são compreendidas e as expectativas são alinhadas efetivamente desde o início. Nesse caso, se a reflexão crítica tivesse sido a base da relação, os pressupostos teriam sido identificados mais cedo. Esse tipo de análise vai além do pensamento crítico. Na reflexão crítica, as organizações devem considerar os processos de escala humana no trabalho (poder, emoção, *status*, motivações) e, em seguida, aplicar essas compreensões a uma relação ou a um conjunto de relações. Para analisar o que deu errado nessa situação, vamos, primeiro, olhar para as etapas de reflexão crítica que discutiremos mais adiante neste capítulo como parte do Cadinho de Reflexão Crítica. A primeira etapa é identificar as *suposições*.

Identificando as suposições

Quais foram as suposições da 3DL e quais foram as conjecturas dela sobre a Calipron? Que expectativas foram criadas pela Calipron? Quais foram as oportunidades de negociação dos dois lados? Que hipóteses havia em ambas as empresas sobre o local e a necessidade de transformação? Muitas vezes, indivíduos e instituições começam novos projetos e relacionamentos sem revelar suas suposições. Por vezes, estas nem sequer são conscientes. Esse processo permite uma compreensão clara dos pressupostos e preconceitos conscientes e inconscientes que temos sobre qualquer situação. Se isso fizer parte das conversas iniciais, "esclareça" e estabeleça um entendimento mais realista para que cada parte avance.

Por que isto? Por quê?

Tendo identificado as suposições, as organizações poderiam ter explorado o porquê de seus pressupostos. Por exemplo: "Por que acredito no que acredito nesta situação?"; "Por que a comunidade mantém crenças diferentes das crenças e suposições que eu tenho?". A Calipron tinha várias hipóteses que impediram a transformação. Nesse caso, ela acreditava que já havia feito progressos significativos para a transformação 4Cs, mas não houve tempo suficiente para considerar como os processos na escala humana tinham mudado. Por exemplo, as relações de poder mudaram? O ambiente para a tomada de riscos mudou? Será que o medo que motivou tanta tomada de decisão foi alterado? A Calipron assumiu que sim, mas a 3DL só podia ver mudanças suplementares. Essas perguntas poderiam ter suscitado questionamentos tanto da 3DL quanto da Calipron para buscar esclarecimentos em torno dessas suposições e para entender por que esses pressupostos sobre mudança foram tão fortemente defendidos pela Calipron (*Por que isto? Por que assim*?). Na fase seguinte, que é a de negociação, ela poderia ter começado uma discussão em torno do que funcionaria com base nos pressupostos que tinham sido discutidos anteriormente.

Contestação, elaboração e adaptação

Na fase de *contestação, elaboração e adaptação*, as suposições são investigadas contra a evidência. Uma colaboração profunda e verdadeira é conseguida mediante uma negociação cuidadosa com informação advinda da reflexão crítica. No caso da 3DL, os pressupostos sobre a prontidão da Calipron para mudanças poderiam ter sido contestados, a evidência poderia ter sido discutida e uma análise repleta de informações poderia ter apoiado a relação em curso. Emergindo das evidências e trazendo as habilidades da 3DL, a parceria poderia ter se adaptado, negociado e entregue um programa de transformação cocriado eficaz que fosse construído sobre forças mútuas. Essa fase final da reflexão crítica é o que chamamos de resolver novamente.

Resolver novamente

Nesta fase, a organização considera os pressupostos de que a contestação, a elaboração e as adaptações fornecem e reconfiguram (resolvem novamente) as práticas organizacionais para criar uma abordagem mais eficaz e mais baseada em evidências, a fim de criar uma transformação alcançável. Nessa situação, nenhuma dessas abordagens foi adotada. Apesar de não ser um desastre total, a situação deixou tanto a 3DL como a Calipron insatisfeitas.

Citamos este estudo de caso aparentemente pouco notável porque essas situações ocorrem com mais frequência do que as ocorrências grandes e dramáticas (como o escândalo de emissões da VW, que abriu este capítulo) que resultam da falta de reflexão crítica.

Há, naturalmente, exemplos mais sérios, como os atores famosos e os produtores de filmes que abusaram de seu poder para assediar sexualmente seus colegas de trabalho. Ou poderíamos ter discutido os muitos casos em que pessoas em organizações educacionais, comunitárias, empresariais, ONGs e instituições religiosas abusaram de seu poder e exploraram e prejudicaram os mais vulneráveis. De certa forma, os casos pequenos e os casos grandes apresentam um ponto semelhante, ou seja, as suposições não contestadas decorrentes de uma reflexão crítica pobre ou inexistente sobre os processos e estruturas organizacionais, muitas vezes, levam a distorções nessas organizações. Em casos graves, isso pode produzir danos a pessoas vulneráveis afetadas pelo desequilíbrio de poder, como trabalhadores, clientes, estudantes ou congregados. Fazer com que as relações sejam corretas por meio da transparência e da reflexão crítica profundamente integrada pode evitar essas questões e levar a uma verdadeira transformação organizacional.

Como organização, aprendemos que, quando a reflexão crítica é ignorada ou minimizada nos relacionamentos, ela tem implicações para esses relacionamentos. Para nós, esse aprendizado tem guiado nosso compromisso com a reflexão crítica e o desenvolvimento de relações que são cuidadosamente negociadas. Vamos, primeiro, deixar claro o que queremos dizer com reflexão crítica, explorando o que significa "crítica" nesse contexto.

O que há de tão "crítico" na reflexão?

A reflexão crítica[6] permite que indivíduos e organizações fiquem "um passo atrás" e analisem (questionem) o conhecimento em termos de poder e atuação (o sentido de controle de um indivíduo). Por conhecimento entendemos todos os "conhecimentos" de uma organização, incluindo "conhecimentos" de processos, "conhecimentos" de relacionamento, "conhecimentos" de mercado, e assim por diante. Por atuação, entendemos a capacidade de os indivíduos trabalharem com sabedoria, ética e autonomamente, de acordo com o seu livre-arbítrio, em vez de aceitarem cegamente a vontade dos outros. O sociólogo alemão Jurgen Habermas argumenta que o conhecimento criticamente reflexivo permite a aprendizagem profunda. Ele afirma que "o conhecimento reflexivo crítico não é nem comportamental nem técnico, não estabelece a verdade nem é capturado por uma disciplina. Critica todas as outras formas de conhecimento e, ao fazê-lo, vai além da mera reprodução do que é".[7] A reflexão crítica permite um questionamento profundo que indaga sobre diferentes conhecimentos e as conexões entre eles.

Para as organizações que consideram a transformação, a reflexão crítica nos ajuda a analisar o conhecimento. Por exemplo, ao estudar processos organizacionais (como as negociações entre a 3DL e a Calipron), a reflexão crítica busca perceber e trazer à tona as relações de poder e as implicações dessas relações sobre os outros. Se indivíduos e organizações não conseguem entender o poder em seu próprio contexto, eles podem começar com exemplos externos, como o estudos de caso que apresentamos aqui para analisar as relações a "um passo de distância" (isso, muitas vezes, remove o "ruído" que surge quando se analisa a sua própria situação).

Antes de nos aprofundarmos mais no que é a reflexão crítica por meio da exploração do formador de coerência do Cadinho da Reflexão Crítica, vamos, primeiro, desfazer alguns dos mitos sobre ela.

Mitos sobre a reflexão crítica

Mito 1: A reflexão crítica é autoindulgente

O equívoco comum é que a reflexão ocorre isoladamente e leva à contemplação ("olhar para o umbigo") em vez de lavar à ação. Pelo contrário, a reflexão crítica, quando funciona de forma mais eficaz, conduz a uma ação profunda e transformadora. Ela se desenvolve à medida que colaboramos e ganhamos uma profunda compreensão de como as organizações criam, comunicam e colaboram para entregar efetivamente para sua comunidade, seus clientes ou a seus mercados (ou onde quer que elas operem). Fundamentalmente, a reflexão crítica baseia-se em uma análise profunda e ampla que torna transparentes as suposições de cada indivíduo. Isso não pretende paralisar o pensamento, mas sim contextualizar essas ideias, expor a pessoa à evidência e procurar construir novas abordagens coletivas, colaborativas e criativas para a mudança. Quando esse processo é bem-sucedido, essas ideias não permanecem, elas são promulgadas para tornar possível a transformação. Em essência, a reflexão crítica conduz a uma tomada de decisão repleta de informação, transparente e, portanto, melhor.

Mito 2: A reflexão crítica é subjetiva e, portanto, não útil

A reflexão crítica baseia-se nas nossas próprias impressões e ideias, mas não pode parar por aí. Criticamente, ela testa nossas suposições para garantir que a subjetividade seja informada e baseada em evidências. A subjetividade emerge de seus próprios julgamentos, e a objetividade pode ser verificada por mais de uma pessoa como "factual". Por exemplo, você pode subjetivamente decidir que uma pintura não é de alta qualidade por causa de seus temas e do estilo em que é pintada (se é expressionista, surrealista ou naturalista, por exemplo). Objetivamente, poderíamos argumentar que a pintura é de 350×450 mm, utiliza 26 cores e representa girassóis. Não estamos argumentando aqui ou em qualquer lugar deste livro que a subjetividade é um problema e a objetividade é a resposta. Alegamos que a subjetividade precisa ser contabilizada e compreendida nas organizações e nos indivíduos. Temos de tornar essas subjetividades aparentes e testá-las umas com as outras.

Os pesquisadores da reflexão crítica Fook, White e Gardner defendem[8] que a subjetividade é fundamental para a aprendizagem organizacional, desde que seja transparente. Como eles afirmam: "Ser reflexivo tendo em conta a subjetividade envolverá um conhecimento de quem eu sou como um todo (social, emocional, físico, cultural, econômico, político) e compreender os efeitos que isso tem no conhecimento que eu percebo e crio."[9] Aqui a subjetividade não é desencorajada, mas é considerada uma parte fundamental do processo de avaliação e compreensão dos processos e abordagens no trabalho e na vida. Em um mundo "pós-fato" em que as verdades perderam sua moeda, a reflexão crítica sobre nossas próprias subjetividades se torna ainda mais crítica. Subjetividades baseadas em suposições não testadas, tais como "não há problema em enganar os padrões de emissões", podem ter resultados catastróficos (como demonstra o exemplo da vw). Embora haja um julgamento subjetivo, este não é um julgamento baseado na reflexão crítica efetiva ou na sabedoria.

Mito 3: A reflexão crítica não leva à ação

A reflexão crítica é adequada para os 4Cs porque é inerentemente colaborativa e interativa e, quando eficaz, leva à transformação. Como argumentam Fook e outros: "Neste sentido, a reflexão crítica envolve análises sociais e políticas que permitem mudanças transformadoras, enquanto a reflexão pode permanecer ao nível de mudanças relativamente ininterruptas nas técnicas ou no pensamento superficial."[10] Para que ela seja eficiente, não pode ser apenas um processo reflexivo individual, mas deve conduzir a uma ação criativa, comunicativa e colaborativa. Essa ação pode ser desafiadora para as organizações, pois, muitas vezes, leva ao questionamento de estruturas e práticas existentes, e apresentará pelo menos três tensões.

"Primeiro, haverá uma tensão entre o que é revelado em público e o que permanece em particular."[11] Embora alguns assuntos pessoais devam permanecer confidenciais, é fundamental que as organizações sejam abertas e honestas sobre os processos de transformação. Na nossa opinião, esse reconhecimento aberto é uma demonstração de força — diz ao mundo que "a nossa empresa está aberta sobre a necessidade de mudar e fazer perguntas difíceis". No caso da vw, o encobrimento e o sigilo agravaram a dificuldade para a organização. A segunda tensão surge entre os imperativos do sucesso/sobrevivência organizacional e o bem-estar dos membros organizacionais. Essa tensão é sentida profundamente por aqueles que lideram e por aqueles que se dedicam à transformação. A dura verdade é que as pessoas avançam na transformação. Às vezes, a separação é mutuamente benéfica, mas, às vezes, como todos sabemos, não é. As instituições que articulam a visão e o roteiro para a mudança muitas vezes aliviam esse problema com membros da equipe que não podem se ver na transformação e "seguir em frente".

A terceira tensão que Fook nomeia é entre a reflexão que leva a mudanças na prática e aquela que mantém o *status quo*. Quando ela não se estende além do *status quo*, corre o risco de ser inerentemente superficial, autoindulgente e desconectada do mundo. A reflexão crítica real que se transforma em comunicação influente pode transformar mais do que um "monte de ideias".

Mito 4: A reflexão crítica e o pensamento crítico são a mesma coisa

Apesar de compartilhar o termo "crítico" com o pensamento crítico, a reflexão crítica é qualitativamente diferente. O pensamento crítico é, como os pesquisadores ,, e Paulo sugerem, "o processo intelectualmente disciplinado de conceituar, aplicar, analisar, sintetizar e/ou avaliar informações coletadas ou geradas por observação, experiência, reflexão, raciocínio ou comunicação, como um guia para crença e ação".[12] Você pode notar que muitas das características do pensamento crítico são encontradas em nossos formadores de coerência para a criatividade, a comunicação e a colaboração. Os passos de perceber, perguntar "Por quê?" e depois "Por que mesmo?", na Cascata da Criatividade discutida no capítulo 5, são inerentes ao pensamento crítico. Na reflexão crítica, esses "entendimentos" são revisitados e interrompidos para que as suposições que sustentam o nosso conhecimento e a nossa aprendizagem não sejam deixadas sem contestação. Em vez disso, o processo de reflexão crítica ajuda os indivíduos e as organizações a captarem que o conhecimento e sua aplicação são frequentemente contestados e contestáveis. A reflexão crítica é uma parte determinante do posicionamento do conhecimento nas organizações, analisando-a e criticando-a para construir um entendimento das formas como o conhecimento, o contexto e o poder coexistem e interagem ativa e dinamicamente.

Mito 5: A reflexão crítica é gratuita

Embora a reflexão crítica possa soar como uma qualidade suave, "agradável para se ter", se for real e ativa, custará tempo, dinheiro e energia às instituições. É, no entanto, um custo que é mais um investimento. Ela perturbará, de forma necessária, as estruturas, os processos e as práticas e questionará diretamente como o poder é criado e exercido ao longo do tempo. Como Fook e outros argumentam:

> Os gestores têm razão em ser céticos quanto ao valor da reflexão, se apenas pensam que seu papel é assegurar a estabilidade e a ordem, ou se imaginam que é seu dever garantir o que a empresa quer, independentemente do que for preciso. Os colaboradores, por vezes, também sentem, com razão, que a experiência de serem "empoderados" pela reflexão e, portanto, serem mais visíveis terem mais voz na organização, pode ter consequências indesejadas e, por vezes, dolorosas.[13]

A reflexão crítica envolve uma transparência radical. Essa abordagem é inerentemente disruptiva e, para algumas organizações, profundamente contracultural. Há, no entanto, um custo potencialmente catastrófico de fazer "negócios como tradicionalmente" — que pode levar ao desaparecimento das organizações. Os estudos de caso deste capítulo demonstram que há um preço pago por não se fazer nada e um valor para se desenvolver a reflexão crítica nas organizações. Vejamos, agora, a evidência de que ela realmente funciona.

A evidência para a reflexão crítica

Em um resumo recente da pesquisa sobre reflexão crítica realizada por Jan Fook e seus pares, fortes benefícios para indivíduos e comunidades foram descobertos, incluindo:

- empoderamento;
- maior competência e confiança;
- capacidade para lidar com a incerteza;
- aumento de *know-how* para gerir a turbulência emocional e o estresse;
- competência para trabalhar melhor em equipe;
- inteligência para integrar teoria e prática;
- capacidade de planejar ações.[14]

Se essas afirmações são verdadeiras, isso levanta a questão: Por que a reflexão crítica não é central e obrigatória para todas as organizações? Parece-nos que a resposta está nos custos que a reflexão crítica traz para as formas estabelecidas das estruturas de poder. Se as organizações se envolverem com a reflexão crítica (e isso não é uma decisão fácil para a maioria), são necessárias estratégias deliberadas. O desenvolvimento dessas estratégias envolverá necessariamente as interações com a comunicação, a criatividade focada e a colaboração confiável.

A reflexão crítica e os 4Cs: os paradoxos

Como discutimos ao longo deste livro, os 4Cs interagem entre si nos processos e estruturas das organizações. A reflexão crítica de alta qualidade cria um ambiente organizacional no qual a criatividade, a colaboração e a comunicação podem florescer. Os paradoxos que esboçamos nestes capítulos identificam contradições aparentes que, quando olhadas mais de perto, se cruzam e interagem. Em outras palavras, podemos pensar que nossa atuação (capacidade de controle) e, ao mesmo tempo, sofrer um desafio são situações contraditórias. Quando olhamos mais de perto, o desafio nos ajuda a clarificar as nossas questões. A reflexão crítica torna isso possível porque gera uma prontidão para considerar preconceitos e pressupostos e desenvolver formas de trabalho que são analíticas. Aqui estão as formas como vemos isso acontecer nas organizações.

Reflexão crítica e colaboração: Atuação versus desafio

Um dos mitos da reflexão crítica que discutimos anteriormente é que ela é individual e autoindulgente. O trabalho de Jan Fook com assistentes sociais modela uma abordagem colaborativa de reflexão crítica. Em vez de vê-la como uma atividade individual, ela mantém o processo como a base para a criação de uma cultura dinâmica e vibrante em nossas organizações. Em essência, ela vem da atuação do indivíduo, mas depende de mudanças fundamentais à medida que ele colabora para mudar a cultura organizacional. Por exemplo, em uma organização como a Dresden Optics (capítulo 5), vimos um indivíduo, Bruce Jeffreys, que pode fazer perguntas profundas sobre o mercado de óculos e saúde ocular em geral. No entanto, para que ele possa responder a essas perguntas, precisa que muitos colaborem com suas habilidades e capacidades. Fook vê a reflexão crítica como uma forma de compreender o todo, e não as partes. Ela diz: "Para mim, trata-se de investigar a experiência holística de alguém (incorporando crenças, emoções e significado — por meio da reflexão crítica) de uma forma que não só o ajude a aprender de novo, mas também os ajude a aprender como aprender com ela".[15] Ela afirma que a reflexão crítica não é apenas sobre considerar as suposições e predisposições de cada um a uma determinada ideia, mas também nos convida a considerar o conhecimento à luz de uma compreensão profunda não apenas de nossa posição pessoal, mas também de como a nossa posição se relaciona com essa nova ideia e com outras.

Esse processo torna-se necessariamente colaborativo quando pensamos nas formas como o conhecimento é criado nos 4Cs — não como um processo isolado e autoindulgente, mas sim como uma coconstrução que respeita a diversidade e reconhece (e muitas vezes celebra) as subjetividades. Por exemplo, se um indivíduo que trabalha em uma função política considera a política de refugiados, ele pode ter um conjunto de suposições sobre essas questões. Como ele reflete criticamente com os colegas, o processo irá expor suas suposições a evidências e opiniões divergentes. Em um autêntico processo de reflexão crítica, os pressupostos de cada indivíduo são desafiados em uma discussão em grupo, pelo que todos os envolvidos são levados a analisar as suas subjetividades com perguntas como: "Quem toma decisões sobre cidadania?"; "Quem tem o direito de ser cidadão?"; "Quem não tem o direito de ser cidadão?"; "Qual o papel no status de refugiado nos direitos à cidadania?". Essa forma de trabalhar abre novos espaços de diálogo e garante que as subjetividades sejam analisadas e, muitas vezes, desafiadas. Essa abordagem modela processos democráticos mais amplos em vez de isolar os indivíduos para resolverem as coisas por si próprios. Na prática, há duas fases para a reflexão crítica. A primeira é inerentemente individual. Esse processo leva o indivíduo a considerar o conhecimento à luz de suas suposições e preconceitos conscientes e inconscientes. Porém, o trabalho de reflexão não para por aí. Para que as organizações sejam eficazes, os indivíduos devem trabalhar uns com os outros para apoiar a reflexão crítica, testando respeitosamente os pressupostos de todos. Esse não deve ser um processo destrutivo, mas uma forma de entender a diferença e criar uma espécie de dissonância criativa — um espaço para uma variedade de pontos de vista que podem estar uns contra os outros. A reflexão crítica é um processo inerente e necessariamente colaborativo. Embora a reflexão crítica possa começar em um nível individual, ela deve envolver-se de forma colaborativa com os outros para ser eficiente. Para a transformação tomar posse nas organizações, a prática reflexiva precisa se envolver criticamente, de forma criativa e colaborativa, com os outros para mudar a própria prática e, assim, tornar a prática da organização mais ampla.

Reflexão crítica e criatividade: Desaprender versus nova aprendizagem

Na Cascata da Criatividade (capítulo 5) identificamos dois componentes essenciais da aprendizagem criativa — *perceber e perguntar "Por quê? Por que mesmo?"*. O processo de desaprender que fazemos na reflexão crítica ajuda a desafiar "saberes" antigos e, quando confrontados com informações novas ou em mudança, criar novos entendimentos. O *Cambridge Dictionary* define desaprender como "fazer um esforço para esquecer a sua maneira habitual de fazer algo para que você possa aprender uma maneira nova e às vezes melhor".[16] Como parte do processo de percepção, devemos captar as formas como respondemos a diferentes tipos de ideias. A partir dessa constatação, deve surgir uma série de perguntas "Por quê?", que consideram nossos preconceitos e suposições e as formas como essas hipóteses formam nossas atitudes. Por exemplo, podemos notar que nossos colegas têm respostas fortes às discussões em torno da mudança no local de trabalho. Se eles forem criticamente reflexivos, irão então perguntar o porquê dessa resposta. Claro que a primeira resposta pode ser "odeio mudanças". Quando as pessoas se tornam mais críticas e reflexivas (pergunte realmente por que), vão além do seu porquê inicial e começam a entender que essa atitude pode ser formada por opiniões não contestadas sobre mudanças ou experiências negativas anteriores. Uma vez que essas suposições e experiências são descompactadas e compreendidas, indivíduos e organizações podem brincar com a possibilidade de descobrir que a mudança tem muitos componentes e pode assumir muitas formas (algumas profundamente negativas e outras bastante positivas), que têm o potencial de mudar radicalmente a cultura local.

Reflexão crítica e comunicação: interpretação versus mensagens

A reflexão crítica nos permite ouvir, compreender, interpretar e, depois, criar mensagens. As perguntas profundas inerentes que ela produz facilitam a conexão entre escutar e criar mensagens, para que ambas possam ser aprofundadas. Assim, a reflexão crítica nos torna "atentos às mensagens" para que compreendamos o texto, o contexto e o subtexto da comunicação à medida que a fazemos e a recebemos. A comunicação depende de os indivíduos serem capazes não apenas de articular claramente uma mensagem, mas também de compreender o que motiva os seus pontos de vista e pressupostos. Isso cria neles uma espécie de metaconsciência das estratégias de comunicação. A reflexão crítica nos permite pensar mais profundamente e compreender a gênese de nossos pontos de vista e testá-los contra outros conhecimentos e opiniões. Como Jack Mezirow aponta, ao criar a comunicação, a reflexão nos ajuda a criar mensagens que são resistentes à distorção e ao pressuposto:

> Fazer sentido significa dar sentido a uma experiência; nós fazemos uma interpretação dela. Quando posteriormente usamos essa interpretação para orientar a tomada de decisão ou ação, então fazer sentido torna-se aprendizagem... A reflexão nos permite corrigir distorções nas nossas crenças e os erros na resolução de problemas. A reflexão crítica envolve uma crítica aos pressupostos sobre os quais nossas crenças foram construídas.[17]

Mezirow demonstra aqui que a reflexão crítica nos ajuda a desenterrar distorções e a criticar o que pensamos saber. À medida que fazemos sentido em nossa comunicação e tentamos transmitir esse sentido aos outros, a reflexão crítica nos permite buscar clareza e entender como nossas subjetividades influenciam nossas estratégias de comunicação. Essa abordagem faz com que os "subtextos" de comunicação clara deixem menos espaço para ruídos e confusão. Um comunicador criticamente reflexivo pode analisar e clarificar o seu próprio significado, fazendo e analisando as estratégias de comunicação e abordagens de outras pessoas. Tendo considerado o lugar da reflexão crítica nos 4Cs, gostaríamos agora de introduzir o nosso formador de coerência para a reflexão crítica: o Cadinho da Reflexão Crítica.

O Cadinho da Reflexão Crítica

Assim como os outros três Cs, estamos empenhados em fornecer um modelo de como a reflexão crítica pode ser compreendida e implementada nas organizações. Nesse formador de coerência, imaginamos a reflexão crítica como um cadinho. Usamos a metáfora do cadinho para enfatizar a necessidade de testar e "queimar" o conhecimento no calor das nossas reflexões e das reflexões dos outros. O cadinho metafórico assegura que o que emerge não é contaminado com materiais não essenciais, mas sim integridade. A natureza pesada e industrial da analogia (o cadinho) é deliberada. A reflexão foi muitas vezes descartada como uma "habilidade suave", mas, na realidade, é difícil e exigente. Como discutimos, a reflexão crítica é tão exigente que raramente aparece nas organizações. Vemos (mediante a analogia do cadinho) como se trata de um processo pesado, rigoroso e difícil que requer habilidade e esforço para criar ideias que resistirão e serão apoiadas por um exame minucioso.

FIGURA 6.2 *O Cadinho de Reflexão Crítica.*

Tal como com os outros responsáveis pela coerência que identificamos, o cadinho não é a única maneira de compreender a reflexão crítica, ele é, no entanto, um modo de visualizar uma estrutura que pode ser utilizada quando consideramos a forma como construímos e transformamos as organizações. O Cadinho da Reflexão Crítica não busca o equilíbrio no conhecimento. Pelo contrário, ele reconhece que este é complexo, influenciado por nossas próprias subjetividades, e que permanece dinâmico à medida que o contexto e as situações mudam ao redor das organizações. Conforme o conhecimento é criado, novas camadas e conexões emergem enquanto a compreensão cresce. Assim, o equilíbrio nem sempre é possível ou mesmo desejável. Preferimos a analogia de um cadinho no qual o fogo refina e testa o saber para torná-lo resiliente, forte e transparente. As fases do Cadinho de Reflexão Crítica são:

- Identificação de suposições;
- Perguntas "Por que isto? Por quê?";
- Contestação, elaboração e adaptação;
- Resolver novamente.

Um processo de reflexão crítica: o Cadinho da Reflexão Crítica

Identificando suposições

Todos nós viemos com nossas próprias subjetividades que, às vezes, são conscientes, mas frequentemente inconscientes (estas também podem incluir preconceitos inconscientes). Muitas vezes, essas premissas não se baseiam em evidências ou na compreensão de como as evidências se relacionam com tais pressupostos. Nomeamos como "suposições de identificação", pois isso deixa claro para indivíduos e organizações que cada um tem suposições sobre o conhecimento (alguns podem chamar isso de "bagagem"). Para ir além delas, precisamos entender como nossas visões são criadas e como podem ser recriadas.

Retornaremos às discussões sobre as mudanças climáticas para explicar como o Cadinho de Reflexão Crítica pode funcionar na prática. As mudanças climáticas são úteis na compreensão da reflexão crítica, já que os indivíduos, muitas vezes, abordam esse assunto com uma série de opiniões e atitudes que não foram desafiadas ou testadas com evidências. Como qualquer conjunto de crenças, essas visões poderiam ter sido formadas por colegas de trabalho, familiares, amigos ou pela mídia, mas podem não ter sido produto de uma consideração profunda e reflexiva da complexidade e evidência em torno desse tópico.

O processo de reflexão crítica nos convida a desenvolver a compreensão, contrastando nossos pontos de vista com a evidência para entender não apenas as questões da reflexão crítica, mas também a natureza da disciplina. Na ciência, uma parte fundamental do processo científico é o método científico. Se entendermos que as descobertas são desenvolvidas por meio desse processo disciplinado, isso nos proporciona não apenas uma apreciação da questão (mudança climática), mas também os processos de como o conhecimento é criado na própria ciência. Isso permite aos indivíduos desenredarem o significado que separa a opinião da evidência. A capacidade de desembaraçar o conhecimento é uma habilidade fundamental para indivíduos e organizações que enfrentam a complexidade, o caos e as contradições do mundo moderno. Para esse estágio do Cadinho, devemos explorar as seguintes questões:

- No que acredita a nossa organização?
- Quem ganha com essa crença?
- Como foi que essas crenças se formaram?
- Essas crenças e suposições são baseadas em evidências? Quais são as provas?
- Como podem os indivíduos e as organizações repensarem suas crenças ao passo que se tornam conscientes de novos conhecimentos e evidências?

Da mesma forma, a capacidade de compreender nossas suposições e abordagens ao conhecimento também estabelece a base para a próxima característica do Cadinho: Por que isto? Por quê?

Por que isto? Por quê?

Uma vez que compreendemos as subjetividades que trazemos e desvendamos os diferentes aspectos de um determinado problema, o próximo passo é perguntar “Por quê?”, pois o questionamento esclarece nossas reflexões. Nesta fase do formador de coerência, estamos também considerando onde está o *status* e o poder da situação. Em outras palavras, quem ganha e quem perde aqui?

À semelhança da Cascata da Criatividade, essa fase requer um questionamento que nos leva a procurar uma compreensão contextual e "conjunta" do conhecimento. Se retornarmos à questão da mudança climática, poderemos perguntar a nós mesmos e aos outros (incluindo potencialmente especialistas/consultores externos em clima):

- Por que tenho as opiniões que tenho sobre as alterações climáticas? (Por quê?)
- Por que a mudança climática está recebendo tanto destaque na mídia? (Por que isto?)
- Por que as pessoas discordam sobre as causas das alterações climáticas? (Por quê?)

Esse tipo de questionamento desenvolve uma compreensão de que o conhecimento é contestado, conectado entre disciplinas e contextual. A fase "Por que isto?", "Por que assim?" do Cadinho encoraja os indivíduos a refletirem profundamente sobre o conhecimento que os confronta. Para algumas pessoas, isso pode ser provocador, pois perturba muitas das suposições que fizeram sobre o conhecimento e o "saber". Em última análise, isso leva a uma ligação mais forte com a natureza do conhecimento, e não apenas com a questão em si, e constrói a capacidade de um indivíduo (e, finalmente, de uma organização) para contestar, elaborar e adaptar seu entendimento, tendo feito perguntas-chave sobre a natureza e o conteúdo desses conhecimentos.

Na fase do Cadinho de Reflexão Crítica em que se pergunta "Por que isto?" e "Por que assim?" podem surgir as seguintes questões:

- Por que esse conhecimento está sendo promovido acima de outros?
- Quem está promovendo esse conhecimento e por quê?
- Como esse conhecimento se conecta com outras partes do saber?
- Quem pode contar a história sobre esse conhecimento? Por quê?

Neste ponto, estamos prontos para iniciar a próxima fase do Cadinho de Reflexão Crítica: contestar, elaborar e adaptar.

Contestar, elaborar e adaptar

Como discutimos no início deste capítulo, a reflexão crítica é, muitas vezes, descartada como uma espécie de "observação do próprio umbigo" autoindulgente e sem fim. Nossa visão da reflexão crítica encoraja mais a ação e a colaboração, não apenas a contemplação. Na fase de contestar, elaborar e adaptar, as ideias e os conhecimentos são testados (ou acionados) para elaborar conceitos preliminares e depois adaptá-los a outros problemas ou domínios do conhecimento. Voltando ao exemplo da mudança climática, uma vez que os indivíduos e organizações compreendam a natureza da evidência científica, eles são então equipados para contestar o "fato" científico usando o método científico. Dadas as regras da disciplina, eles agora podem entender como foram influenciados por suas subjetividades, como a evidência é usada na ciência para fazer descobertas e como o princípio teste-reteste pode ser aplicado para contestar esse conhecimento. Talvez, de forma mais útil, eles agora tenham o conhecimento para fazer extensões e elaborações de argumentos sobre mudança climática e ciência climática que se relacionam diretamente com seu papel na organização. Por exemplo, para aqueles que trabalham no ramo de seguros, uma profunda e crítica compreensão das evidências em torno das mudanças climáticas apoiará decisões empresariais sólidas sobre riscos e custos dos prêmios. Esse processo não se resume apenas a pensar. Contestar, elaborar e adaptar envolvem necessariamente a redefinição de práticas e abordagens como resultado do processo de reflexão crítica. A reflexão crítica posiciona o conhecimento como dinâmico, adaptável, maleável e acionável, assim como o líquido fundido dentro de um cadinho. O líquido em um cadinho não permanece dessa forma para sempre. Algumas perguntas podem ser úteis para enquadrar a compreensão nessa fase do Cadinho de Reflexão Crítica. São elas:

- Como esse conhecimento entra em conflito ou concorda com outras evidências disponíveis?
- Como pode esse conhecimento ser melhorado à luz de novas evidências?
- Como esse conhecimento pode ser adaptado a novos contextos ou circunstâncias?

A próxima característica do Cadinho de Reflexão Crítica é resolver novamente.

Resolver

Resolver novamente descreve a reformulação ativa das ideias. Isso ocorre depois de:

- testar as suposições;
- fazer perguntas críticas;
- contestar o conhecimento;
- ver esse conhecimento como dinâmico para ser elaborado e aplicado antes de decidir sobre uma visão ou abordagem.

A nosso ver, o conhecimento pode tornar-se firme, mas nunca é completamente sólido; assim, resolver novamente é o processo responsável pela reconstrução e reaplicação do conhecimento em novas circunstâncias e contextos. No nosso exemplo de mudança climática, os indivíduos podem resolver novamente, tendo um novo olhar sobre uma posição baseada na ciência climática de que o aumento do nível do mar terá determinados efeitos nas pequenas ilhas do Pacífico, como Tuvalu. Se, em uma fase posterior, as projeções iniciais subestimaram o aumento do nível do mar, podemos então resolver novamente essa projeção por meio de uma série de recálculos e tomar medidas com base nesse conhecimento solucionado novamente. O processo não é passivo, mas interativo, colaborativo e engajado com as evidências e conhecimentos que se tornaram disponíveis. As perguntas-chave para essa fase do Cadinho de Reflexão Crítica incluem:

- Como pode essa área do saber ser ligada a outras ideias para criar novos conhecimentos?
- Qual é o impacto desse conhecimento em diferentes contextos? Esse contexto é dependente? O que não funciona em todos os contextos?
- Que fatores poderiam influenciar e mudar esse conhecimento no futuro?
- Quem tem mais a ganhar com esse conhecimento?

Como todos os formadores de coerência 4Cs que descrevemos, o processo não é linear, e as características do Cadinho se sobrepõem, ocorrem simultaneamente ou se tornam reordenadas, dependendo das circunstâncias e dos contextos. O que não muda, no entanto, é a necessidade de os indivíduos e as organizações compreenderem que o saber é complexo. A reflexão crítica fornece uma abordagem que conceitua o entendimento como dinâmico, conectado e influenciado por preconceitos individuais.

A reflexão crítica começa com:

- *Identificar suposições* — identificar ideias não contestadas que podem impedir o progresso.
- *Por que isto? Por que assim?* — fazer perguntas conscientes e críticas que levem à contestação, elaboração e adaptação da ação para resolver novamente questões e responder a desafios e oportunidades.
- *Contestar, elaborar e adaptar* — fazer perguntas profundas, complexas e conectadas que permitam a discussão, dissonância e mudança de pontos de vista, estruturas, estratégias e culturas.
- *Resolver novamente* — recriar estruturas, estratégias e culturas que reflitam a prática baseada em evidências eficazes e respeitar a atuação de todos os participantes individualmente.

Reflexão crítica para o florescimento

Em um editorial de *Reflective Practice* (*Prática Refletiva*), em 2010, o pesquisador Tony Ghaye[18] faz a seguinte pergunta: "De que forma as práticas reflexivas podem melhorar o florescimento humano?" Ele se pergunta se a prática reflexiva pode ajudar os seres humanos: "a se recuperarem dos eventos adversos em suas vidas. Ela os ajudaria a terem uma mente mais aberta, a terem pensamentos mais criativos, a desfrutarem de melhores relações com os outros, a serem mais resilientes?" Embora ainda não haja uma resposta definitiva para essa questão, há sinais crescentes de que a reflexão crítica é benéfica e pode ser necessária para enfrentar os complexos desafios que temos pela frente.

Se acreditarmos que o florescimento humano é parte do que aquilo a que as organizações aspiram, a reflexão crítica deve estar na base de como elas criam formas de saber e fazer. Jan Fook e outros afirmam isto: "... há um corpo crescente de afirmações bem pesquisadas sobre os benefícios e resultados da reflexão crítica, e estas, no conjunto, são consistentes e se apoiam mutuamente. Há contribuições para o florescimento humano."[19] A reflexão crítica tem um papel a desempenhar na ajuda a todos nós (indivíduos, organizações, líderes e comunidades) para testar nossas motivações e entendimentos antes de agir. Ao atuar ou fazer, contestamos, elaboramos e nos adaptamos para responder aos desafios e fazer melhor. Se conseguirmos isso em nossas organizações, poderemos contribuir para o florescimento humano em vez da desintegração humana.

Começando: construindo a reflexão crítica nas organizações

Construir uma reflexão crítica autêntica requer que uma organização faça as seguintes grandes perguntas.

Como é a reflexão crítica 4Cs em sua organização:

1 Ativa e atuante.
Como a reflexão crítica da organização permite que a evidência apoie a tomada de decisão, em vez de estruturas de poder?

2 Base.
Como a reflexão crítica pode mudar as práticas de trabalho e a cultura em sua organização?

3 Conectada.
Como a reflexão crítica pode estar nas estruturas e conectar estratégias, processos e abordagens em sua organização?

4 Cultural.
Como a reflexão crítica pode mudar práticas ou processos inúteis, ineficazes ou prejudiciais em sua organização?

5 Centrada na reforma.
Como a reflexão crítica pode levar à reforma das culturas organizacionais para torná-las mais satisfatórias e eficazes?

No próximo capítulo, exploraremos como a ação pode decorrer da reflexão crítica por meio da comunicação empoderada.

7
Comunicação

Como reimaginar uma visita ao cinema no Peru? A Cineplanet, a maior cadeia de cinemas do Peru, se fez essa pergunta em 2014 e contactou a empresa internacional de *design* IDEO para ajudá-la a respondê-la. O *design* da IDEO não é apenas para objetos, ela projeta ferramentas, conversas, experiências e ambientes que ajudam as organizações a inovar e mudar. Esse é o "pensamento de design" que a Cineplanet sabia que precisava ter como uma organização para se manter à frente no jogo. Ela sabia, ainda, que não tinha apenas de repensar a experiência de ir ao cinema, mas também o seu pensamento como uma organização para poder se transformar. Este capítulo usa a colaboração da IDEO com a Cineplanet como um estudo de caso para ilustrar o papel fundamental que a "verdadeira comunicação" desempenha não apenas na inovação, mas também na transformação das organizações.

FIGURA 7.1 *Reimaginar a experiência cinematográfica.*

Um estudo de caso em comunicação (e os outros Cs) — IDEO e Cineplanet

A história começa com a Cineplanet em 1998, quando três amigos peruanos, depois de terminarem seus MBAs nos Estados Unidos, decidiram voltar ao seu país natal para estabelecer uma startup. Eles notaram que o número de frequentadores de cinemas tinha diminuído, no Peru — de 15 milhões, em 1981, para três milhões, em 1995 — e perceberam que o setor de entretenimento de seu país estava significativamente mal-atendido. Com a resolução da agitação civil nos anos 1990 e 2000 e o crescimento de uma classe média emergente, as famílias se sentiram seguras e financeiramente confiantes o suficiente para começar a ir a concertos, eventos esportivos e cinemas. Ir ao cinema tornou-se um dos passatempos favoritos dos peruanos, e o número de clientes duplicou entre 2006 e 2012. A Cineplanet rapidamente se tornou a maior empresa de cinema do Peru e é líder em tecnologia e inovação de serviços na indústria cinematográfica no país.

Apesar do sucesso da Cineplanet como líder de mercado e empresa inovadora, ela não queria cair na armadilha da locadora de vídeos Blockbuster. O CEO da Cineplanet, Fernando Soriano, explicou: "Estamos indo muito bem, e este é exatamente o momento em que devemos investir. Olhe para a Blockbuster. Não investiram na sua empresa quando as coisas estavam bem e saíram do mercado. Não queremos que nos aconteça a mesma coisa."[1] A Cineplanet queria passar da tomada de decisões com base em suposições sobre o que os clientes queriam, do ponto de vista das operações, para focalizar o que eles realmente queriam de experiência cinematográfica. Em 2014, a organização optou por trabalhar com a empresa de *design* IDEO, pois sabia que o "redesenho" tinha de ser mais do que a introdução de novos produtos e serviços, era preciso implementar uma mudança cultural mais profunda dentro da empresa. Mildreth Maldonado, o diretor financeiro da Cineplanet, afirmou: "Este não é um projeto único. É apenas o início de algo novo dentro da empresa."[2]

A IDEO é conhecida pela sua abordagem "centrada no homem" e "empática" à inovação e ao *design*. A empresa nasceu em 1991, inicialmente focando *design* e engenharia de produtos, mas logo percebeu que seu trabalho voltado para o ser humano ia além de produtos e serviços para projetar mudanças organizacionais. A sócia da IDEO, Whitney Mortimer, explica:

> Vimos até que ponto o design poderia ir para enfrentar novos tipos de desafios enfrentados pelas empresas e pela sociedade. Os desafios eram complexos, humanos e baseados em sistemas. Estávamos começando a perceber como o *design* podia ter um impacto mais amplo e que precisávamos repensar a forma como falávamos de *design*... Foi pensando como forma, objetos e beleza. Ainda pode ser todas essas coisas, mas já não estávamos mais focados no substantivo. Nós estávamos focados no verbo, e começamos a falar sobre uma abordagem e uma mentalidade.[3]

No contexto deste livro, a história de parceria da IDEO com a Cineplanet no Peru poderia ser usada como um exemplo de colaboração, criatividade ou reflexão crítica. Neste capítulo, discutiremos o trabalho da IDEO como um exemplo de comunicação, embora seja evidente que a abordagem da IDEO é verdadeiramente colaborativa, criativa e criticamente reflexiva também. Nas organizações que incorporam os 4Cs, todos os elementos são frequentemente evidentes, coexistindo e interagindo o tempo todo. A comunicação é fundamental para a IDEO, e é evidente nas reflexões de Whitney Mortimer: "Precisávamos repensar a forma como falávamos de *design*... Estávamos focados no verbo, e começamos a falar de uma abordagem e de uma mentalidade."[4] A forma como falamos, a maneira como usamos a linguagem, como nos comunicamos e como compreendemos a comunicação tem consequências profundas para a cultura de uma organização. Na verdade, a comunicação aborda fundamentalmente como as corporações realmente se organizam.[5]

O trabalho de pensamento de *design*, inovação e mudança organizacional da IDEO desdobra-se no que eles descrevem como o "contexto de uma organização humana complicada, em rede e confusa".[6] Navegar nessas dinâmicas organizacionais requer uma abordagem de comunicação centrada no ser humano. Para a IDEO, é essencial para essa abordagem o uso de "história" e "empatia". Diego Rodriguez, sócio da IDEO, explica: "Em essência, o que você faz no processo de *design* centrado no ser humano é sair para o mundo para ganhar empatia pela existência de outra pessoa. Todos nós temos uma história diferente, então é realmente importante entender o que está acontecendo na vida de alguém e como sua solução de *design* pode mudar isso para melhor".[7] Comunicação e conexão por meio da história e da empatia não é apenas a abordagem da IDEO ao *design*, é uma abordagem que influencia a maneira como trabalham dentro de sua própria organização e como se envolvem com parceiros como a Cineplanet. Na abordagem da IDEO, o nosso fator de coerência para a compreensão dos processos de comunicação, o "Cristal da Comunicação" é evidente. A parceria entre a Cineplanet e a IDEO começou envolvendo Mildreth Maldonado, da Cineplanet, como um membro integrado da equipe de design da IDEO. O início foi um *tour* pelo Peru e pelo Chile (onde a Cineplanet também tem cinemas), visitando salas, conduzindo entrevistas, observando como os espectadores interagem com a Cineplanet, e como as pessoas se reúnem e socializam em parques, igrejas e outros espaços públicos do Peru. A IDEO se refere a isso como uma "fase exploratória",[8] um processo de pesquisa e inspiração por meio da observação e do método. Essa fase de investigação e observação está alerta para as mensagens do nosso formador de coerência Cristal da Comunicação. A percepção profunda na fase exploratória da IDEO é a comunicação que requer ser hiperconsciente e aberta à situação e aos sinais à sua volta. Nessa primeira fase, Maldonado, como membro integrante da equipe do cliente, descreve sua experiência:

> Funcionou muito melhor do que eu pensava no início, porque eu tinha que aprender a metodologia, mas nós aprendemos a trabalhar juntos. É por isso que me sinto como parte da equipe, e não apenas um cliente. Eu era a ligação que ajudou a equipe a entender como funciona o mercado e o cliente peruanos. Não se trata apenas do meu conhecimento da indústria, mas também de poder me relacionar com nossa cultura, nosso pessoal e entender o cliente.[9]

Essa experiência revela a abordagem centrada no ser humano da IDEO em relação à comunicação. Valoriza e possibilita as histórias de muitas vozes — as dos clientes, as do seu cliente Cineplanet e as vozes que representam a experiência cultural peruana. No criador de coerência do Cristal da Comunicação, isso é permitir a voz. Em vez da tradicional pesquisa de mercado, a equipe de design da IDEO buscou inspiração em entrevistas inseridas no contexto (em filas de cinema, lojas de DVD, casas de pessoas) para gerar histórias e insights sobre os desejos e motivações dos usuários.

A equipe também criou desenhos e ideias improvisados que responderam às suas percepções emergentes e obtiveram feedback imediato dos clientes. No Cristal da Comunicação, a intenção da comunicação de ideias é *transmitir significado e propósito*. Para a IDEO, o propósito desses "conceitos de sacrifícios"[10] lhes permite ver como as pessoas percebem as ideias em seus estágios iniciais. A equipe da IDEO não é responsável por esses conceitos, e eles são facilmente descartados, mas ajudam a gerar e refinar ideias ao longo do processo. Após as observações, os testemunhos e os insights de trabalho de campo serem separados, a equipe de *design* compartilhou suas experiências entre si na forma de sessões de narração de histórias. A partir das histórias e dos dados brutos, temas e possibilidades começaram a surgir e se unir.

Na abordagem de design da IDEO existe um processo de comunicação que permite que as ideias sejam geradas a partir da observação atenta e de muitas vozes. Essas ideias são depois desenvolvidas e aperfeiçoadas mediante novas ações. No Cristal da Comunicação, isso está gerando ação e atuação. Nessa fase inicial do processo de concepção, é evidente que o tipo de comunicação que a IDEO está utilizando é sensível à experiência autêntica que a empresa procura compreender. Fundamental para essa prática de *design* é a comunicação que é interativa, baseada na narrativa e no empoderamento. A comunicação, para a IDEO, é mais do que uma transmissão unidirecional; trata-se de dar sentido à experiência humana mediante a empatia com as pessoas e o mundo ao seu redor, compartilhando, construindo e sintetizando histórias. O teórico de mídia Marshall McLuhan disse "o meio é a mensagem"[11], e isso explica como uma organização (o meio) é como ela se comunica (a mensagem). O modo como uma organização como a IDEO se comunica é o que ela é. Esse é um conceito que às vezes é difícil de as corporações compreenderem, já que comunicação, organização e conhecimento são tratados como entidades separadas. Nossa definição de comunicação reúne esses conceitos.

Definindo a comunicação

Quando nós, seres humanos, nos comunicamos, expressamos o que sabemos e criamos significado; e, cada vez que fazemos isso, moldamos quem pensamos que somos. Isso aplica-se tanto aos indivíduos quanto às organizações. Por intermédio da comunicação, continuamos a construir, coconstruir e reconstruir a nossa realidade, combinando a psicologia das nossas estruturas internas com as estruturas externas do nosso ambiente. Somos, em essência, como indivíduos ou corporações, como e o que transmitimos, e todo o conhecimento organizacional e os processos operacionais podem existir apenas se forem expressos como comunicação. A definição de comunicação do especialista na área, Milton N. Campos, descreve o duplo ecossistema para a comunicação da seguinte maneira:

> A comunicação deve ser entendida como uma disciplina transversal que atravessa todas as outras, porque é, ao mesmo tempo, psicológica e social e porque responde pelo conhecimento contingente necessário e particular. A comunicação é o fundamento de todas as disciplinas científicas e de todas as formas de expressão humana (por exemplo, a arte, os códigos do senso comum), porque é simultaneamente condição e resultado de todo o conhecimento humano possível.[12]

A comunicação é fundamental tanto para a compreensão quanto para a criação de conhecimento, e estabelece a agenda para o que sabemos e como nos vemos. Isso é ilustrado pelo comentário do ex-presidente da Reserva Federal dos Estados Unidos (The Fed), Ben Bernanke, quando afirma que "a política monetária é 98% de conversa e 2% de ação".[13] A mensagem de Bernanke é que a comunicação é conhecimento, e seu objetivo como presidente era tornar o The Fed mais transparente, comunicando e explicando suas políticas mais regularmente em conferências de imprensa e em outros meios de comunicação. É assim que a comunicação define a agenda do que sabemos ou, como argumentou o pesquisador de comunicação John T. Warren: "Cada expressão faz o mundo; outras escolhas fazem mundos diferentes."[14]

É por isso que a comunicação das mentiras é poderosa e preocupante na criação de uma nova realidade (ou mundos diferentes). Como observou o romancista Salman Rushdie em 2017: "A Casa Branca, de onde provêm todas as mentiras, está agora lançando-as e acusando seus opositores na grande mídia de serem mentirosos. É muito preocupante, porque, se vamos viver em um país em que a verdade é um aspecto de seu sistema de crenças, então essa é uma sociedade muito instável."[15] Então temos que definir a *verdadeira* comunicação baseada não nos sistemas de crenças, mas na integridade, responsabilidade e humildade. A verdadeira comunicação deve estar impregnada de reflexão crítica e de colaboração genuína, como aponta o educador e filósofo Paulo Freire:

> O nome do mundo, através do qual as pessoas constantemente recriam esse mundo, não pode ser um ato de arrogância. O diálogo, como o encontro daqueles que se dedicam à tarefa comum de aprender e agir, é interrompido quando as partes (ou uma delas) não têm humildade. Como posso dialogar se sempre projeto a ignorância sobre os outros e nunca percebo a minha própria ignorância?... Como posso dialogar se estou fechado — e mesmo ofendido — à contribuição dos outros?[16]

A chave para a verdadeira comunicação é a autopercepção da nossa própria ignorância e abertura à contribuição dos outros, o que requer empatia, risco e comprometimento. Nós concebemos a comunicação como um diálogo ético, mutuamente empoderador e empático (com acordo e contestação) baseado na verdade, no qual, para citar o autor George Orwell em *1984*, há "a liberdade de dizer que dois mais dois fazem quatro".[17] Gerar atuação e empoderamento por meio da comunicação é fundamental para a nossa compreensão da comunicação e como as empresas podem organizar-se e transformar-se por intermédio dos 4Cs. Neste capítulo explicamos a ética e o empoderamento da comunicação organizacional por meio o construtor da coerência, o Cristal da Comunicação. Antes disso, precisamos entender por que a comunicação é tão frequentemente incompreendida.

Ideias sobre a comunicação que quebram mitos

Surgem equívocos sobre a comunicação a partir de uma série de pressupostos que continuam a ser perpetuados nas organizações. Precisamos desmascarar essas suposições para entender o que é realmente a verdadeira comunicação. Isso nos leva a derrubar o primeiro mito de que ela é considerada apenas um aspecto de uma organização, quando, na realidade, é o fio condutor do tecido que realmente faz uma corporação. Uma das grandes suposições sobre a comunicação organizacional é que ela se enquadra apenas nas relações humanas, relações públicas, entre "marqueteiros" ou na equipe de comunicação. Na realidade, a comunicação está presente em tudo o que uma organização faz e, portanto, passa a defini-la.

Mito 1: A comunicação é apenas um aspecto de uma organização, como as relações públicas

A comunicação deve ser considerada mais do que a imagem, marca e retórica de uma organização. A comunicação autêntica é sobre a realidade da organização. Na IDEO, a realidade de ser um centro humano e o trabalho inovador são a forma como os colegas trabalham e se comunicam entre si e com os seus parceiros. A comunicação aberta e autêntica está presente em todos os aspectos da cultura e do ambiente da organização. Uma descrição do local de trabalho ilustra como a comunicação na IDEO permeia todos os aspectos da organização:

> A IDEO tinha uma estrutura organizacional muito plana. As mesas dos parceiros e líderes seniores foram intercaladas entre as dos designers

> juniores, o que promoveu um espírito de abertura e acessibilidade. O leiaute dos espaços IDEO gerou interação. Os funcionários foram incentivados a se expressar, o que se estendeu à concepção e à personalização dos seus ambientes de trabalho. Caminhando por um escritório IDEO, pode-se encontrar uma fantasia de um monstro marinho de dois metros de altura, uma escultura de origami de grandes dimensões, uma lâmpada nórdica em forma de peixe ou coleções de produtos passados e protótipos de design. Cartazes dos valores fundamentais da IDEO e notas adesivas de sessões de *brainstorming* cobrem as paredes.[18]

O ambiente de trabalho da IDEO não é a fabricação de um estilista; é a realidade do tipo de comunicação que a organização valoriza tácita e explicitamente. É uma realidade que a empresa quer que seus funcionários tenham uma "voz". Nesse caso, a retórica de textos de comunicação como o *Little Book of* IDEO[19] é a realidade da comunicação aberta e interativa dentro da organização. O tipo de comunicação valorizado na IDEO é essencial e a base para os seus valores fundamentais, que são:[20]

1. Seja otimista.
2. Colabore.
3. Tome posse.
4. Abrace a ambiguidade.
5. Fale menos, faça mais.
6. Aprenda com o fracasso.
7. Faça com que os outros tenham sucesso.

A natureza da comunicação em uma organização representa que o conhecimento é valorizado e como o poder é exercido. Alternativamente, a maneira como o poder e o controle são exercidos em uma organização é normalizada e arraigada por meio da comunicação. O poder ou a impotência estão incorporados nas conversas diárias e em todos os aspectos da comunicação organizacional (reuniões, *e-mails*, *blogs*, *newsletters*, sites etc.). Argumentamos que, para a comunicação ser "verdadeira", ela deve estar relacionada com o poder da atuação e da autoeficácia. A comunicação que cria uma atuação é complexa e vai além do mito de que é unidirecional ou mesmo bidirecional.

Mito 2: A comunicação é unidirecional

O mito de que a comunicação é unidirecional foi perpetuado pela abordagem de comando e controle de gerenciamento. A comunicação organizacional que se desenvolveu no início do século XX foi baseada em uma perspectiva de engenharia, e via a comunicação como uma transmissão descendente e unidirecional de informações para que os funcionários entendessem e cumprissem ordens. A comunicação nessa estrutura organizacional é uma atividade controlada pela administração de cima para baixo (o estudo de caso da VW, no capítulo, 6 fornece um exemplo claro desse tipo de abordagem). O legado desse tratamento simples, mas enfraquecedor da comunicação, é ainda hoje óbvio e difundido.[21]

Argumentamos que o poder da comunicação está em ser interativa e polifônica (muitas perspectivas e vozes). A teoria mais recente da comunicação organizacional[22] enfatiza a importância da participação de múltiplas partes interessadas para lidar com a complexidade dos ambientes organizacionais. Quanto mais interativa for a comunicação em uma organização, mais o indivíduo faz parte de sua transformação. A comunicação é o prisma interativo (ou cristal) por meio do qual o indivíduo e a organização como grupo social constroem e reconstroem sua realidade. Uma organização como a IDEO abraça a comunicação que é interativa e polifônica, e assim se torna sua realidade organizacional.

Depois da "fase exploratória", por exemplo, a "fase conceitual" da IDEO envolve o desenvolvimento de ideias por meio de um processo iterativo de transição entre estruturas e *brainstorming*. Sua abordagem polifônica à comunicação por intermédio de múltiplos ângulos é evidente na sua colaboração com a Cineplanet:

> Os membros da equipe discutiram vigorosamente os conceitos emergentes. Durante esse processo, os designers, muitas vezes, refletiram sobre

histórias de usuários, estruturas e comportamentos para avaliar o alinhamento de soluções potenciais com os insights que surgiram na fase anterior. Simultaneamente, as implicações comerciais dos conceitos e as considerações técnicas de sua implementação foram exploradas para garantir a eficácia sob múltiplos ângulos.[23]

As regras de *brainstorming* da IDEO também ilustram a comunicação polifônica e interativa que eles valorizam. Elas são:

1. Adie o julgamento.
2. Encoraje ideias ousadas.
3. Construa sobre as ideias dos outros.
4. Concentre-se no assunto.
5. Tenha uma conversa de cada vez.
6. Seja visual.
7. Busque a grandeza.[24]

A comunicação polifônica e não unidirecional também está associada à complexidade auto-organizadora e à geração de criatividade nas instituições. A intervenção direta de comunicação unidirecional pode minar o potencial gerador de auto-organização de um sistema complexo. O pesquisador Chris Bilton afirma:

> Uma prioridade importante para os gestores, especialmente em suas estratégias de comunicação, é assegurar que a comunicação não se torne excessivamente estratégica; é necessário um escopo para as conexões inesperadas e múltiplas redes que se estendem para fora das prioridades organizacionais imediatas.[25]

Controlar a comunicação em uma organização é prejudicial para permitir que um sistema polifônico e complexo floresça. A comunicação também precisa ser entendida como multimodal, e isso se refere ao próximo mito.

Mito 3: A comunicação é apenas uma língua falada e escrita

Esse mito é desmascarado nas regras de *brainstorming* da IDEO quando a organização diz: "Seja visual". A comunicação é a forma como expressamos e fazemos sentido, por isso o nosso pensamento e sentimento são moldados pela forma como comunicamos.[26] Se a comunicação é limitada apenas à palavra falada e escrita, o potencial para abrir o pensamento mediante outros modos expressivos como as imagens é diminuído. Representações visuais como esboços, diagramas, mapas e metáforas não são apenas outra forma de expressão, são outra forma de gerar pensamento. A comunicação e, portanto, as ideias podem ser ativadas e expressas por todos os sentidos — vendo, ouvindo, sentindo, cheirando e movendo o corpo. Abordar a comunicação de uma forma "multimodal" é explorar o visual, o sensorial e o encarnado para acessar e desenvolver diferentes formas de pensar além de falar e escrever[27] (ver referência ao trabalho da artista plástica Marina Abramović, no capítulo 5, como um exemplo de uma experiência visual, sensorial e encarnada que gera muitas ideias). A experiência imersiva que a IDEO teve na fase exploratória, no Peru, foi uma perspectiva cultural incorporada que envolveu o desenvolvimento da compreensão e das ideias ativadas por todos os sentidos (não apenas ver, mas ouvir, sentir e cheirar). Reconhecer e explorar diferentes formas de comunicação, tais como modos sensoriais e incorporados, pode revelar muitas ideias e perspectivas novas e diversas.

Na comunicação, a Semiótica é o estudo de como o significado é expresso mediante sistemas de múltiplos signos ou códigos como palavras, imagens, vídeos, números, fórmulas, canções, gestos, dança etc. A combinação de diferentes sistemas de comunicação multidisciplinares é descrita como *bricolagem* e *intertextualidade* em Semiótica. Bricolagem e intertextualidade referem-se à construção de novos significados a partir das conexões de múltiplos signos com significados passados.[28] A IDEO ilustra como as ideias são desenvolvidas por intermédio de uma abordagem interdisciplinar e multimodal na sua "fase de protótipo":

> Ao longo desse processo, designers e funcionários-cliente fora da equipe do projeto, que estavam ajudando com o texto de campo, se comunicavam

> constantemente, a fim de trazer o maior número possível de perspectivas sobre o desempenho dos protótipos. Por exemplo, um designer com experiência em operações de negócios pode ter ideias sobre como melhorar a eficiência de um protótipo. Outro designer com conhecimento em psicologia comportamental pode ver os padrões de como um protótipo afetou a dinâmica de grupo. Um funcionário-cliente que estivesse familiarizado com o comportamento normal dos clientes de uma empresa poderia estar bem posicionado para prever e observar como um protótipo pode se integrar com a operação existente.[29]

A comunicação multimodal e uma abordagem interdisciplinar abrem múltiplas possibilidades e perspectivas na capacidade de uma organização para desenvolver o pensamento e a aprendizagem. A qualidade da palavra falada e escrita, no entanto, ainda é central e altamente significativa nas relações humanas e afeta a forma como usamos a tecnologia para comunicar nas organizações.

Mito 4: A tecnologia resolve todos os problemas de comunicação

A tecnologia é um grande facilitador da comunicação para a palavra falada e escrita, e para outras formas multimodais como imagens, vídeos e *podcasts*. Sua crescente sofisticação melhora o acesso à comunicação (videoconferência que instrui a cirurgia em comunidades remotas, por exemplo, e inteligência artificial, que é capaz de responder e corrigir falhas tecnológicas), mas as qualidades humanas na comunicação moldam a qualidade e o uso ético da tecnologia. É a qualidade interpessoal de se relacionar com os outros e de relacionar ideias com os outros que, por extensão, afeta a qualidade da comunicação com a tecnologia. A maneira como pensamos e raciocinamos por meio da empatia, influência e colaboração impacta a qualidade e a natureza da comunicação com a tecnologia.[30] A primazia das qualidades humanas resolve os problemas de comunicação.

A intimidade e a inclusão na comunicação da IDEO entre pessoas influenciam a sua presença na comunicação digital.[31] Tanto na sua comunicação homem a homem, como na comunicação por meio da tecnologia, existe uma centralização na pessoa, o que facilita a ação. À medida que nos movemos cada vez mais para um mundo de inteligência artificial, as organizações terão que considerar e responder à atuação não apenas dos seres humanos, mas também das máquinas.[32] Como a comunicação pode estruturar e fortalecer a atuação humana (e possivelmente não humana) em uma organização é construída na relação integral que a comunicação tem com os outros Cs?

A comunicação e os outros Cs

Sem a atuação da comunicação, os outros Cs não podem receber ímpeto e ação. A relação entre comunicação e criatividade, reflexão crítica e colaboração é simbiótica, mas também complexa. Exploramos essa relação por meio da síntese e da sabedoria dos paradoxos. Para começar, a criatividade precisa de incerteza para permitir a liberdade de experimentar, mas também precisa da certeza da comunicação para, em última análise, "vender" ideias criativas.

Comunicação e criatividade: o paradoxo da certeza e da incerteza

A IDEO abraça a incerteza no processo criativo, pois acredita que: "Você tem de se sentir confortável em começar com uma folha de papel em branco — até mesmo apreciá-la. Você terá momentos de dúvida nos quais não terá certeza do que fazer."[33] Ao jogar com a possibilidade (e os outros aspectos iterativos da Cascata da Criatividade — ver capítulo 4), as ideias criativas vêm em fragmentos e se desenvolvem com o tempo. Criatividade é tolerar a incerteza até que você tenha a ideia certa. No entanto, no fim, como o pesquisador de criatividade Robert J. Sternberg argumenta, as ideias criativas não se vendem sozinhas, elas têm que ser vendidas com certeza e persuasão.[34] As ideias criativas perturbam o *status quo* e são geralmente vistas com suspeita e mal-entendidas, então a comunicação é usada para persuadir as pessoas da certeza da ideia certa. De acordo com Sternberg, "do ponto de vista do investimento, então, a pessoa criativa compra barato ao apresentar uma ideia que inicialmente não é valorizada e depois tentar convencer os outros do seu valor'".[35] A incerteza da criatividade precisa da certeza da comunicação persuasiva. O tipo de comunicação persuasiva que vende ideias é moldado pela relação paradoxal da comunicação com a reflexão crítica.

Comunicação e reflexão crítica: o paradoxo da persuasão e da integridade

A comunicação persuasiva é, muitas vezes, vista como a "venda difícil" de defender um tema e levar o argumento para casa. Dado que defendemos que a comunicação é mais do que uma forma (é polifônica) e deve gerar atuação, a nossa compreensão da comunicação persuasiva é informada pela reflexão crítica. Certamente, a comunicação pode ser manipuladora e enganosa, mas, na abordagem dos 4Cs, não se trata de levar as pessoas a uma nova posição ameaçando, culpando, mendigando ou persuadindo. Trata-se de persuadir mediante a credibilidade e a integridade, sendo honesto e criticamente reflexivo. Paradoxalmente, a persuasão é mais eficaz na mudança das ideias das pessoas quando se trata de um processo negociado e construído em parceria. O perito em liderança Jay Conger argumenta que a persuasão é:

> Um processo de aprender com os outros e negociar uma solução partilhada. Para isso, a persuasão consiste nestes elementos essenciais: estabelecer credibilidade, estruturar para encontrar um terreno comum, fornecer evidências vívidas e conectar-se emocionalmente. A credibilidade cresce (...) por duas fontes: conhecimento e relacionamentos. A primeira é uma função da especialidade do produto ou do processo, e o segunda é uma história de ouvir e trabalhar no melhor interesse dos outros.[36]

A reflexão crítica encoraja os persuasores mais eficazes a não terem a mente fechada ou serem dogmáticos, mas serem capazes de questionar e fazer com que outros questionem suas próprias suposições (ver o Cadinho de Reflexão Crítica, no capítulo 5). Gerar integridade e atuação por meio da comunicação depende tanto da reflexão crítica como da colaboração.

Comunicação e colaboração: o paradoxo da convergência e da divergência

A colaboração consiste em explorar a riqueza de ideias divergentes a partir de múltiplas perspectivas e partes interessadas (ver Círculos de Colaboração, no capítulo 7). Para cruzar perspectivas e colaborar em projetos de design, a IDEO, por exemplo, emprega pessoas com diversas formações em Psicologia, Negócios, Linguística, Arte e Arquitetura. Com a colaboração vem a divergência, mas a divergência, em última análise, tem de ser comunicada claramente como um conceito sintetizado e convergente. A partir da divergência de muitas ideias, um pensamento convergente ou uma visão compartilhada deve ter a capacidade de ser comunicada. A clareza de sentido e da finalidade na comunicação eficaz permite a divergência de diferentes perspectivas na colaboração. Clareza de significado e propósito e convergência na compreensão são o que também alcançamos por meio do construtor de coerência Cristal da Comunicação (Figura 7.2).

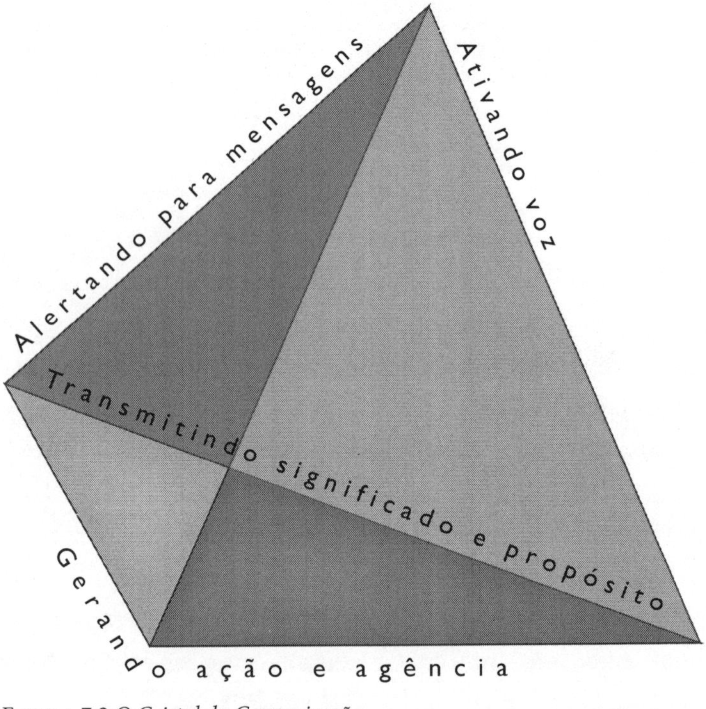

FIGURA 7.2 *O Cristal da Comunicação.*

Um processo de comunicação: o Cristal da Comunicação

Usamos a metáfora do cristal para sugerir que a comunicação é um prisma interativo por meio do qual o significado é feito entre o indivíduo em uma organização e o grupo social que é a organização. Um cristal com suas muitas superfícies também significa que a comunicação é multimodal e polifônica, e pode ser enviada e recebida de várias maneiras. Embora as organizações sejam complexas, os padrões ordenados de um cristal sugerem que a comunicação traz estrutura e clareza à forma como uma organização entende e se projeta. A comunicação está ligada à identidade, pois, por meio dela, uma organização reconstrói constantemente a sua própria realidade. Percepção e identidade são manifestadas pela comunicação e por relações profundas dentro de uma organização.[37] Embora a comunicação seja onipresente nas organizações, não é necessariamente profundamente compreendida, e seu potencial de transformação nos 4Cs não é realizado. O nosso criador de coerência Cristal da Comunicação é uma forma tangível de explorar o potencial transformador da comunicação, e tem as seguintes etapas:

- Estar alerta a mensagens;
- Ativar voz;
- Transmitir significado e propósito;
- Gerar ação e atividade.

A comunicação em qualquer modo ou representação (por meio do corpo, pela voz, visual, aural, tátil, sensorial ou mediada por tecnologia) deve ser, primeiramente, *notada* ou percebida. Perceber as mensagens não é apenas ver o *que* está sendo representado, mas *como* está sendo. O formador de coerência Cristal da Comunicação inicia com um entendimento da comunicação ao perceber e estar *atento às mensagens.*

Estar alerta para mensagens

Em vez de simplesmente estar ciente para enviar ou receber uma mensagem, estar "atento às mensagens" é um estado elevado, reflexivo e bidirecional.

Refletir é nos ver criticamente; é ser responsável pelo que dizemos e como o dizemos. Estar "atento às mensagens" é considerar como o que dizemos afeta aos outros e como recebemos as mensagens que afetam os outros. Esse estado de alerta é um estado ativo e energizado de metaconsciência, e é aprendido por meio de atenção, responsabilidade e prática.

A hiperconsciência da mensagem começa com pessoas que percebem as dimensões verbal e não verbal da linguagem oral. Estar atento aos aspectos não verbais ou paralinguísticos da comunicação é escutar atentamente e perceber e interpretar expressões vocais, gestos e linguagem corporal, proximidade entre pessoas, energia e silêncios. Desenvolver uma "atenção às mensagens" está em perceber, por exemplo, que:

- corpos de frente para os outros melhoram a comunicação do grupo;
- olhar e ouvir atentamente alguém falar melhora a mensagens de quem comunica;
- sondar o orador com perguntas e empatia melhora a escuta;
- sentar-se em um círculo cria um sentido de comunidade e igualdade;
- controlar a paralisia dos gestos e da linguagem corporal melhora a eficácia da fala;
- há maneiras pelas quais todos podem ter a oportunidade e a responsabilidade de se comunicar.[38]

Estar atento às mensagens reforça a consciência de como a comunicação está ligada à forma como organizamos e construímos conhecimento nas organizações. Por exemplo, um estado complexo de comunicação em uma organização gera colaboração, criatividade e inovação. Um estado complexo de comunicação opera na fronteira da ordem e do caos, entre estruturas organizadas e o caos da incoerência. A criatividade reside na fronteira desse limite; é aqui que surge a emergência de novas ideias. Para desenvolver uma comunicação complexa em uma organização, os colaboradores devem estar atentos a frequência, procedimentos, papéis e pressupostos da mensagem em um grupo.[39] O acadêmico Abran J. Salazar descreve evidências de comunicações complexas:

> Sempre que vemos membros do grupo mudando seus padrões de interação, seja mudando a frequência e o fluxo direcional da comunicação, usando novos procedimentos para resolver problemas ou tomar decisões, exibindo pouca ou nenhuma discussão típica dos papéis dos membros do grupo ou questionando ou suplantando suposições sobre o que conta como boa ou má informação, o grupo está mostrando evidências de operar em um estado complexo.[40]

Os membros das organizações conscientes e com prática em processos de comunicação complexos são mais capazes de colaborar, refletir criticamente e gerar criatividade e inovação. Na abordagem dos 4Cs, encorajamos os processos de comunicação que desenvolvem "reparos" e "interrupção" (semelhantemente à abordagem de pequenos dados mencionada no capítulo 5) para os rituais de rotina da comunicação. Para estar atento ou metaconsciente das percepções e perturbações que geram um estado complexo na comunicação, as seguintes questões devem ser consideradas:

- Com que frequência cada membro do grupo falou?
- Como as novas formas estão sendo usadas para analisar ideias e questões?
- Como os papéis dos membros do grupo estão moldando um fluxo e resultado típico na discussão?
- Que suposições estão sendo feitas continuamente?

Processos complexos em comunicação só podem ser desenvolvidos se os membros e líderes da organização tiverem uma consciência reflexiva para perceberem tais processos. Complexidade e reflexividade na comunicação são aparentes nas regras de *brainstorming* da IDEO: adiar o julgamento, encorajar ideias ousadas, construir sobre as ideias dos outros, buscar a grandeza. Quando os processos de comunicação são percebidos, *ativar todas as vozes* é o próximo passo no desenvolvimento da comunicação.

Ativar a voz

Ativar a voz é criar as condições positivas que permitam a todos os indivíduos expressar seus pensamentos e estarem abertos para receber o pensamento dos outros. Na nossa definição, a comunicação é a expressão da voz do indivíduo por meio de qualquer forma de mensagem. Reconhecemos a primazia do falar e da personificação, mas outras formas de comunicação — escrita, leitura, numeração e representações que são visuais, espaciais e corporais ou mediadas por instrumentos e tecnologia — são também uma expressão da voz humana e da realidade organizacional. Na abordagem dos 4Cs, todas as vozes devem ser ouvidas, apoiadas e desafiadas por meio da expressão em uma variedade de modos de comunicação.

A atuação individual e o "gênio" do grupo só podem ser realizados quando todas as vozes estiverem habilitadas. Para ativar todas as vozes, nenhuma delas pode dominar. Mediante estratégias de comunicação implementadas, as vozes dominantes podem aprender a deixar os outros se comunicarem generosamente, e os comunicadores desconfiados ou não treinados recebem apoio e espaço para encontrar as suas vozes. Existem fatores dinâmicos ambientais, individuais e de grupo que podem dificultar a capacitação da voz nas organizações. Na comunicação em grupo, os seguintes fatores[41] têm de ser abordados com estratégias de comunicação para permitir que todas as vozes sejam ouvidas:

1. Pressão de tempo (dar tempo para que as vozes se tornem confiantes e se expressem).
2. Cultura organizacional (permitir os pensamentos de tomada de riscos).
3. Fixação funcional (quebrar hábitos de pensamento).
4. Avaliar a apreensão (quebrar o medo de ser julgado).
5. Bloqueio de produção (encontrar formas de expressão para todas as vozes).
6. Estruturas de rede (quebrar padrões ritualizados de comunicação).

As *pressões de tempo* inibem a comunicação, pois não há espaço suficiente para os membros do grupo expressarem adequadamente seus pensamentos. Na comunicação em grupo, é preciso dedicar tempo para permitir que os membros manifestem seu pensamento e implementem estratégias que desenvolvam suas habilidades para colocar o pensamento em palavras ou representações. Isso pode incluir estratégias como: compartilhar primeiro em um par ou grupo; fazer *brainstorming* com notas adesivas; ser visual desenhando ou incorporando uma ideia como um "quadro" (imagem humana 3D congelada); e então compartilhar ou exibir ideias de volta para o grupo maior ("quebra-cabeça") para obter feedback. Na aprendizagem organizacional, é preciso gastar tempo desenvolvendo confiança em habilidades de comunicação eficazes que sejam autênticas e interativas.

Outro fator que afeta a comunicação são os padrões e estruturas de uma *cultura organizacional* que impedem a tomada de riscos no pensamento. A aversão ao risco pode ser notada em membros que estejam dispostos a dar apenas uma resposta "certa" ou que fiquem relutantes em resolver criativamente um problema. Uma cultura de tomada de risco valoriza o pensamento divergente e desafiador e está aberta continuamente à aprendizagem mediante os erros. Correr riscos no pensamento é abandonar a autocensura e o medo de cometer um erro. Comunicar o pensamento na esfera pública é assumir um risco e o ambiente organizacional tem de modelar e apoiar esse salto de fé para os seus membros.

A ativação da voz também pode ser limitada por fatores relacionados à *fixação funcional* individual e à *apreensão da avaliação*. Fixação funcional refere-se às formas habituais de pensar de uma pessoa em uma situação. Várias estratégias de comunicação, tais como desenhar uma imagem abstrata para explicar seu pensamento, criando um "cartão postal", ou *brainstorming* de palavras, podem ser usadas para explorar diferentes formas de permitir a voz e desenvolver o pensamento flexível e divergente em contextos organizacionais. A apreensão da avaliação é quando as pessoas se abstêm de expressar seus pensamentos por medo de serem julgadas ou vistas sob uma luz negativa. As vozes podem ser ativadas e valorizadas apenas em uma cultura positiva, e é por meio da modelação, da aprendizagem e do feedback que as competências de comunicação aberta são valorizadas e afirmadas.

Para permitir vozes individuais, a dinâmica da comunicação de grupo é navegada em termos de *bloqueio de produção* e *estruturas de rede*.

O bloqueio da produção é quando as pessoas são inibidas de se comunicar, porque alguém já está se comunicando. Simplificando, não podemos falar ao mesmo tempo e temos de esperar pela nossa vez. Isso pode levar ao bloqueio da produção, porque nem todos podem contribuir no momento certo. A estrutura de rede é o padrão de comunicação entre as pessoas. Por exemplo, uma pessoa em um grupo pode sempre liderar discussões, outra pode sempre ter a palavra final ou outra geralmente espera ser solicitada a contribuir. Essas características podem ser abordadas de forma atenta, variando as configurações, oportunidades e tipos de comunicação. Por exemplo, trabalhar individualmente on-line para um *brainstorm* ou uma discussão em grupo, ou grupos que se comunicam não verbalmente construindo imagens ou um quadro, ou pequenos grupos discutindo ideias e "decifrando" essas ideias de volta para um grupo maior. Todas essas estratégias possibilitam vozes, variando a produção e as estruturas da comunicação.

Capacitar todas as vozes leva tempo, prática e feedback, mas o "fruto" desse trabalho é o desenvolvimento de habilidades complexas na comunicação para colaborar, refletir e criar. A comunicação pode ser qualquer forma de apropriação para a criação de conhecimento e audiência. Quer se trate de um discurso, discussão, inquérito, experiência, poema, relatório, dança, diagrama, fórmula ou código, precisa ser enquadrado e entendido como um meio de comunicação e capacitação do pensamento de uma pessoa ou do pensamento do grupo ou da organização. Estar atento às mensagens é ter consciência da comunicação e permitir que a voz forneça a oportunidade de se comunicar. Consciência e capacitação permitem que os comunicadores comecem a construir e construam juntos o significado. Esses dois primeiros aspectos do Cristal de Comunicação só são eficazes se o *significado* da mensagem for transmitido com *propósito* e *controle.*

Transmitir significado e propósito

Quando uma mensagem é transmitida, tem de haver uma compreensão partilhada entre o comunicador e o seu público. A menos que a comunicação seja considerada um processo interativo, seu objetivo não é claro e o seu significado não é trocado ou integrado. Não basta ter uma oportunidade de falar e comunicar; propagar uma mensagem requer uma elaboração de habilidades para compartilhar significado com os outros. Transmitir significado e propósito requer que tanto o comunicador como o público sejam competentes e conhecedores da forma de comunicação que está sendo usada.

O tipo de comunicação escolhido tem de ser transmitido e focado por uma clara intencionalidade e propósito. Por exemplo, uma reunião eficaz pode ser atenta às mensagens e permitir as vozes de todos os participantes, mas o que é dito também deve ser significativo para o propósito do momento. A transmissão de significado é alcançada mediante o controle de um meio de comunicação específico para uma intenção e propósito específicos. Outros exemplos de como transmitir significado e propósito em um meio pode ser usar o tom de voz e as sugestões não verbais em uma conversa, ou elaborar um argumento persuasivo ao escrever, ou capturar o humor em uma fotografia, ou, ainda, conseguir clareza em um relatório. Ao comunicar com tecnologia, pode-se manipular uma narrativa por meio de imagens e edição em vídeo, ou controlar a dinâmica do ritmo e tom na música eletrônica, ou, ainda, usar a fonte apropriada para um logotipo da empresa. Transmitir significado e propósito em qualquer forma de comunicação é uma habilidade aprendida no controle da eficácia, da estética e do impacto desses diferentes modos.

Na fase de prototipagem, a IDEO teve que transmitir seus projetos como artefatos e processos tangíveis para obter feedback e para testar e refinar seus projetos frequentemente com observações em tempo real com o cliente e os usuários. Sem transmitir precisão no significado e intenção de seus projetos, eles não seriam capazes de se comunicar e receber feedback de diferentes perspectivas. A clareza e o controle estético das mensagens de design e dos meios em que estavam trabalhando significava que outros designers com diferentes origens podiam melhorar o protótipo de diversas formas. Para receber feedback e fazer observações das interações do cliente com os protótipos, os designers da IDEO voltam a estar *atentos às mensagens* e *à ativação da voz*. Tal como acontece com todos os nossos formadores de coerência, o Cristal da Comunicação é iterativo e recursivo em seus processos. Ao manipular o meio e a estética da comunicação, as organizações podem controlar o significado e a finalidade das mensagens para, depois, *gerar ação* e *atuação* como o último passo do Cristal da Comunicação.

Gerando ação e atuação

A comunicação, em nossa opinião, é um processo dinâmico que produz ação e atuação, em vez de desempoderamento e conformidade. A comunicação em um Estado totalitário orwelliano é uma transmissão para manter o controle social e individual por meio da restrição e supressão. Na abordagem dos 4Cs, a comunicação é uma interação social que cria ativamente relações, atividade social e empoderamento.[42] A comunicação é mais do que refletir ou representar uma ideia, é um fenômeno interativo que é fundamentalmente humanizador e permite criar pensamento, razão e identidade.[43] A verdadeira comunicação centrada no ser humano gera ação e atuação.

Ação e atuação são evidentes nos objetivos dos valores fundamentais da IDEO: ser otimista, assumir o controle, falar menos, fazer mais e tornar os outros bem-sucedidos. Seu objetivo de gerar ação e atuação mediante seu pensamento e comunicação de design foi capturado quando o sócio da IDEO, Diego Rodriguez, disse: "Todos nós temos uma história diferente, então é realmente importante entender o que está acontecendo na vida de alguém e como sua solução de design pode mudar isso para melhor."[44] A Cineplanet, parceiro-cliente, antecipou a atuação que ganharia com a IDEO; ela viu que era o começo não apenas de novas ideias, mas uma profunda mudança organizacional e cultural. A ação e a atuação geradas pela comunicação envolveriam deslocar a empresa de uma organização que se destacasse nas operações de negócios para uma que focasse mais as necessidades e desejos dos clientes, transformando, assim, sua dinâmica e sua cultura.

Paulo Freire[45] argumenta que a comunicação sustenta profundamente o empoderamento e o sentido existencial de ser de um indivíduo. A comunicação é uma força potencialmente transformadora e humanizadora, deve ser tratada como um diálogo de engajamento e participação, e é um ato ético de cocriação entre as pessoas. Se a comunicação não for mediada pela confiança, humildade e pela reflexão crítica, a voz e a identidade humanas são suprimidas e a cultura organizacional não será definida por indivíduos capacitados. Demasiadas vezes, as pessoas são ignoradas, tratadas de forma abrupta, não lhes é atribuída responsabilidade e lhes é dito o que fazer. Todas essas ações minam a confiança e a fé nos outros e representam uma falta de comunicação verdadeira.

Práxis é um termo para descrever como a prática, o diálogo e a reflexão podem trabalhar juntos para informar e gerar nossas ações. No espírito da práxis, a comunicação gera ação e atuação somente quando infundida com reflexão crítica e prática colaborativa. Comunicação como ação e atuação não deve ser uma forma de dominação e opressão, mas, por intermédio da práxis, deve ser um meio ponderado para enfrentar o mundo e desafiá-lo.[46] Ação e atuação significam envolver-se com o mundo de forma crítica e compassiva e ver os outros e a nós mesmos como seres complexos lutando por significado e propósito. A comunicação é um canal para gerar ação e atuação individuais, mas precisa ser enquadrada de forma sensata, ética e moral. A forma como nos comunicamos depende de escolhas éticas. Segundo Milton N. Campos[47], a comunicação é ética, pois constrói e molda como amamos, entendemos, cooperamos, odiamos, guerreamos e destruímos. A comunicação deve ser concebida como um diálogo que pode construir e destruir as relações de poder e gerar novas formas de pensar, ser e relacionar-se com os outros. É mediante esse tipo de comunicação que as organizações podem agir socialmente e transformar-se.

Habilidades de aprendizagem e compreensão em comunicação foram encontradas para: melhorar os processos e a vida organizacional; abordar as preocupações no século XXI; ajudar a melhorar a empresa educacional; desenvolver toda pessoa; incentivar a ser um participante responsável no mundo, social e culturalmente; e ajudar os indivíduos a ter sucesso em suas carreiras e nos negócios.[48] Tais ideias indicam como a comunicação é uma competência essencial para as organizações responderem aos desafios do século XXI.

A comunicação começa com:

- *Estar atento às mensagens* — estar hiperconsciente de que é possível afetar os outros pelo que dizemos, como dizemos e como recebemos essas mensagens.
- *Capacitar a voz* — criar oportunidades e capacidades para que todas as vozes sejam expressas.

- *Transmitir significado e propósito* — elaborar habilidades de comunicação para que as mensagens tenham clareza como interpretação compartilhada e intenção entre as pessoas.
- *Gerar ação e atuação* — interagir por meio da comunicação como uma dinâmica para potencializar a eficácia das relações, do conhecimento e da atividade.

Começando: construindo a comunicação nas organizações

Construir uma verdadeira comunicação requer que uma organização faça as seguintes grandes perguntas.

Como é a comunicação por meio dos 4Cs em sua organização:

1. Ativa e atuante.
   Como a comunicação das organizações gera ação e atuação?
2. Central.
   Como a comunicação por meio dos 4Cs pode estar no centro da realidade da organização?
3. Multimodal.
   Que tipos de comunicação multimodal são utilizados para a geração de ideias na organização?
4. Conectada.
   Como a comunicação está ligada à criatividade, à reflexão crítica e à colaboração na organização?
5. Aplicada.
   Onde e quando pode ser implementado e sustentado o formador de coerência Cristal da Comunicação para gerar ação e atuação?

O próximo capítulo explora como a colaboração alimenta a comunicação, a criatividade e a reflexão crítica em uma organização.

8
Colaboração

Um agente comunitário de saúde visitou a casa de uma paciente em um conjunto habitacional em East Baltimore, Maryland, quatro vezes antes de conseguir fazer contato. A paciente precisava de uma cirurgia de tireoide, mas não continuaria com seu tratamento médico, pois tinha medo e desconfiança dos médicos do sexo masculino e da instituição médica na qual recebia seu tratamento. A profissional de saúde visitante era de uma organização de base, ligada à comunidade, chamada Sisters Together and Reaching (Irmãs Juntas e Alcançando). Essa organização era parceira do Johns Hopkins Community Health Partnership e tinha um modelo inovador de cuidados colaborativos centrados no paciente por meio de equipes multidisciplinares. A história da agente comunitária de saúde e da paciente

FIGURA 8.1 *A colaboração pode destruir silos de conhecimento e experiência.*

de East Baltimore[1] abre este capítulo para explicar como a colaboração e a transformação podem quebrar "silos" de fornecimento e conhecimento para lidar com questões complexas. Vamos também ilustrar como as etapas do formador de coerência o Círculo da Colaboração é evidente na história.

Um estudo de caso em colaboração: o Johns Hopkins Community Health Partnership[2]

Ao visitar a casa da paciente, a agente comunitária de saúde observou que havia vários cabos elétricos correndo pelo lugar e saindo pela janela. Ela explicou à paciente que representava um risco de incêndio ter tantos cabos de extensão conectados a uma única tomada dentro de sua casa. Acontece que apenas uma das tomadas elétricas estava funcionando, e a vizinha tinha permitido que ela colocasse um cabo de extensão para manter sua geladeira e seu fogão funcionando. A profissional de saúde perguntou se a doente podia coconstruir com ela uma "barreira à avaliação de cuidados", e a paciente concordou.

No nosso construtor de coerência, esse acordo para colaborar e construir um esforço partilhado começa com o processo de *oferecer* e *ceder*. Nas "barreiras à avaliação de cuidados de saúde", a doente e a profissional de saúde analisaram as metas e os objetivos da paciente — um dos quais era a resolução dos problemas elétricos. A agente de saúde conseguiu marcar uma consulta com a Autoridade de Habitação no prazo de duas semanas, não apenas para resolver essa questão, mas também para lidar com outros consertos na casa. Ela também realocou a paciente com uma médica, já que ela não queria ser atendida por homens, e agendou a cirurgia de tireoide necessária. A revisão das "barreiras à avaliação de cuidados" com a paciente e os passos dados a partir desse momento resultaram da colaboração com a doente e com os prestadores de cuidados de saúde e de assistência social parceiros no Johns Hopkins Community Health Partnership (J-CHIP). Essas etapas envolveram enfrentar e resolver todas as questões interligadas que anteriormente haviam impedido a paciente de obter assistência médica.

Antes do J-CHIP, as questões que ela enfrentava não eram relacionadas pelos serviços de saúde e assistência social, eram separadas e isoladas umas das outras. No nosso formador de coerência, o processo colaborativo de abordar e desenvolver rigorosamente as questões interligadas é *desafiador*, sempre *avaliando* e *ampliando*. O objetivo final de uma colaboração é uma construção combinada de ideias e ações que gera conexões contínuas. Em nossos Círculos da Colaboração, a coerência faz *avançar* as *coconstruções* e as *conexões*. Na história da paciente de East Baltimore, uma vez que seus cuidados de saúde, moradia e outros determinantes sociais da saúde foram abordados, ela teve mais tempo para se concentrar em outros objetivos em sua vida, e já se formou na escola como Assistente Médica Certificada.

Esta história é um exemplo de como a iniciativa do Johns Hopkins Community Health Partnership (J-CHIP) transformou a prestação de cuidados de saúde e os resultados mediante a prática colaborativa. A colaboração neste exemplo aconteceu em vários níveis, dentre os quais:

- a paciente e a agente comunitária de saúde;
- a agente comunitária de saúde e os profissionais de saúde médica;
- as organizações comunitárias, os provedores de saúde e as necessidades sociais da comunidade.

Neste capítulo, o estudo de caso do Johns Hopkins Community Health Partnership irá demonstrar não apenas os poderosos benefícios, mas também os desafios da colaboração. Ele revela como as estruturas nas organizações devem ser desenvolvidas para parcerias e como existem processos para colaborar verdadeiramente. Essa cooperação do setor de saúde destaca como os processos colaborativos podem se tornar o motor que impulsiona a inovação e a transformação. Como, então, o Johns Hopkins Community Health Partnership "catalisou a verdadeira transformação da entrega por meio de uma colaboração genuína"?[3]

O Johns Hopkins Medicine (JHM) é uma empresa de saúde integrada entre a Johns Hopkins University School e o Johns Hopkins Health System (que inclui o Johns Hopkins Hospital). JHM tinha um relacionamento historicamente tenso com os moradores da cidade de East Baltimore e, durante décadas, esses 200 mil habitantes experimentaram uma relação ambivalente e, muitas vezes, problemática com o Johns Hopkins Health System. A comunidade de East Baltimore tem doenças sociais, crônicas e desafios econômicos significativos, e uma expectativa de vida de até 20 anos a menos do que nas comunidades mais ricas de Baltimore. O JHM reconheceu que tinha um relacionamento ruim com essa comunidade urbana e percebeu que a cultura de "silos" do setor de serviços de saúde necessitava mudar para melhor atender às complexas necessidades sociais e de saúde dos moradores da região. O JHM percebeu que precisava inovar na prestação de cuidados de saúde com essa comunidade e desenvolveu o Johns Hopkins Community Health Partnership (J-CHiP), um novo programa de cuidados centrado no paciente, que criou uma colaboração de serviços nas casas destes, nas clínicas comunitárias, nos hospitais de cuidados intensivos, nos departamentos de emergência e nas instalações de enfermagem especializadas.

O JHM percebeu que só poderia melhorar os resultados se os cuidados clínicos e os determinantes sociais da saúde (tais como habitação, trabalho, desemprego, alimentação, apoio social, expectativa de vida precoce, transporte, dependência etc.) fossem abordados em conjunto. A parceria combinou a intervenção de cuidados comunitários e multidisciplinares com o prestador de cuidados primários dos pacientes. Dessa forma, a integração da prestação de cuidados de saúde foi um afastamento radical da abordagem de "negócio tradicional" isolada em relação aos cuidados de saúde.

No entanto, o Johns Hopkins Community Health Partnership não foi apenas uma integração de serviços sociais e de saúde complexos, mas também significou alcançar um melhor envolvimento com os pacientes e uma maior participação da comunidade por intermédio da compreensão do contexto local, das necessidades do bairro e do estabelecimento de verdadeiras parcerias e confiança com a comunidade. Isso foi feito de várias maneiras, e começou envolvendo duas organizações sem fins lucrativos de base comunitária que trabalharam em longo prazo com a comunidade; a Sisters Together and Reaching, e a Men and Families Center (Centro de Homens e Famílias).

A Sisters Together and Reaching é uma organização sem fins lucrativos com 25 anos de experiência no fornecimento de gestão direta de casos, educação de saúde comunitária e serviços de apoio a comunidades afetadas pelo HIV e comunidades minoritárias de baixa renda que lutam contra doenças crônicas. Essa organização procura capacitar as comunidades a fazerem escolhas de estilo de vida saudáveis. A Men and Families Center é um centro comunitário sem fins lucrativos com mais de dezessete anos de experiência no fornecimento de serviços de apoio, tais como desenvolver a parentalidade e as habilidades para a vida, encontrar emprego e moradia e acessar serviços clínicos. O envolvimento com parcerias como essas foi mais do que integrar serviços sociais e de saúde; foi também o início da construção de relações mais fortes e engajadas com a comunidade.

O principal objetivo do Johns Hopkins Community Health Partnership era alargar o envolvimento com a comunidade e desenvolver uma abordagem inclusiva e baseada em equipes que, em última análise, promovesse o envolvimento dos pacientes e resultados sociais e de saúde mais sustentáveis. A prestação de cuidados foi transformada por meio de uma verdadeira colaboração com os doentes, as suas comunidades e os serviços de saúde. O J-CHiP facilitou estruturas de colaboração e integração, mas também percebeu que a colaboração é um processo humano facilitado por relações, diálogos e ações particulares. A cooperação não é simplesmente uma questão de reunir as pessoas e trabalhar em conjunto. Então, o que é a colaboração?

Definindo a verdadeira colaboração

A verdadeira colaboração não significa pessoas cooperando, compartilhando ideias e trabalhando juntas. Nós argumentamos que ela é a mutualidade benéfica de uma visão compartilhada, e o motor para a atuação, criatividade, emergência e inovação. Se a colaboração é explicada como um "assunto da mente",[4] então "ser um jogador do time" ou "ser cooperativo" não define colaboração. Ela, como um "assunto da mente", sugere que é uma intensa sinergia de ideias, objetivos, confiança e relações entre as pessoas.

Contudo, a colaboração leva à coconstrução de algo que evolui a partir da interdependência e reciprocidade da influência de todos. Todos em um processo colaborativo têm um papel a desempenhar, e nesse papel devem se sentir iguais e capacitados para realizar uma visão compartilhada e coconstruída. Seu princípio é a mutualidade benéfica que se expande para além do eu ou da entidade única.

Uma premissa da abordagem dos 4Cs para a transformação organizacional é que, mediante a cooperação, os seres humanos tornam seus "eus mais plenos", e as organizações alcançam seu "potencial mais pleno". Foi por meio da mutualidade da verdadeira colaboração e parcerias que o Johns Hopkins Medicine, como organização, expandiu o seu potencial. Os pacientes, como indivíduos, foram capazes de se tornarem mais plenos na colaboração com os parceiros do sistema de saúde. A estudiosa da criatividade Vera John-Steiner afirma que, "Por meio da colaboração, podemos transcender as restrições da biologia, do tempo, do hábito, e alcançar um eu mais pleno, para além das limitações e dos talentos do eu isolado".[5]

Para alcançar a reciprocidade benéfica da colaboração, porém, é necessária a navegação de dinâmicas complexas na comunicação e nas relações. Este capítulo é sobre essas dinâmicas. Trata-se de como o indivíduo — o eu individual ou o eu entidade — se desenvolve, aprende e realiza fundamentalmente o seu potencial mediante as oscilações da colaboração. Sintetizamos esses processos e dinâmicas em um formador de coerência: Círculos da Colaboração. Trata-se de uma estrutura de apoio, ou andaime, para enquadrar como a colaboração pode ser compreendida, aprendida e facilitada.

A colaboração não é nova, ela tem estado no coração do desenvolvimento humano desde o encontro de mentes nas ágoras (locais de encontro) da Grécia Antiga até às comunidades on-line com as quais estamos mais familiarizados. Como discutido no capítulo 5, é um mito que haja um único gênio criativo que impulsiona o desenvolvimento humano. É antes o gênio da cooperação que permite o crescimento pessoal e o florescimento das civilizações humanas. Então, por que a colaboração em organizações como o Johns Hopkins Medicine é tão inovadora? Por que a colaboração não é uma prática comum? Por que mais organizações não adotam a colaboração? Para abordar essas questões, precisamos considerar alguns mitos em torno dela para entender por que é mal compreendida e por que muitas organizações a consideram desafiadora e contracultural em relação às formas estabelecidas de se operar.

Ideias míticas sobre colaboração

Certas mitologias e suposições têm interpretado mal o que é realmente a colaboração. O primeiro mito é que o trabalho em "colaboração" nunca é realmente partilhado, e que alguém ou algum grupo acaba fazendo tudo.

Mito 1: Uma pessoa (ou grupo) acaba fazendo todo o trabalho

Esse mito é um comentário descartável que revela uma falta de compreensão e de capacidade de colaboração. A colaboração é um processo aprendido e, quando não é compreendida, aprendida ou praticada, fragmenta-se e não cria um todo. Quando o "trabalho em equipe" está fragmentado, normalmente uma pessoa tenta pegá-lo para tentar fazer um todo. Daí o comentário, "uma pessoa acaba por fazer todo o trabalho de qualquer maneira".

Grupos e parcerias que lutam com a colaboração exibem as seguintes características, segundo o psicólogo organizacional Paul Paulus:[6]

1. Ansiosos sociais (indivíduos com muito medo de apresentar ideias ao grupo).
2. Folgados/parasitas (indivíduos preguiçosos que permitem que outros façam o trabalho).
3. Iludidos com a produtividade (indivíduos que pensam que estão trabalhando, mas não estão sendo produtivos para o objetivo do grupo).
4. Bloqueadores (indivíduos que têm todas as "melhores ideias" e bloqueiam as dos outros).

5. Comportamentos irrelevantes para a tarefa (indivíduos fora da tarefa, incapazes de se concentrar no objetivo do grupo).
6. Questões de carga cognitiva (indivíduos que não lidam com todo o trabalho necessário no objetivo colaborativo do grupo).

Esses grupos sofrem de inibições sociais (dificuldades em se comunicar eficazmente com os outros) e de interferência cognitiva (dificuldades em focar e gerir o que é necessário alcançar). Os indivíduos podem aprender a superar esses obstáculos aprendendo a colaborar.

Mito 2: Nem todos podem colaborar

No Projeto Aristóteles (assim chamado como um tributo à citação de Aristóteles, "o todo é maior que a soma de suas partes"), o Google passou dois anos estudando 180 equipes para encontrar um "algoritmo" para a equipe perfeita. O que descobriu é que não há fórmula para o time perfeito. A pesquisa descobriu que "o que realmente importava menos era saber quem estava na equipe e mais sobre a forma como cada membro trabalhava em conjunto".[7] Na sua organização, o Google descobriu que as colaborações bem-sucedidas partilhavam cinco dinâmicas:

1. Segurança psicológica: os membros da equipe se sentem seguros para correr riscos e serem vulneráveis na frente uns dos outros.
2. Confiança: os membros da equipe fazem as coisas a tempo e cumprem o alto padrão do Google de excelência.
3. Estrutura e clareza: os membros da equipe têm papéis, planos e metas claros.
4. Significado: o trabalho é pessoalmente importante para os membros da equipe.
5. Impacto: os membros da equipe acham que seu trabalho é importante e cria mudanças.[8]

Essas dinâmicas de colaboração podem ser aprendidas caso as estruturas, os processos e a linguagem destes sejam explicitados e praticados.

Todos têm a capacidade de colher os benefícios da colaboração se souberem como. Cada indivíduo aprende em velocidade diferente, mas a capacidade inata de cooperação existe para ser desenvolvida em todos. Começa desde aprender a brincar com os outros quando criança até aprender com os outros quando adultos. Como brincadeiras na infância, a colaboração é um processo emocional e intelectual para esticar nossas capacidades. Ela vai além das restrições biológicas do individualismo independente para desenvolver e aprofundar nossa capacidade por intermédio da psicologia das interações sociais. Nossas limitações como indivíduos (ou entidades individuais) são superadas por meio da colaboração, ampliando, aprimorando, refinando e desafiando nossa visão e nossos propósitos individuais. Na Roda da Eficácia Organizacional (ver capítulo 3), a colaboração é uma capacidade que facilita uma aprendizagem mais eficaz. Quanto melhor colaborar, melhor aprenderá. A verdadeira colaboração expande as fronteiras de aprendizagem do eu individual e as fronteiras de aprendizagem do potencial de uma organização. Todos podem colaborar se souberem como ou se quiserem aprender a realizar o seu potencial mediante a colaboração.

Mito 3: A colaboração toma muito tempo

A colaboração leva tempo para montar e aprender, mas o investimento de tempo tem um enorme retorno, que são novas formas de pensar (conceitualizações) e novas formas de fazer (processo). A colaboração, como os outros Cs (criatividade, reflexão crítica e comunicação) caem no paradoxo da produtividade ou no enigma da "roda dos ratos". O paradoxo da produtividade é que não temos tempo para colaborar, porque estamos "muito ocupados para sermos produtivos". É muito difícil sair da roda dos ratos, dos problemas e da pressão, para se envolver com a cooperação. No entanto, ganhar tempo para uma colaboração eficaz e proposital aumenta a produtividade, a inovação e a transformação.[9] Reflexão e colaboração são algumas vezes abordadas em sessões anuais de pensamento estratégico, mas normalmente não se infiltram no tecido operacional das organizações. As questões urgentes do dia a dia continuam fazendo girar a roda dos ratos ocupada apenas em executar o trabalho.

Sempre existem demandas que concorrem com o tempo nas organizações, mas o tempo é amorfo e só ganha forma pelo que é valorizado, priorizado e adotado. Para o Johns Hopkins Medicine, a prestação de serviços de saúde é ocupada e urgente, mas eles deram tempo, recursos e aprenderam a refletir e colaborar na busca de resultados melhores e mais sustentáveis para a comunidade de East Baltimore. O JHM sabia que seria necessário um enorme esforço e planejamento para alcançar a transformação em um sistema de entrega que historicamente não tinha enfatizado e desenvolvido: a colaboração entre silos. Eles reconheceram que a colaboração era uma tarefa assustadora, pois o J-CHiP tinha tanto a ver com transformação cultural quanto com a transformação estrutural. Para atingir os seus ambiciosos objetivos, a Johns Hopkins Community Health Partnership:

> Procurou alavancar os esforços existentes e, ao mesmo tempo, construir uma infraestrutura adicional para conectar ainda mais as entidades colaboradoras e impulsionar o tipo de transformação cultural que seria necessária para o sucesso. Cada desafio exigiu pensamento significativo, delineamento de escolhas/opções, construção de equipes de partes interessadas não tipicamente envolvidas no planejamento, determinação de cronogramas realistas para que a implementação pudesse atender aos requisitos de desenvolvimento e relatórios e a capacidade de adaptação a obstáculos logísticos imprevistos dentro dessas complexas dinâmicas sociais e organizacionais.[10]

A colaboração não é um meio em si mesmo para uma maior produtividade, sustentabilidade ou transformação cultural. Ela é eficaz apenas quando seu propósito é claro e adequado para o que se destina. É mediante a clareza de objetivos no esforço partilhado (descrito pelo Google como "estrutura, significado e impacto") que a colaboração pode gerar transformação cultural. Tem de existir precisão e um porquê no que a colaboração está a coconstruir. Para o Johns Hopkins Community Health Partnership, o objetivo era "melhorar os cuidados clínicos dentro e entre contextos, abordar os determinantes não clínicos da saúde e, em última análise, melhorar a utilização e os custos dos cuidados de saúde".[11] A verdadeira colaboração deve ser produtiva; caso contrário, torna-se mais uma "roda dos ratos" de ineficiência, imprecisão e estresse.[12]

Estruturas, tecnologia e espaço físico têm papéis no apoio à alavancagem da colaboração produtiva. As parcerias de colaboração digital entre organizações podem compartilhar e integrar *big data* para criar novas possibilidades em precisão, eficiência e expertise, levando à inovação e ao crescimento.[13] O Johns Hopkins Medicine continua a desenvolver soluções tecnológicas que recolhem e avaliam dados e processos para construir modelos sustentáveis de cuidados em longo prazo. No entanto, a tecnologia, as estruturas e o espaço físico são apenas facilitadores para a colaboração, eles, em si mesmos, não criam uma colaboração produtiva. Como o Google descobriu, membros da equipe que estão sentados juntos no mesmo espaço físico não estão significativamente conectados com a eficácia da equipe; isso é apenas um facilitador para a colaboração. Para que os facilitadores estruturais, físicos e digitais tenham efeito, é ainda a dinâmica humana de colaboração que tem de ser compreendida e praticada.

Mito 4: Consenso elevado e cooperação são colaboração

Os termos "verdadeira colaboração", "colaboração genuína" ou "colaboração produtiva" já foram mencionados neste capítulo. Em capítulos anteriores, referimo-nos à "verdadeira comunicação", mas não à "verdadeira criatividade" ou à "verdadeira reflexão crítica". Criatividade e reflexão crítica (conforme discutido nos capítulos 5 e 6) são frequentemente entendidas como conceitos que são difíceis ou fora do alcance. Isso apresenta problemas de criatividade e reflexão crítica, pois muitas pessoas sentem que são desconhecidas e intangíveis. O problema com a colaboração e a comunicação é que as pessoas pensam que entendem esses conceitos, mas realmente não compreendem completamente o que são. Por isso, temos de atribuir "verdadeiro" ao que eles realmente são. Por exemplo, a colaboração é, muitas vezes, confundida com consenso e cooperação, que são capacidades válidas em determinadas configurações, mas não são colaboração.

O consenso elevado no ambiente de trabalho de uma organização parece sugerir uma cultura colaborativa, mas o consenso elevado pode ser um ambiente negativo que atenua a colaboração. Comportamentos de consenso elevado podem significar que as ideias e decisões são sempre negociadas e comprometidas para "estabilizar o barco", em vez de "balançar o barco". O consenso elevado cria um clima em que as ideias não podem ser "deixadas de lado". Para a colaboração, o consenso elevado é tão problemático quanto a baixa confiança. A baixa confiança é indicativa de uma cultura restritiva, crítica e de baixo risco. Os pontos de vista divergentes e as ideias "ousadas", únicas, essenciais para as ricas possibilidades de colaboração, não podem florescer em um ambiente desse tipo. Por outro lado, altos níveis de consenso sugerem um clima organizacional harmonioso e coeso, mas também não geram ideias "ousadas", únicas.[14] Tais organizações fomentam dinâmicas de grupo que primariamente mantêm a harmonia grupal, mas uma consequência disso é cair na armadilha do consenso prematuro e da autocensura. As diferenças de opinião não são contestadas e perde-se o potencial de reflexão crítica e de geração de novas ideias. Um clima de colaboração não é servido por culturas de baixa confiança ou consenso elevado, pois nenhum dos dois incentiva o pensamento honesto, crítico e original. O Google refere-se a esse clima comportamental de elevada confiança e o assumir riscos para a colaboração como "segurança psicológica".

> A segurança psicológica refere-se à percepção do indivíduo sobre as consequências de assumir um risco interpessoal ou a crença de que uma equipe está segura para assumir riscos diante de ser vista como ignorante, incompetente, negativa ou disruptiva. Em uma equipe com elevada segurança psicológica, os colegas se sentem seguros para assumir riscos em torno dos membros da equipe. Eles sentem-se confiantes de que ninguém na equipe irá envergonhar ou punir qualquer outra pessoa por admitir um erro, fazer uma pergunta ou oferecer uma nova ideia.[15]

A colaboração deve ter um clima de segurança psicológica que permita a dinâmica da tomada de perspectiva e o desafio de realizar o "gênio" de muitos em um grupo ou parceria. A tomada de decisões baseada no consenso não promove essa dinâmica. No entanto, o consenso é vital para a diplomacia e, por vezes, para a sobrevivência política. Embora a harmonia e os compromissos sejam necessários em certos contextos, eles não são a dinâmica da colaboração. A cooperação pode fazer parte da colaboração, mas por si só não é colaboração. Os estudiosos de psicologia e educação, Seana Moran e Vera John-Steiner,[16] explicam a colaboração como o ponto alto de um gradiente que vai desde a interação social à cooperação, do trabalho em conjunto à colaboração:

> A interação social envolve duas ou mais pessoas falando ou em troca, a cooperação acrescenta a limitação do objetivo comum, e o trabalho em conjunto proporciona frequentemente a coordenação de esforços. Porém, a colaboração envolve a complexa mistura de habilidades, temperamentos, esforços e, às vezes, personalidades para realizar uma visão compartilhada de algo novo e útil.[17]

A cooperação consiste em partilhar e acordar em fazer parte de um objetivo comum, mas exige uma interdependência de todas as partes para coconstruir um esforço comum. O benefício da colaboração, em oposição à cooperação, é o poder de gerar criatividade, inovação e transformação.

Mito 5: Expertise e crescimento são perdidos por causa da colaboração

Como uma coconstrução entre indivíduos e entidades, a colaboração significa quebrar as fronteiras entre as pessoas e os "silos de expertise". O receio de quebrar essas fronteiras em silos é que a experiência profunda seja diluída ou mesmo perdida, apoiando o aforismo "um camelo é um cavalo concebido por um comitê". Nós já argumentamos que a colaboração é genuína e produtiva apenas quando há clareza de propósito. Ela não se baseia no consenso, mas na emergência das melhores ideias mediante o processo de coconstrução e estabelecimento de novas conexões. Por meio de esforço compartilhado, a colaboração pode maximizar o potencial da experiência em todos os "silos" para alcançar resultados mais eficazes e mais personalizados para questões mais amplas e complexas.

No livro, *Smart Collaboration: How Professionals and their Firms Succeed in Breaking Down Silos* (Colaboração inteligente: Como os Profissionais e seus Escritórios Têm Sucesso na Quebra de Silos [2016]), Heidi K. Gardner argumenta que a tendência global de especialização em escritórios de advocacia, por exemplo, não resolve os problemas cada vez mais complexos dos clientes. As dificuldades de trabalhar, em todo o mundo, com múltiplos e diversos clientes, reguladores, concorrentes, funcionários, acionistas e comunidades locais exigem uma abordagem mais colaborativa. Este comentário de Jennifer Daniel, a diretora jurídica da Colgate-Palmolive, em entrevista à Harvard Law School, afirma:[18]

> Posso dizer-lhe que quase todas as questões jurídicas importantes com que me deparei têm natureza multifacetada. É raro ter um problema que tenha apenas uma dimensão. Resolver essas questões complexas exige que os advogados trabalhem em conjunto... A realidade é que a natureza do negócio mudou o suficiente para que o trabalho seja mais complexo, mais disperso e mais global. Como resultado, muitas vezes não estamos procurando o conselho de apenas um advogado com um conjunto de conhecimentos especializados. Procuro o aconselhamento de muitos advogados em diversas jurisdições e questões. Isso dá um grande valor à colaboração.

Gardner argumenta que a colaboração resolve problemas mais complexos e dá às organizações maior sucesso com estratégia, sustentabilidade, inovação e rentabilidade. Ela mostra que escritórios de advocacia, por exemplo, que usam múltiplas áreas de prática mediante a colaboração geram muitas vezes mais receitas.[19]

Não ter colaboração e manter silos de expertise podem ter efeitos negativos, como Gillian Tett[20] argumenta em *The Silo Effect: The Peril of Expertise and the Promise of Breaking Down Barriers* (O efeito silo: o perigo da experiência e a promessa de quebrar as barreiras). Sobre a crise financeira global de 2008, observou ela:

> Para todos os lugares em que eu olhei, na crise financeira, parecia que a visão do túnel e o tribalismo tinham contribuído para o desastre. As pessoas ficaram presas dentro de seus pequenos departamentos especializados, grupos sociais, equipes ou bolsões de conhecimento. Ou, pode dizer-se, dentro dos seus silos.[21]

A verdadeira colaboração explora uma diversidade de conhecimentos, disciplinas e perspectivas, e a partir dessa diversidade, emerge uma maneira diferente de olhar para as coisas que quebram silos. O Johns Hopkins Community Partnership, por exemplo, tinha como objetivo promover uma cultura de colaboração baseada em equipe em todos os ambientes de saúde para ver as coisas de forma diferente por meio de múltiplas lentes. Uma abordagem colaborativa mais eficaz satisfez as necessidades de saúde dos doentes e, como consequência, os silos nos cuidados de saúde foram destruídos. A potencialização de novos pensamentos, a resolução de problemas e a melhor comunicação por meio da colaboração demonstram, mais uma vez, as conexões integrais entre os 4Cs.

Colaboração e os outros Cs

Embora os 4Cs estejam integralmente ligados entre si, seus relacionamentos revelam uma tensão produtiva. A tensão produtiva é uma dinâmica que dá, ao mesmo tempo, atrito e impulso a algo. Por exemplo, os atritos ou obstáculos que parecem impedir que uma história avance, os "momentos de suspense", paradoxalmente são as tensões que a impulsionam. Usamos a tensão do paradoxo para explorar as complexas, mas simbióticas, inter-relações intrinsecamente interdependentes entre os 4Cs. É por meio do paradoxo que compreendemos melhor a dinâmica das relações. A colaboração e a criatividade, por exemplo, podem ser exploradas mediante uma tensão entre divergência e emergência.

Colaboração e criatividade: o paradoxo da divergência e da emergência

A colaboração enriquece o conhecimento e o crescimento mediante os pontos de vista divergentes trazidos pelos indivíduos (ou entidades) ao grupo (ou parcerias). O paradoxo é que, com a verdadeira colaboração, a diversidade de ideias e perspectivas, mais do que causar conflitos, leva ao processo criativo de emergência. Emergência é o fenômeno de algo que emerge da interação dos componentes divergentes em um sistema complexo. Na emergência colaborativa, as ideias fluem e emergem imprevisivelmente das sucessivas contribuições individuais dos participantes em um grupo ou parceria.

A dissonância, ou diferença, no pensamento expresso em um grupo de pessoas leva a algo novo. Keith Sawyer, psicólogo e especialista em inovação, explica:

> Quando colaboramos, a criatividade se desenvolve por causa das pessoas; as faíscas voam mais rápido e o todo é maior do que a soma de suas partes. A colaboração impulsiona a criatividade porque a inovação emerge sempre de uma série de faíscas — nunca de um único flash de insight.[22]

A colaboração desperta a criatividade e a curiosidade mediante a fertilização cruzada da divergência e da adoção de diferentes perspectivas.[23] Aumenta também a motivação no grupo e a tomada de riscos ao "espalhar o risco" para inovar[24], e a razão disso aparece no paradoxo seguinte: força versus vulnerabilidade.

Colaboração e reflexão crítica: o paradoxo da vulnerabilidade e da força

Ser vulnerável na colaboração (e discutivelmente em muitas coisas, como argumenta a pesquisadora do trabalho social Brene Brown[25]) não é uma fraqueza. A colaboração funciona apenas se houver confiança relacional para correr riscos e abertura para testar suas próprias ideias e as dos outros. Estar aberto assim é uma forma de vulnerabilidade. Vulnerabilidade significa tolerar e aceitar a incerteza, o risco e a exposição emocional. É preciso reflexão crítica e consciência de nossa própria vulnerabilidade e da dos outros para nos permitir abraçar a incerteza e o risco de trabalhar com outras pessoas.

Sem sermos vulneráveis, refletindo criticamente e contestando as nossas próprias ideias e as dos outros, não podemos verdadeiramente colaborar. A vulnerabilidade do eu criticamente reflexivo, necessária para a colaboração e geração de novas ideias, é um risco mitigado pela força dos números na colaboração. Novas ideias são menos arriscadas na colaboração quando o risco é compartilhado por outros. Os números em um grupo ou parceria provocam empoderamento, mas, ao mesmo tempo, a colaboração requer vulnerabilidade para esse empoderamento.

Colaboração e comunicação: o paradoxo da diversidade e de uma linguagem comum

Todos os participantes ou parceiros em colaboração têm de expressar ou comunicar as suas ideias e perspectivas. A diversidade de diferentes perspectivas é o que dá ao encontro de entidades individuais o "gênio" da colaboração. O paradoxo é que a diferença entre as vozes individuais tem de ser unificada por intermédio uma língua comum, pois, sem ela, não podemos nos comunicar uns com os outros. Por linguagem comum entende-se uma fala de colaboração que sustenta a ação e a atuação gerada pela verdadeira comunicação (ver capítulo 7 e o formador de coerência Cristal da Comunicação). A fala comum para a colaboração é o processo que apresentamos no formador de coerência Círculos de Colaboração. Ele unifica e demonstra uma linguagem comum de comunicação em colaboração, mas, ao mesmo tempo, promove a comunicação em pensamento diverso e divergente.

Um processo de colaboração: Círculos da Colaboração

Construímos um formador de coerência (Figura 8.2) que sintetiza o que sabemos sobre colaborações bem-sucedidas e ajuda a orientar os membros da equipe e as parcerias por intermédio de um processo de comunicação e coconstrução das melhores ideias. Usamos a metáfora dos círculos para descrever a colaboração.

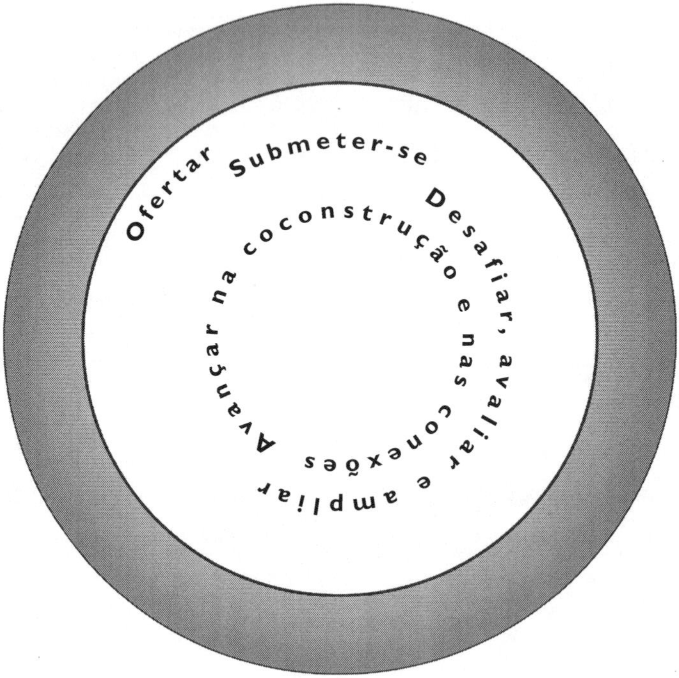

Figura 8.2 *Círculos da Colaboração.*

"Círculos" são grupos de pessoas com um interesse em comum. Têm um forte senso de conexão e, embora possam ser vistos como panelinhas fechadas, entendemos que os círculos têm a capacidade de se cruzar e se conectar com novos círculos. Isso é evocado pelo epigrama:

> Ele desenhou um círculo que me excluiu —
> Herege, rebelde, uma coisa desprezível.
> Mas o amor e eu tínhamos a inteligência de vencer:
> Fizemos um círculo e o levamos para dentro![26]

"Círculos de Colaboração" são uma metáfora de conexão e inclusão. A palavra "círculo" também sugere a forma de se sentar em grupo. Em um círculo não há necessidade de uma hierarquia, todas as faces podem ser reconhecidas e todas as vozes podem ser ouvidas. O símbolo dos círculos é significativo no apoio à compreensão conceitual da colaboração. Os nossos formadores de coerência para os Círculos de Colaboração são:

- Ofertar;
- Submeter-se;
- Desafiar, avaliar e ampliar;
- Avançar na coconstrução e nas conexões.

A colaboração deve ter estrutura e ordem para que várias vozes e ideias em um grupo ou parceria sejam ouvidas, mas também deve ter flexibilidade e espontaneidade para permitir que estas surjam a qualquer momento. Isso é como improvisar com outros na música ou no teatro. Os improvisadores sabem que criar "espontaneamente" é seguir as regras e convenções partilhadas ou a "linguagem" de um processo de colaboração. Um improvisador de teatro explica a improvisação em grupo dessa forma:

> Como crianças, usamos a imaginação para brincar espontaneamente, inventando tudo à medida que avançamos. Encontramos formas de nos ouvirmos uns aos outros, partilhando ideias e resolvendo problemas; quando não o fazemos, o jogo para. Para improvisar produtivamente umas com as outras, as pessoas precisam chegar a um acordo sobre um conjunto de princípios que encorajem o jogo. O conceito de oferta e rendimento é parte integrante desse processo.[27]

Tal como a improvisação e o jogo, a colaboração tem de permitir a emergência espontânea e coletiva de percepções e propostas do grupo ou parceria. Precisa também ter uma cultura de confiança e uma estrutura de regras que apoiem a construção de ideias desenvolvidas em conjunto. O nosso formador de coerência ajuda a facilitar a colaboração, dando ordem e intenção à escuta, à partilha, ao jogo, à resolução de problemas e à propriedade em conjunto das ideias colaborativas.

O Círculo Colaborativo é um formador de coerência que oferece estrutura e consciência dos processos de como colaborar. Uma vez compreendidos e praticados, os membros do grupo e as parcerias podem voltar atrás e refazer os passos do formador de coerência de forma recursiva e iterativa para aprofundar os objetivos da colaboração. Examinamos em detalhes cada passo do processo dos Círculos de Colaboração e discutimos como as complexidades e vantagens da prática colaborativa suportam a aprendizagem organizacional, o crescimento e a geração de novas ideias. O formador de coerência começa com ofertar.

Ofertar

Ofertar é ser um participante ativo que inicia uma ideia ou ação em um grupo ou parceria. Pode ser a oferta de como o grupo vai se organizar, como vai começar, ou a primeira sugestão para resolver um problema e desenvolver uma nova ideia. As ofertas são a base da comunicação e fornecem um foco e direção para as ideias e ações em evolução na colaboração. As ofertas requerem compromisso, inclusão e clareza de propósito, e é como "rendimentos" são feitos continuamente durante todo o processo colaborativo. Oferecer e produzir é um processo dialógico em que as ideias (ou ações) são continuamente interpretadas pelo envolvimento e pela interação. Você tem de ser capaz de se comunicar para oferecer, mas sem confiança e influência, a comunicação da oferta não tem efeito. Ofertar é um processo sofisticado que requer comunicação, risco e confiança.

A colaboração tem sucesso apenas com uma comunicação bem-sucedida, e cada passo do formador de coerência desenvolve suas habilidades, começando com a ativação do diálogo em uma oferta. Um comunicador dá estrutura, clarifica e amplia o seu pensamento, apresentando as suas ideias aos outros de uma forma relevante, coerente e envolvente. O comunicador tem de levar em conta o grupo ou parceria como um "público", e isso requer explicações e justificações adicionais, aprofundando ainda mais o pensamento do comunicador. Fazer uma oferta aberta a todo o grupo, e relevante para o esforço deste, é o primeiro passo em uma "dança" sofisticada para comunicar e desenvolver ideias em colaboração.

Ofertar é uma tentativa de ser inclusivo, claro e generoso no lançamento de uma ideia a ser alargada e desafiada pelo resto do grupo. Sentir-se aberto para fazê-lo também depende da confiança relacional no grupo. A noção de que todos compartilham os objetivos, os benefícios, os desafios e os riscos em um empreendimento colaborativo depende da confiança. Moran e John-Steiner discutem:

> A confiança consiste no respeito pela perspectiva diferente da outra pessoa, uma expectativa de boa vontade e confiança na capacidade do outro de contribuir para o propósito comum... A confiança é a base da colaboração que possibilita o desenvolvimento de um verdadeiro compartilhamento, de conflitos abertamente negociados e de uma relação em longo prazo, apesar das incertezas e dos riscos.[28]

O "risco" de fazer uma oferta é confiar na boa vontade do grupo para considerá-la. A confiança e a boa vontade são geradas na igualdade de status relacional no grupo e na participação igualitária. Para as organizações, a liberdade de explorar e desafiar como iguais é fundamental para a aprendizagem e o trabalho colaborativo. As hierarquias sociais não são propícias à colaboração.[29] Jacob Morgan, diretor da Future Organization, argumenta que os líderes corporativos devem trabalhar abertamente para criar uma cultura de colaboração. Ele diz: "Se você não tem uma organização na qual as pessoas sintam a capacidade de serem vulneráveis, de serem empáticas, de serem elas mesmas, então você não vai ter colaboração".[30] Uma oferta inclusiva e confiante não pode ser feita quando há questões de alto e baixo status, dominância e submissão em um grupo. Esse nivelamento por fora do status tem enormes ramificações sobre a maneira como as organizações abordam a colaboração. Como indivíduo, é necessário navegar pela corda bamba da vulnerabilidade e do empoderamento em direção à confiança e à igualdade com outros educadores, Helen Storey e Mathilda Marie Joubert descrevem o processo de colaboração criativa por meio de um projeto interdisciplinar que envolve ciência, moda e tecnologia:

> ... a colaboração é a necessidade de ser mutuamente vulnerável... Se você é o instigador do projeto, não é preciso que haja um nivelamento de personalidade. Tem de haver uma aceitação autêntica desse fato, porque ambos decidem ser iguais nisso. Depois, é preciso levar um ao outro até ao limite daquilo deque individualmente pensavam ser capazes.[31]

Indivíduos e organizações têm de desenvolver habilidades e a compreensão de como contribuir, e como permitir que outros também contribuam no esforço colaborativo. Isso começa com o conhecimento da generosidade, do compromisso e da confiança envolvidos em ofertar, e depois "ceder" à oferta. No modelo de cuidados de saúde do J-CHIP, o contato inicial com o paciente incluía uma avaliação das "barreiras aos cuidados" gerida por ele e pelo profissional de saúde comunitária. Esse procedimento foi uma "oferta" para envolvê-lo no reconhecimento dos obstáculos à sua saúde. Realizar a avaliação em sua casa deu-lhe um sentido maior de confiança e capacitação para "ceder" e envolver-se com as barreiras à avaliação dos cuidados.

Submeter-se

Submeter-se é a aceitar e desenvolver uma oferta. Submeter-se produz ou fornece algo (como uma colheita produz um rendimento), uma resposta a uma oferta. Não se trata de "aceitar" ou "conceder" uma oferta, mas sim de conectar, prosseguir e lucrar com ela. Em vez de ceder, que é ser receptivo para gerar algo mais. Não se trata apenas de dizer "sim" a outra oferta, mas de assumir uma parte igual de responsabilidade no apoio ou na definição do foco da oferta. Submeter-se é "sim e..." ou "sim, mas...", porém sem bloquear, desligar ou ignorar a oferta de alguém, estabelecendo relações ou construindo o seu próprio pensamento para a oferta anterior de alguém, mesmo que isso signifique seguir em uma nova direção (sim, mas...). O *brainstorming* de um grupo como um processo é uma infinidade de ofertas e rendimentos. Submeter-se como resposta a uma oferta requer empenho, compromisso e elaboração.

Ouvir ou envolver-se ativamente é fundamental para a comunicação e a colaboração. A escuta atenta, pela sua natureza, deve levar a ouvir suas próprias palavras ecoando através dos outros.[32] O engajamento ativo é desenvolvido e realizado repetindo as ideias dos outros, fazendo perguntas sobre elas e elaborando hipóteses sobre o que foi dito ou feito. Submeter-se é usar esses componentes do engajamento ativo. Uma oferta não pode ser ignorada ou rejeitada; portanto um compromisso atento significa ser capaz de elaborar e raciocinar a partir do que alguém já disse. Os mecanismos de comunicação de apresentar, explicar, elaborar e raciocinar sobre a oferta e submeter-se à colaboração permitem que os parceiros comecem a "aplicar" as suas ideias. Aprender o "como" e o "por que" para explicar e fazer perguntas os encoraja a se engajarem no discurso colaborativo de ordem superior, com o raciocínio mais profundo.[33]

Ofertar e submeter-se são a base do desenvolvimento de competências de comunicação cognitivas (pensamento e raciocínio) e interpessoais (sociais). Submeter-se é respeitar, envolver e empatizar com os outros, reconhecendo as suas contribuições. Os comportamentos socialmente acomodáveis de oferecer e submeter não devem, no entanto, conduzir ao consenso e à conformidade do "pensamento de grupo" (também conhecido como "bolha"). A reflexão ocorre quando o feedback externo não é procurado ou considerado, e o grupo se alimenta continuamente de sua própria "justeza", em vez de se expor à disciplina da crítica externa e às diferentes perspectivas. A superação do "pensamento de grupo" depende da terceira etapa do responsável pela formação de coerência do Círculo da Colaboração: desafiar, avaliar e ampliar.

Desafiar, avaliar e ampliar

O termo "pensamento de grupo" descreve um "modo de pensar em que as pessoas se envolvem quando estão profundamente inseridas em um grupo coeso".[34] Os resultados do grupo ficam restritos quando seus membros se esforçam por unanimidade e conformidade. A "tensão para o consenso" pode levar os membros a temer ou adivinhar as reações do grupo. A relutância em discordar leva à conformidade de pensamento, o que inibe o potencial de crescimento.[35] Por causa do medo da diferença, das reações adversas e do conflito, a "tensão para o consenso" pode manifestar-se como uma reação silenciosa ou fechada de "teremos de concordar em discordar".

Concordar em discordar não é colaboração. A indiferença também não é uma característica de colaboração. Uma característica da colaboração é "desafiar e avaliar" tendo em vista que analisa e amplia as ideias, apoiando e incentivando o pensamento divergente e diversificado. É o pensamento desenvolvido pela reflexão, pelo debate e pela compreensão usando habilidades em questionamento construtivo, alternativas, tomada de perspectiva, contra-argumento, raciocínio, persuasão e resumo.

Os colaboradores devem estar cientes de um clima comportamental que inculque a coesão social do grupo, bem como as diferenças individuais de pensamento e trabalho. A livre circulação de ideias e informações, bem como a divisão fluida do trabalho, dependem da promoção desse clima. É um clima descrito pelos especialistas, Isaksen e colegas, em liderança e comportamento organizacional, no *Situational Outlook Questionnaire* (Questionário Situational Outlook)[36] para criatividade e mudança. O *Situational Outlook Questionnaire* tem sido utilizado há muitos anos como uma ferramenta para avaliar o clima organizacional que apoia a mudança, a inovação e a criatividade. Identifica uma atmosfera que gera desafio/envolvimento; liberdade; confiança/abertura; tempo de ideias; brincadeira e humor; apoio a ideias; debate; e tomada de riscos. Nas colaborações tem de haver uma "zona de segurança" emocional dentro da qual tanto o apoio como a crítica construtiva sejam efetivamente praticados.[37] Tal como acontece com a oferta, a confiança em um grupo ou parceria é fundamental para que as pessoas assumam o risco de diálogo honesto no desafio, na avaliação e na ampliação.

O apoio e a crítica construtiva podem ser praticados se as pessoas compreenderem que a diversidade de conhecimentos, os diferentes temperamentos e formas de trabalho complementam e reforçam a capacidade do propósito conjunto de um grupo ou de uma parceria. As diferenças individuais ou entre parceiros têm de ser reconhecidas como complementares ao "todo" do grupo. As colaborações produtivas são compostas por partes individuais com diferentes perspectivas, conhecimentos, recursos, necessidades e talentos. Isso é evidente no exemplo de avaliação das "barreiras à prestação de cuidados" do Johns Hopkins Community Health Partnership.

A avaliação pessoal da paciente e da agente comunitária de saúde (uma oferta e um submeter-se) foi ainda mais estimada e contestada por um sistema de avaliação de gerenciamento de cuidados, em uma clínica onde os históricos demográficos, clínicos e de saúde foram combinados com as prioridades da paciente. Esse plano de saúde combinado foi revisto durante as visitas da equipe e expandido a um plano de cuidados que desenvolveu protocolos para as barreiras aos cuidados, questões específicas da doença, necessidades de saúde comportamentais e ligou os pacientes e suas famílias aos recursos da comunidade. É um processo de oferecer, produzir, desafiar, avaliar e ampliar por meio da colaboração para alcançar os melhores resultados para o paciente.

Desafiar, avaliar e ampliar o formador de coerência nos Círculos da Colaboração é reconhecer e empregar diferentes perspectivas como pontos fortes para superar preconceitos e suposições no pensamento padrão. Para algumas organizações, desafiar, avaliar e ampliar são intuitivos, para outras, essas práticas requerem andaimes explícitos[38] em discussões de grupo e geração de ideias. Nomear, explorar e praticar esses conceitos para a colaboração cria uma cultura que valoriza o potencial que diversos indivíduos e entidades oferecem. Trabalhamos com organizações e parcerias que gradualmente se transformam e aprendem a confiar no processo colaborativo e umas nas outras, por intermédio da abertura e integridade de desafiar, avaliar e ampliar.

Aquilo que é comum e as desigualdades em grupos ou parcerias são vitais para a melhoria da aprendizagem e do trabalho. Permitem um espaço "representacional" para novas compreensões e possibilidades. O psicólogo de pesquisa Vlad Petre Glaveanu[39] argumenta que a colaboração é uma fusão do *espaço representacional pessoal de um indivíduo* e do *espaço representacional comum a um grupo*. É uma fusão que dá origem ao enriquecimento e à criatividade.

> É este espaço representacional comum em que a dinâmica criativa do grupo acontece e é aqui que diferentes estilos de pensamento colidem e, por isso, provocam o processo criativo. Tudo se consegue, naturalmente,

> se os membros se comunicarem entre si, não retiverem informação e permitirem o livre fluxo de ideias, se todos pretenderem partilhar e participar na construção de um espaço comum.[40]

Moran e John-Steiner afirmam que a base e os benefícios da prática colaborativa estão na interação de diferentes indivíduos à medida que eles se desafiam, avaliam e expandem o pensamento um do outro. A divergência e a diversidade do pensamento produzem uma tensão criativa que impulsiona a produtividade da colaboração.

> O objetivo da colaboração não é chegar a um consenso, pois tal acordo não leva à aprendizagem ou ao desafio. As tensões entre vulnerabilidade e segurança, entre o fazer e o realizar, avançar e recuar, não são eliminadas, assim como também não são resolvidas as diferenças pessoais dos colaboradores. Elas acabam, na prática, tornando-se uma oportunidade para trazer à tona disputas de poder e território.[41]

Por meio da diversidade, de múltiplas perspectivas e do "cultivo frutífero da tensão", suposições individuais e crenças não examinadas são inspecionadas e desafiadas pela colaboração. A avaliação como uma prática reflexiva e analítica sustenta os "espelhos" como feedback do que foi alcançado pelo grupo. Mediante o desafio e a avaliação, no processo colaborativo, as ideias e ações são construídas e expandidas ao seu pleno potencial. É então que se avança para o passo final, mas em andamento, do andaime dos Círculos da Colaboração: avançar na coconstrução e nas conexões.

Avançar na coconstrução e nas ligações

A colaboração é mais do que ser cooperativo, é um processo para coconstruir e conectar o conhecimento que promove o que já sabemos ou fazemos. O ato consiste em dar forma às ideias emergentes de um grupo, organização ou parceria. Construir em conjunto deve assumir a propriedade do processo e do que foi alcançado. O avanço da coconstrução promove uma ação que conecta a colaboração à aprendizagem futura e às possibilidades.

A copropriedade ou a partilha do significado da coconstrução são fundamentais para a colaboração. Todos os envolvidos na colaboração devem se identificar como parte do resultado, produto final ou resultado contínuo. Identificar-se com o trabalho por meio da propriedade é um poderoso motivador. O sentido mútuo de propósito e a coesão social da colaboração encorajam a motivação intrínseca e o sentido de atuação a se alcançar.[42]

A investigação do Google sobre dinâmicas essenciais para a eficácia da equipe descreve a apropriação como "significado" e os membros do time como aqueles que "encontram um sentido de objetivo no próprio trabalho ou nos resultados".[43]

A identidade e a atuação individual estão ligadas em colaboração, mas existe um equilíbrio entre o indivíduo (ou entidade) perder o sentido de si mesmo, no grupo, e o indivíduo (ou entidade) assumir a identidade do grupo. Os processos de oferecer e submeter-se, desafiar e avaliar tentam criar um equilíbrio entre a autonomia e a flexibilidade do indivíduo em um grupo ou da entidade em uma parceria. Isso não quer dizer que a colaboração seja sem tensão e sem luta. Se o processo colaborativo for claramente delineado para gerar um clima de confiança, as tensões, desafios e lutas, em vez de serem debilitantes, estimulam o crescimento e os caminhos a seguir.

A colaboração pode ser uma "disseminação de identidade" ao arriscar corajosamente as suas ideias para os outros.[44] Essa mistura requer a abertura aos outros e a busca por soluções, em vez de ver o desenvolvimento de ideias com outros como um compromisso ou reducionismo. A coconstrução deve ser considerada como uma abertura à possibilidade de algo único entre indivíduos ou entre entidades maiores. Storey e Joubert explicam isso em colaboração:

> Você tem de estar preparado para se abrir e realmente levar em conta essa outra pessoa, e não se tornar prescritivo para ela. E é aí que está o risco, porque eles podem inventar algo de que você não gosta. O cenário ideal é que você venha com a terceira ideia de que nenhum de vocês pensou por conta própria. Há algo sobre a união de vocês que produz uma coisa que é única e, quando aparece, está inquestionavelmente lá.[45]

O avanço da coconstrução e das ligações clarifica a colaboração não apenas como um objetivo e produto acordado, mas como uma experiência partilhada, centrada nas ligações entre pessoas e parcerias. Essas colaborações são o estímulo e o prazer como o "assunto da mente" e a "comunidade de pensamento".[46] Para o Johns Hopkins Community Health Partnership, as suas parcerias são uma comunidade de reflexão contínua. O seu objetivo para os cuidados ao doente é promover o apoio ao prestador de cuidados com um enfoque longitudinal na saúde e nos hábitos positivos de saúde com a comunidade de East Baltimore. O avanço das coconstruções e conexões para o Johns Hopkins Medicine está em continuar a evoluir e transformar as práticas de saúde e educação do seu sistema de saúde. Eles argumentam:

> Para o JHM e seus parceiros, o programa J-CHiP está funcionando como um potente catalisador de mudanças necessárias para promover uma melhor coordenação dos cuidados e resultou em uma transformação cultural muito significativa... Em última análise, o verdadeiro envolvimento do paciente, do prestador de cuidados e da equipe de cuidados será necessário para um sucesso sustentável. Como um sistema de saúde de aprendizagem, o JHM acredita que o J-CHiP tem avançado sua missão acadêmica, estimulado a colaboração genuína com a comunidade, e catalisado a verdadeira transformação de entrega.[47]

Mesmo com a tecnologia contratando tempo e espaço, a colaboração leva tempo. Como complemento do trabalho em si, tempo e esforço devem ser fornecidos para facilitar a dinâmica e o ambiente de relações positivas e a participação igualitária. O tempo e a energia na colaboração são um investimento no enriquecimento e no crescimento sustentável. Por meio da colaboração, as organizações têm uma enorme capacidade de inflamar e gerar ideias nos silos de conhecimento, questões e problemas para enfrentar os desafios do futuro. Ou, muito simplesmente, nas palavras de Vera

John-Steiner, "Ao nos juntarmos a outras pessoas, aceitamos o seu dom de confiança, e por meio da interdependência, alcançamos competência e conexão. *Juntos, criamos os nossos futuros*".[48]

A colaboração começa com:

- *Ofertar* — iniciar e comunicar uma ideia ou ação para o esforço coletivo de um grupo.
- *Submeter-se* — aceitar e desenvolver a oferta para gerar mais ideias e ações.
- *Desafiar, avaliar e ampliar* — sondar, analisar e promover novas perspectivas para gerar e aprofundar ideias.
- *Avançar nas coconstruções e nas conexões* — assumindo a propriedade conjunta do processo do empreendimento compartilhado e continuar a aproveitar o gênio coletivo de um grupo.

Começando: construindo a colaboração nas organizações

Construir uma colaboração genuína requer que uma organização faça as seguintes grandes perguntas.

Como é a colaboração dos 4Cs em sua organização:

1 Coconstrutiva.
Como as colaborações são um esforço partilhado de objetivos, riscos, ideias, relações e confiança?

2 Produtiva.
Como as colaborações da organização são claras e adequadas à sua finalidade?

3 Assume diferentes perspectivas.
Onde as ideias complexas estão sendo resolvidas e novas ideias geradas por meio da tomada de perspectiva em colaborações?

4 Conectada.
Como a colaboração está ligada à criatividade, à reflexão crítica e à comunicação na organização?

5 Aplicada.
Onde e quando se pode implementar e sustentar o formador de coerência dos Círculos de Colaboração para fazer avançar as co-construções e as conexões?

O próximo capítulo conclui o livro discutindo as realidades da transformação, oferecendo algumas estratégias para entender e decretar mudanças reais e benéficas.

9

Como os 4Cs podem fechar a lacuna da realidade retórica: algumas implicações

FIGURA 9.1 *O caminho para a transformação.*

Não temos desculpas para o futuro das organizações. As aspirações são fundamentais para as nossas organizações e para a nossa sociedade em geral, para que possamos imaginar um futuro que nos leve além dos modelos de "negócio tradicional" e nos prepare para tempos incertos. Nós afirmamos que os 4Cs são poderosos porque fazem a ponte entre a retórica e a realidade. Eles permitem a transformação de formas tangíveis e, se forem compreendidos profundamente dentro de uma organização, podem levar a ambientes de trabalho dinâmicos e prósperos, nos quais os 4Cs levam ao florescimento humano em vez da irrelevância e do declínio, como vimos nos estudos de caso da Nokia e de outras organizações. Em alguns casos, enxergamos as possibilidades quando os 4Cs estão profundamente enraizados na prática de uma organização (efeito Glasgow, Lego, IDEO e Dresden Optics).

A transformação, no entanto, é um processo difícil que requer uma compreensão profunda da prática e das possibilidades de reimaginá-la. Enquanto escrevemos este livro, prestamos atenção às nossas "vozes críticas" internas que nos provocam, fazendo-nos perguntas e lembrando-nos do nosso trabalho no "mundo real". Neste capítulo final, vamos examinar os impactos e as implicações da transformação nas organizações. Também reconhecemos que ela é um processo humano relacional que acontece com pessoas reais em organizações reais, criando problemas complexos e difíceis. A transformação autêntica é um processo colaborativo que funciona apenas quando as equipes, que compreendem líderes, funcionários, proprietários, acionistas, governadores e a comunidade, reconhecem o potencial que os 4Cs têm para tornar nossas organizações melhores para todos. Em suma, reconhecemos que a transformação tem de ser realista e esperançosa. Nas próximas páginas, queremos abordar brevemente algumas das questões que surgiram à medida que trabalhamos com organizações que lutam pela transformação por intermédio dos 4Cs.

Transformação líder

A liderança transformadora é um processo contínuo, e não um exercício isolado ou focado em projetos. Como discutimos no capítulo 4, a liderança baseada nos 4Cs é sobre a incorporação das características da Roda da Eficácia Organizacional na instituição, desenvolvendo essas capacidades em indivíduos e equipes.

Neste último capítulo, queremos revisitar a Estrutura das Organizações Líderes (EOL), que introduzimos no capítulo 3 (Figura 3.4), para enfatizar as qualidades distribuídas e iterativas de liderança e transformação. Apresentamos em itálico as características da REO na tabela 9.1 para demonstrar como suas qualidades contribuem diretamente para a liderança em toda a organização. A Tabela 9.1 apresenta perguntas essenciais para que as organizações desenvolvam uma liderança distribuída que incorpore as características da EOL em toda uma organização em transformação. Se as organizações puderem incorporar a liderança fazendo essas perguntas, às vezes difíceis, as facilitadoras da transformação serão mais úteis e bem integradas em toda a sua estrutura.

Permitindo a transformação organizacional

Nossa motivação para escrever este livro foi a necessidade de conciliar a realidade das organizações com a necessidade urgente de transformação. Embora não tenhamos uma bola de cristal, temos o benefício da observação e da análise de organizações que lidam com a transformação em diversos ambientes. A Deloitte, que tem uma longa experiência na gestão de mudanças, afirma que: "Trabalhar em equipe provavelmente se tornará a norma nos negócios, e o dinamismo se tornará uma marca registrada da organização. Construir e apoiar equipes serão as principais tarefas dos líderes... As organizações líderes oferecerão oportunidades dinâmicas de desenvolvimento para os funcionários construírem suas carreiras, enquanto as empresas que continuam a operar da maneira antiga provavelmente terão dificuldades para acompanhá-las. Nesse novo mundo, as organizações mais ágeis terão certas vantagens, mas as grandes organizações bem-sucedidas manterão o ritmo, construindo ecossistemas mais fortes e parcerias que ampliem suas forças de trabalho e capacidades.[1]

TABELA 9.1 *Incorporação da eol nas organizações*

Recurso 4Cs Liderança	**Questões fundamentais para a incorporação da EOL**
Visão	— Além de compartilhar a visão, os indivíduos e as equipes têm a ação para influenciar a implementação da visão e *comunicá-la* efetivamente? — Há espaço para a *reflexão crítica* que leva à ação de todos dentro da organização?
Estrutura	— Existe *adaptabilidade* integrada nos planos e na implementação das estruturas? Eles são inerentemente flexíveis e ágeis enquanto permanecem claros? — As estruturas permitem a *criatividade* individual e da equipe ou são demasiado rígidas para permitir a emergência criativa?
Parcerias de colaboração	— As parcerias são baseadas na *colaboração* autêntica (não hierárquica)? — As parcerias são coerentes e caracterizam-se por uma clara *comunicação* e verdadeira *colaboração*?
Cultura	— A liderança é baseada no desenvolvimento humano prosperando na organização e na comunidade mediante o *altruísmo*? — O *compromisso* e a *perseverança* estão presentes em toda a organização como indivíduos e equipes com foco nos processos de transformação?
Estratégia e integração	— As estratégias estão sendo desenhadas para a transformação *colaborativa* para garantir a adesão e integração de todas as ideias e projetos em toda a organização? — Os indivíduos e as equipes dentro da organização têm a agência para influenciar as estratégias e sua integração na vida da organização?
Aprendizagem e avaliação	— As estratégias de aprendizagem e avaliação promovem a *reflexão crítica* sobre os processos e as possibilidades de transformação? — As estratégias de aprendizagem e avaliação desenvolvem respostas *criativas* para os desafios e as oportunidades que surgem do processo de transformação?

As organizações futuras, de acordo com a Deloitte (que, é claro, ganha dinheiro com a implementação de estratégias de gestão de mudanças), são flexíveis, ágeis e, em muitos aspectos, totalmente diferentes das normas aceitas por algumas das organizações que temos apresentado (Nokia, vw etc.). Na Tabela 9.2 adaptamos as "velhas regras" da Deloitte versus "novas regras" e acrescentamos alguns fatores de transformação que discutimos aqui. Essa tabela detalha os facilitadores do processo de transformação que se aplicam às novas regras da Deloitte para organizações. Estes trazem coerência (é por isso que os chamamos de formadores de coerência) aos tipos de estratégias delineadas pela Deloitte e irão, de alguma forma, ajudar as organizações a preencherem a lacuna entre a retórica e a realidade.

As novas regras aqui delineadas são consistentes com a nossa experiência. A Tabela 9.2 também demonstra que essas mudanças exigem uma transformação profunda nas capacidades das organizações. Os formadores de coerência simplificam e unem conceitos intangíveis como criatividade, transformação e liderança. Isso abre a porta para a compreensão e o envolvimento com a complexidade que esses processos apresentam, mas em um quadro que todos podem compreender. Na realidade, essas mudanças dependem da capacidade da organização de mudar o foco das hierarquias e do "modelo tradicional" para desenvolver as capacidades 4Cs e aplicá-las às novas expectativas e estruturas organizacionais. Nossa principal motivação para escrever este livro foi fechar a brecha entre a aspiração à transformação nas organizações (a lacuna retórica/realidade), para demonstrar como a transformação autêntica e benéfica pode ser alcançada.

Embora a maioria das organizações saiba o que a Deloitte denominou de "novas regras", pelo menos, vale a pena considerar, implementá-las não é uma questão fácil. Os formadores de coerência que apresentamos ao longo do livro, mais particularmente entre os capítulos 4 e 8, são a nossa contribuição para preencher a lacuna entre a aspiração e a ação para integrar essas capacidades essenciais do século XXI no próprio DNA e na cultura das organizações. Parte da compreensão do contexto para a transformação é uma compreensão das forças que influenciam externamente as organizações, particularmente em tempos de mudança.

TABELA 9.2 *Facilitadores de transformação*

Regras antigas	Novas regras	4Cs Facilitadores do processo de transformação
Organizado para eficiência	Organizado para a aprendizagem	— Roda da Eficácia Organizacional (REO) — Diamante da Aprendizagem Profunda — Cascata da Criatividade — O formador de coerência Emaranhado da Transformação (apresentado neste capítulo)
Empresa vista como uma hierarquia, com rede ágil, capacitada com direitos de decisão hierárquica, estrutura e progressão da liderança	Empresa vista como uma equipe e alimentada pela colaboração e partilha de conhecimentos	— Círculos de Colaboração — Cadinho da Reflexão Crítica — Cristal da Comunicação
Estrutura baseada em função de negócios com líderes funcionais e grupos funcionais globais	Estrutura baseada no trabalho e projetos, com equipes focado em produtos, clientes e serviços	— Círculos de Colaboração — Emaranhado da Transformação — Quadro de Liderança 4Cs — Diamante da Aprendizagem Profunda
Avanço através de promoção ascendente com muitos níveis para progredir	Avanço através de muitas atribuições, experiências diversas, e atribuições de liderança multifuncionais	— Quadro de Liderança 4Cs — Cadinho da Reflexão Crítica
As pessoas "tornam-se líderes" mediante promoção	As pessoas "criam seguidores" para aumentar a influência e a autoridade	— Círculos de Colaboração — Roda da Eficácia Organizacional
Cultura regida pelo medo de falhas e percepções dos outros	Cultura de segurança, abundância e importância de assumir os riscos e da inovação	— Cascata da Criatividade — Cadinho da Reflexão Crítica — Roda da Eficácia Organizacional
Funções e títulos claramente definidos	Equipes e responsabilidades claramente definidos, mas os papéis e os postos de trabalho mudam regularmente	— Círculos de Colaboração — 4Cs Estrutura das Organizações Líderes — Diamante da Aprendizagem Profunda — Cristal da Comunicação
Baseada no processo	Baseada em projetos	— Roda da Eficácia Organizacional — Diamante da Aprendizagem Profunda

Adaptado de *The Organization of the Future: Old rules v's New rules*[2]

Fatores externos

Essas mudanças externas são frequentemente impostas às organizações pelas condições prevalecentes de pós-normalidade a que nos referimos no capítulo 2. O caos, a complexidade e a contradição[3] trouxeram pressão para a mudança na nossa sociedade. Nossas instituições são moldadas por essas pressões. Diante dessa rápida transição, uma coisa é clara para nós: precisamos articular uma forma de transformação, desenvolvida por meio dos recursos substanciais que já existem nas organizações, que responda efetivamente às necessidades do século XXI.

Nós também percebemos que precisamos propor abordagens para organizações e indivíduos (incluindo líderes) que sejam realistas e possíveis em diversas indústrias, setores e contextos. Sabemos que algumas das ideias de que tratamos aqui podem parecer utópicas. Não imaginamos um futuro perfeito, mas uma das atrações das utopias é que são implicitamente esperançosas, pois nos dão um futuro possível para "navegar em direção". Como disse Oscar Wilde:

> Um mapa do mundo que não inclua a Utopia não vale a pena sequer ser olhado, pois deixa de fora o único país em que a Humanidade está sempre desembarcando. E quando a Humanidade desembarca ali, olha para fora, e, vendo um país melhor, zarpa. O progresso é a realização de Utopias.[4]

Em resposta à mudança esmagadora, todas as organizações devem navegar para um "país" metafórico melhor. Isso não quer dizer que o "país" que existe atualmente não vale a pena. Acreditamos que nossas instituições e organizações (como agências de assistência social, hospitais, organizações governamentais e empresas) são muitas vezes a cola que une uma sociedade civilizada e democrática que busca o florescimento humano. No entanto, e não importa quão nobres sejam nossas instituições, nenhuma delas está imune às pressões externas que estão forçando mudanças em nossas comunidades. Em suma, precisamos de uma visão realista de como é a aparência e a transformação.

Transformação *realista* da organização

A transformação é um processo longo e meticuloso que requer paciência. Muitas vezes, as organizações imaginam que precisam de um líder herói para varrer e mudar as coisas da noite para o dia. Embora esse seja um mito sedutor, é raro que a mudança seja eficaz quando realizada com muita pressa. No estudo de caso do fundo Save the Children Internacional (capítulo 4), foi encontrado um equilíbrio entre as mudanças que demoraram muito tempo e as muito abruptas. Nesse estudo de caso, a transformação foi acelerada à medida que a dinâmica de transição acelerava. Isso não aconteceu por acaso. A organização colaborou, consultou e, pacientemente, perseguiu a transformação, construindo uma visão compartilhada para a mudança em todos os níveis.

As organizações que desejam se transformar, muitas vezes, enfrentam problemas de intransigência por parte de funcionários, gerência, clientes/compradores, fornecedores e, às vezes, da comunidade. A transformação é vista como arriscada. Ironicamente, como discutimos, o risco está em não se transformar. A mudança, ou pelo menos aquela que é sustentável, requer tempo, energia e paciência e, dessa forma, as expectativas têm de ser geridas. Embora a transformação seja diferente para cada organização, existem alguns padrões que observamos na maioria dos casos. O ritmo lento da mudança organizacional é difícil de aceitar em alguns aspectos. Essa abordagem não oferece as "soluções fáceis" que alguns podem exigir interna e externamente. Reconhece, no entanto, que as organizações são complexas, e que transformá-las exacerba essa complexidade. Nossa esperança é que o modelo de transformação que esboçamos aqui realize duas coisas. Primeira, esperamos que dê algum sentido ao processo de transformação necessário para envolver toda a organização na mudança com a abordagem dos 4Cs. Segunda, e talvez a mais importante, esperamos que essa estrutura convença as equipes de liderança da organização de que a transição, embora difícil e complexa, é alcançável se esse processo for conduzido de forma criativa, criticamente reflexiva, colaborativa e abertamente comunicativa.

Como é uma organização transformada pelos 4Cs?

Achamos que vale a pena descrever como uma organização transformada por meio da abordagem dos 4Cs pode ser. Aquelas que observamos serem transformadas, efetivamente, reformaram suas estruturas e estratégias para fazer da criatividade, da reflexão crítica, da comunicação e da colaboração as impulsionadoras de todas as suas práticas e processos. Elas não implementaram mudanças irrelevantes e marginais; mas mudaram fundamentalmente a forma como trabalham umas com as outras e entregam para seus clientes, compradores etc. A cultura nas organizações reflete uma mudança qualitativa nas relações menos hierárquicas e mais abertas. Elas encorajam a perguntas e se colocam para responder aos problemas.

Os problemas não desaparecem magicamente nessas organizações, mas a forma como são geridos reflete a abordagem dos 4Cs. Em vez de medo, as pessoas trabalham de forma colaborativa e criativa para gerenciar problemas supercomplexos. Em suma, nosso argumento (neste capítulo e ao longo deste livro) é que, como os indivíduos se transformam por intermédio dos 4Cs, as organizações se transformam para se tornarem os 4Cs: criativas, criticamente reflexivas, comunicativas e colaborativas. Em outras palavras, à medida que as capacidades individuais (e não apenas da liderança) começam a se desenvolver (muitas vezes lenta e imperceptivelmente), toda a cultura de uma organização começa a se transformar em sua cultura, prática e abordagem.

TABELA 9.3 *A continuidade da resolução de problemas.*

CRIATIVIDADE contínua

Despertando	Aplicado	Acelerado	Avançado	Competente
Tenta envolver-se com ideias familiares, mas tem dificuldades em perceber, refletir e imaginar a possibilidade de novas ideias.	Tenta refletir e imagina possibilidades, mas tem dificuldade em explorar de forma iterativa e criativamente uma série de ideias, e então selecionar e refinar a melhor ideia nova.	Mostra disciplina e flexibilidade na reflexão iterativa e criativa, brincando e desenvolvendo novas ideias, e tenta selecionar e refinar a melhor ideia para um propósito específico.	É lúdico, resiliente e persistente ao explorar, desenvolver e refinar possibilidades; usa a reflexão crítica e é colaborativo em processos de comunicação para discernir e avaliar as melhores ideias e seu propósito.	Tolera a ambiguidade e a incerteza para explorar o inesperado e o desconhecido; gera interesse e emoção, fazendo novas conexões e ideias desafiadoras usando a reflexão crítica. É colaborativo em processos de comunicação.
Está inseguro sobre a capacidade e os desafios da criatividade prática.	Mostra uma consciência da capacidade e desafios da prática criativa.	Está desenvolvendo processos reflexivos e ativos na prática criativa.	É criticamente reflexivo e ativo na realização da capacidade, dos desafios e das compreensões éticas da prática criativa.	É perspicaz usando a reflexão crítica, o raciocínio ético e age para perceber a capacidade e os desafios da prática criativa.

REFLEXÃO CRÍTICA contínua

Despertando	Aplicado	Acelerado	Avançado	Competente
Tenta identificar problemas, mas tem dificuldade em se estruturar e responder a perguntas que desenvolvem processos de pensamento para encontrar soluções e agir.	Tenta se estruturar e responder perguntas que abordam problemas identificados, mas tem dificuldade em reconhecer suposições ou agir para gerenciar e resolver novamente os problemas.	Reconhece suposições para formular perguntas e tenta gerir para resolver problemas mediante a contestação e elaboração de ideias para fazer julgamentos fundamentados e tomar decisões e medidas.	Reavalia julgamentos, decisões e ações, contestando e adaptando ideias para gerenciar e resolver novamente os problemas, tenta interrogar a influência das suposições para poder pensar e agir.	Estrutura questões críticas para explorar julgamentos, decisões para ações próprias e dos outros e continua a gerir e resolver novamente os problemas mediante o raciocínio, a reavaliação e imaginando como os pressupostos podem ser transformados.
Está inseguro sobre a capacidade e os desafios da prática da reflexão crítica.	Mostra consciência da capacidade e dos desafios da prática da crítica reflexiva.	Está desenvolvendo a reflexão e os processos ativos da prática da crítica reflexiva.	É criticamente reflexivo e ativo na realização da capacidade, dos desafios e das compreensões éticas da prática da crítica reflexiva.	É perspicaz usando a reflexão crítica, o raciocínio ético e agindo para perceber a capacidade e os desafios da prática da crítica reflexiva.

COMUNICAÇÃO contínua

Despertando	Aplicado	Acelerado	Avançado	Competente
Tenta se envolver ou criar uma mensagem, mas tem dificuldade em estar ciente dos meios de controle utilizados para criar e expressar significados.	Envolve-se ou cria mensagens com intenção ou propósito para uma audiência, mas tem dificuldades em elaborar e transmitir significado preciso mediante o controle do meio.	Permite e cria mensagens para transmitir propósitos e tentativas de escolher e controlar mídias que envolvam e se conectem com um público com maior precisão de significado.	Interage e permite uma elaboração mais sofisticada de mensagens, escolhendo e manipulando meios para criar significado ativo e conectado para uma audiência.	Interage e gera mensagens elaboradas e complexas mediante a manipulação das mídias para criar significado dinâmico, ação e atuação entre os participantes.
Está inseguro sobre a capacidade e os desafios da prática da comunicação.	Mostra uma consciência da capacidade e dos desafios da prática da comunicação.	Está desenvolvendo processos reflexivos e ativos na prática colaborativa.	É criticamente reflexivo e ativo na realização da capacidade, dos desafios e da compreensão ética da prática comunicativa.	É perspicaz usando a reflexão crítica, o raciocínio ético e age para perceber a capacidade e os desafios da prática da comunicação.

As mensagens podem ser comunicadas pelos meios orais, auditivos, escritos, lidos, visuais, verbais, não verbais, espaciais, sensoriais, afetivos, simbólicos, multimodais e tecnológicos.

COLABORAÇÃO contínua

Despertando	Aplicado	Acelerado	Avançado	Competente
Tenta se comunicar com os outros, mas tem dificuldade em negociar e assumir a responsabilidade por uma compreensão compartilhada do propósito comum de um grupo.	Envolve-se com outras pessoas e tenta negociar uma compreensão compartilhada das metas do grupo, mas tem dificuldades em assumir responsabilidades e influenciar o resultado do empreendimento em conjunto.	Está empenhado em refletir e influenciar o resultado do objetivo comum do grupo, mas precisa apoiar a direção deste, desafiando e avaliando para aprofundar os resultados.	Contribui para desafiar e avaliar as ideias de fluxo livre do grupo, levando a resultados produtivos, mas as possibilidades poderiam ser mais bem exploradas expandindo as ideias e as ligações no âmbito do esforço comum do grupo.	Está altamente motivado para promover e se abrir a possibilidades, permite que as ideias surjam e se concretizem em ações que são construídas em conjunto e leva a mais conexões e atuação por meio do esforço compartilhado do grupo.
Está inseguro sobre a capacidade e os desafios da prática colaborativa.	Mostra uma consciência de capacidade aos desafios da prática colaborativa.	Está desenvolvendo a reflexão e os processos ativos na prática colaborativa.	É criticamente reflexivo e ativo na realização da capacidade, dos desafios e da compreensão ética da prática colaborativa.	É perspicaz usando a reflexão crítica, o raciocínio ético e age para perceber a capacidade e os desafios da prática colaborativa.

Qual é a transformação dos 4Cs?

Como discutimos, uma grande parte da transformação organizacional é relacional. Estratégias e abordagens são necessárias, mas existem dimensões humanas e emocionais para essa mudança. Construímos um formador de coerência que chamamos de Emaranhado da Transformação (ver Figura 9.2) para delinear os estágios da transição e fornecer uma noção do que as pessoas podem estar sentindo e pensando ao realizarem a transformação. Usamos a metáfora bastante desarrumada do emaranhado, com suas torções, voltas, nós e dificuldades para reconhecer a desordem desse processo. Temos estado dentro de inúmeras transformações como observadores, participantes e facilitadores. Estas são frequentemente confusas, difíceis e dolorosas para quem está dentro delas. No entanto, se compreendermos os processos, é mais fácil para nós traçar um percurso através desse terreno acidentado. As melhores transformações não são "feitas para as pessoas", são feitas com as pessoas. No entanto, não importa quão colaborativa seja a abordagem, a transformação muitas vezes produz medo, ansiedade, confusão e estresse. O formador de coerência que esboçamos aqui não é uma receita e, mesmo que tenha fases, as transformações não acontecem todas ao mesmo tempo. Em qualquer processo de mudança, as pessoas irão abordar a transformação e responder de forma diferente, em momentos diferentes. O Emaranhado da Transformação é baseado na pesquisa realizada pelo sociólogo americano Jack Mezirow. Em sua pesquisa, ele encontrou dez fases para a aprendizagem transformadora.[5] Elas são:

1. Um dilema desorientador.
2. Autoexame com sentimento de culpa ou vergonha.
3. Uma avaliação crítica das suposições.
4. Reconhecimento de que o descontentamento e o processo de transformação de uma pessoa são compartilhados e que outros negociaram uma mudança semelhante.
5. Exploração de opções para novos papéis, relacionamentos e ações.
6. Planejar um curso de ação.

7 Aquisição de conhecimentos e habilidades para implementar seus planos.

8 Experimentar novos papéis provisoriamente.

9 Construção de competência e autoconfiança em novos papéis e relacionamentos.

10 Uma reintegração na vida de uma pessoa com base nas condições ditadas pela sua nova perspectiva.

A transformação, nos termos de Mezirow, requer um trabalho emocional profundo e difícil. Essa abordagem também requer que o indivíduo reflita ativamente, desenvolva novas habilidades e experimente novos questionamentos que respondam a novas pressões e demandas internas e externas. Em nossa opinião, a transformação requer uma compreensão profunda e ativa dos 4Cs, mas particularmente da Reflexão Crítica e da Criatividade para lidar com esse processo longo e, às vezes, difícil. Em muitas das organizações com as quais trabalhamos, esses tipos de processos de transformação podem levar até seis anos e, durante esse tempo, as pessoas dentro das instituições têm uma gama de sentimentos e atitudes em relação à transformação (às vezes, simultaneamente). O Emaranhado da Transformação é uma adaptação da abordagem de Mezirow baseada na nossa experiência desses processos. Criticamente, a transformação não deve ser considerada uma "experiência única". É, antes, uma característica contínua e constante de uma organização dinâmica.

O Emaranhado da Transformação

1. Desorientação

Nesta fase, nada parece particularmente claro sobre o processo de transformação. Os líderes podem delinear uma visão clara, mas, na maioria das organizações, a surpresa, a especulação e a ansiedade podem ultrapassar qualquer tipo de declaração de visão.

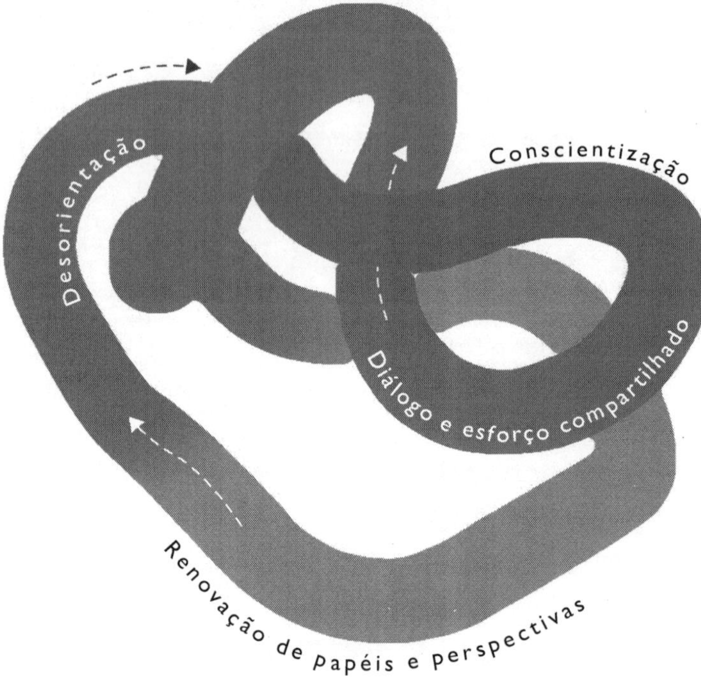

Figura 9.2 *O Emaranhado da Transformação.*

A desorientação também está presente para quem pensa nas possibilidades de transformação. O processo de questionar pressupostos profundamente enraizados nas organizações é, para muitos, profundamente inquietante. É, no entanto, fundamental que tudo seja "feito de forma estranha" para que os pressupostos que se tornaram "parte do mobiliário" possam ser examinados em profundidade. A ambiguidade da desorientação, embora enervante, permite que ideias e ansiedades venham à tona, o que pode então facilitar o surgimento de estratégias mais detalhadas. Organizações sábias diminuem o efeito da desorientação ao incluir todos os envolvidos no diálogo focado e em uma visão que faz da transformação um esforço partilhado, não apenas um nível de gestão ou uma aventura do topo para a base. Nesta fase, a confusão requer que os participantes na transformação reflitam criticamente de uma forma que gere oportunidades em vez de se concentrarem apenas nas dificuldades e obstáculos.

2. Conscientização

À medida que as organizações se tornam conscientes dos pressupostos e começam então o processo de reimaginar como as atividades, as abordagens e os processos podem ser concebidos novamente, a conscientização passa da compreensão para a oportunidade. A conscientização começa a surgir à medida que as instituições começam a trabalhar os detalhes da transformação mediante o processo de reinvenção. Nesta fase, os indivíduos estão começando a entender a necessidade, os motivadores e os processos de mudança. Muitas vezes, eles começaram a compreender que a mudança organizacional necessariamente envolve mudança pessoal. Muitos são capazes de começar a imaginar-se em novos contextos e novos papéis sem perceber todos os detalhes ou implicações. Nesse momento, aqueles que lideram a transformação devem delinear claramente a lógica da mudança. Se ela não é baseada em evidências ou carece de clareza, a ansiedade pode tomar conta e dominar as discussões. Embora haja sempre um nível de ansiedade em torno da mudança, traçar uma visão que seja inclusiva e permita a ação pessoal em toda a organização pode facilitar uma compreensão do papel de cada um dentro desse processo. Nesse ponto, uma comunicação clara que convida ao questionamento e a discussões sobre problemas e soluções pode construir um sentido de direção compartilhado que leva ao próximo estágio do processo de transformação.

3. Diálogo e esforço partilhado

Nesta fase do processo de transformação, ocorre uma consulta real e autêntica; todos os 4Cs devem estar presentes nas discussões e ações à medida que a transformação passa do debate para a execução. Não estamos nos referindo ao tipo de consulta simbólica que agora se tornou um lugar-comum. Essa abordagem de "consulta por consulta" pode ser prejudicial para as organizações, pois cria ressentimento e cinismo, em vez de esperança e otimismo. Conforme elas falam sobre as questões e preocupações, o esforço compartilhado pode ser desenvolvido para criar uma transformação que pertence a todos. O estudo de caso do Efeito Glasgow, apresentado no capítulo 7, é um bom exemplo de como uma comunidade inteira pode trabalhar além das fronteiras organizacionais usando processos colaborativos e não hierárquicos para entregar significado e benefícios sustentáveis para suas comunidades, clientes e funcionários. Para que essa etapa seja bem-sucedida, os participantes devem intervir na ação (não apenas da discussão) de transformação de uma forma que lhes dê controle (atuação). Essa etapa é fundamental para que a transformação seja "propriedade" de toda a organização, e não apenas um brinquedo da gestão.

4. Renovação de papéis e perspectivas

Isso significa ver a organização de forma diferente — é uma mudança no quadro de referência — ver o trabalho por meio dos quadros dos 4Cs. A estratégia de transformação, abordagem e compreensão é desenvolvida, os indivíduos concentram-se no desenvolvimento de capacidades de criatividade, reflexão crítica, colaboração e comunicação. Então, continuam a desenvolver novas perspectivas e novas formas de trabalhar. De certa forma, esse é o "material" da transformação dos 4Cs. A transformação autêntica é a mudança de velhas suposições, velhas práticas e abordagens para transformar as capacidades dos 4Cs.

Isso também significa que alguns membros da organização saem. Na nossa experiência, as pessoas que não querem se envolver com as práticas transformadoras optam por ir para outro lugar sem muita persuasão. Isso deixa espaço para que as instituições reconfigurem o que fazem para se tornarem mais focadas nas necessidades atuais, em vez de nas práticas e nos processos obsoletos.

As fases de transformação que delineamos no Emaranhado da Transformação não acontecem necessariamente em uma ordem fixa e, como qualquer outro formador de coerência, as fases se sobrepõem e se cruzam. Selecionamos a imagem do emaranhado para sugerir que essas fases raramente ocorrem de maneira uniforme. Às vezes, as organizações podem ficar presas em um dos estágios. Por exemplo, é bastante comum passarem pela fase de desorientação e ficarem presas na fase de conscientização. Muitas vezes, isso ocorre porque a energia emocional inicial se dissipou e o impulso para a transformação está estagnado. Se isso ocorrer, as organizações devem refletir criticamente sobre se a fase de diálogo e de esforço compartilhado deve ser revisitada. Os líderes que estão gerenciando essas transformações podem responder de forma eficaz, refletindo criticamente sobre os processos, identificando os problemas e agindo para garantir o movimento para a próxima fase. Embora manter a dinâmica seja fundamental, há outras realidades ou, como as temos chamado aqui, implicações, que influenciam a natureza e a velocidade da transformação.

Implicações para a transformação

A lista de implicações a seguir não está em nenhuma ordem específica. Elas surgem de nossa própria experiência e refletem o que percebemos sobre a transformação e seus impactos. Essa lista não é exaustiva, mas fornecerá um "guia geral" para preparar o viajante para essa viagem transformadora.

Implicação 1: Organizações transformadas irão implementar e se tornarão os 4Cs

As mudanças que discutimos neste livro não são apenas sobre algumas práticas isoladas do resto da organização. As instituições que entendem profundamente os 4Cs precisarão mudar a maneira como fazem muitas coisas. Capacidades como a criatividade, a reflexão crítica, a comunicação e a colaboração não são apenas relevantes como competências individuais para os membros da equipe e para a liderança organizacional, elas precisam se tornar parte da cultura. Por exemplo, organizações eficazes que promovem a criatividade incluem estruturas, estratégias, políticas e liderança que explicitam modelos de processos criativos e práticas de entrega para seus funcionários, clientes, estudantes, acionistas ou o público em geral.

Muitas vezes, em nosso trabalho, ouvimos a afirmação "os 4Cs são bons na teoria, mas não temos tempo". Reconhecemos que as organizações são frequentemente lugares muito ocupados e que a transformação autêntica leva tempo e energia. Requer reflexão crítica sobre todos os processos, produtos e abordagens e, depois, identificação das prioridades (da mesma forma que Lego fez, conforme mostrado no capítulo 1). Muitas das organizações com as quais temos trabalhado desperdiçam tempo e recursos em tarefas que realmente não contribuem para a eficiência ou produtividade ou para os seus valores. O tempo necessário para implementar os 4Cs provavelmente trará benefícios profundos para algumas das funções que as organizações consideram atualmente importantes. Por exemplo, tomar tempo para a reflexão crítica ajudará todos nas organizações (e particularmente aqueles com responsabilidades de liderança) a considerar o que realmente contribui para a qualidade do ambiente de trabalho. Em resumo, as organizações precisam não apenas desenvolver os 4Cs em seus funcionários, mas também ser os 4Cs. As organizações que se transformam dessa maneira fazem dos 4Cs uma expectativa-padrão para todos dentro e fora do processo.

Implicação 2: A liderança nas organizações vai mudar

Na nossa opinião, os líderes não têm apenas o título de líder, gerente, CEO ou CFO. Eles são, ao contrário, qualquer membro da equipe que tenha a visão, a energia e a coragem para se envolver com a transformação exigida. Na maioria dos casos, isso envolverá necessariamente o chefe da organização (seja qual for o título que ele assuma), mas também envolverá gerentes de nível médio e outros funcionários. Em essência, um líder é qualquer pessoa que entenda seu papel como um agente de mudança organizacional. Esse tipo de liderança segue os princípios de aprendizagem que temos descrito: ou seja, a liderança transformacional é criativa, criticamente reflexiva, comunicativa e colaborativa. Temos deliberadamente evitado narrativas de heróis líderes que vêm e transformam organizações fracassadas em "organizações heroicas". Como o educador Michael Fullan aponta:

> Os líderes carismáticos, inadvertidamente, muitas vezes fazem mais mal do que bem, porque, na melhor das hipóteses, proporcionam uma melhoria episódica seguida de uma dependência frustrada ou desanimada. Os líderes sobre-humanos também nos prestam outro mau serviço: são modelos que nunca podem ser imitados por muitas pessoas. Uma

reforma profunda e sustentada depende de muitos de nós, não apenas dos muito poucos que estavam destinados a serem extraordinários.[6]

Para que os 4Cs sejam incorporados dentro das organizações, são necessárias mudanças culturais profundas. Embora um líder talentoso e capaz possa inspirar, iniciar, instigar e possibilitar essa transformação, ela pode ser sustentada apenas se a cultura da organização se transformar colaborativamente.

A abordagem que descrevemos aqui (os 4Cs) não é uma abordagem "*fly in fly out*", uma abordagem única, uma abordagem de visita. Os 4Cs mudam radical e profundamente o modo como as organizações trabalham. Fullan argumenta que as organizações (ele está falando aqui de educação, mas isso se aplica a muitas organizações) estão cercadas de iniciativas, políticas e abordagens "pontuais" e, frequentemente, contraditórias que não criam uma transformação coerente ou significativa: "O principal problema não é a ausência de inovação, mas a presença de muitos projetos desconexos, episódicos, fragmentados e superficialmente adornados."[7] A autêntica transformação 4Cs irá abranger, sustentar e reunir todos os aspectos da organização para combinar a aspiração com a realidade. Em outras palavras, isso não é um projeto, é um modo de vida organizacional. Acreditamos (com base na nossa experiência de transformação sustentável) que as organizações são mudadas por equipes criativas, criticamente reflexivas, comunicativas e colaborativas, em vez de lideranças carismáticas ou indivíduos "heróis". Os super-heróis reformadores individuais podem existir, mas ainda não os encontramos.

Implicação 3: As organizações se concentrarão em "dados pequenos" e "métricas"

A preferência atual das organizações pelas métricas tem o potencial de estabelecer prioridades distorcidas. Por métricas entendemos as medidas de desempenho aplicadas a indivíduos ou equipes dentro de uma instituição. Como mencionamos, os "pequenos dados" (discutidos no capítulo 4), tais como adaptabilidade, perseverança, influência, colaboração, criatividade e comunicação são resistentes a medições fáceis. Eles são menos enfatizados quando há resultados facilmente mensuráveis, como vendas bem-sucedidas, ligações telefônicas, teclas pressionadas ou um número de operações realizadas. Recentemente, o historiador Jerry Z. Muller argumentou, em *The Tyranny of Metrics*[8], que nossa sociedade se tornou obcecada em avaliar as métricas em detrimento do coletivo:

> Chame de meme, discurso, paradigma ou moda. Eu chamo de fixação métrica. Isso afeta a forma como as pessoas falam sobre o mundo e, portanto, como pensam e como agem. Os principais componentes da fixação de métricas são:
>
> - A crença de que é possível e desejável substituir o julgamento, adquirido por experiência e talento, por indicadores numéricos baseados em dados padronizados;
> - A crença de que tornar tais métricas públicas assegura que as instituições estão realizando seus propósitos;
> - A crença de que a melhor maneira de motivar as pessoas é atribuindo recompensas e penalidades ao seu desempenho medido.
>
> Essas suposições estão em circulação há várias décadas, e sua suposta verdade continua marchando.[9]

Não estamos defendendo a abolição da mensuração, mas sim uma reflexão crítica sobre se todas as que criamos nas organizações são significativas e levam à sabedoria e à aprendizagem ou a comportamentos antiéticos e à má tomada de decisões. Há muitos exemplos recentes de comportamento antiético emergindo quando indivíduos e organizações se tornam motivados por métricas associadas a comissões e promoções. Alguns indivíduos dentro de instituições financeiras, durante a Crise Financeira Global e mais recentemente, tomaram decisões antiéticas e/ou imprudentes impulsionadas por essas métricas e infringiram ou contornaram a lei trazendo enormes danos reputacionais e financeiros às suas organizações. Mais uma vez, não há nada de errado em recompensar o trabalho produtivo, no entanto, tal abordagem deve ser equilibrada com a significância da mensuração e sua contribuição para o bem-estar da empresa e da comunidade em geral. Muller afirmar que: "O perigo das métricas tão puramente centradas em considerações monetárias é que, como tantas, elas influenciam o comportamento."[10]

As métricas têm um papel a desempenhar na análise da eficácia das organizações e no apoio ao desenvolvimento dos indivíduos. Uma ênfase excessiva pode, na melhor das hipóteses, distorcer a visão de uma organização e, na pior, levar a uma cultura de comportamento antiético. Os problemas surgem quando elas são consideradas uma panaceia para a melhoria do sistema, sem uma compreensão clara do contexto, da cultura e da visão da organização (muitas vezes por consultores externos).

Pensamos que os 4Cs oferecem possibilidades abundantes para restaurar o equilíbrio das organizações. Os formadores de coerência que desenvolvemos proporcionam um modo de reorientar as instituições para o que as torna eficazes *e* sábias. Embora para essas características possa ser mais difícil construir métricas em torno delas, elas são fundamentais para que as organizações se transformem de maneira que sejam não apenas produtivas e eficazes, mas também sensatas.

Mudanças na forma como avaliamos a eficácia irão alterar a prática nas organizações. Provavelmente, você já ouviu o ditado "o que importa é testado". No momento, em muitos casos, o que é "testado" ou valorizado é uma faixa muito estreita de compreensão, potencialmente desprovida de direitos e desencorajando membros valiosos da equipe que têm habilidades e que estão fora do alcance das métricas. Em vez disso, as organizações precisam desenvolver práticas de avaliação que integrem esse conhecimento com as habilidades mais amplas que indivíduos e organizações requerem para os desafios que enfrentam no presente e no futuro.

Implicação 4: As práticas organizacionais serão reimaginadas

Antes que as organizações embarquem na transformação 4Cs, elas devem fazer uma pausa e refletir, pois as implicações dessas mudanças não são triviais. A nossa missão neste livro foi para demonstrar que, quando as organizações se envolvem com os 4Cs, tudo muda. No fim, isso significa que as práticas com as quais nos sentimos confortáveis e seguros podem também ter de ser reimaginadas. Em nossa experiência, isso pode levar a algum luto enquanto as pessoas choram pela passagem das maneiras que costumávamos fazer as coisas. Por outro lado, o que encontramos em muitos casos é excitação em torno das novas possibilidades que a criatividade, a reflexão crítica, a colaboração e a comunicação possibilitam. Isso é aparente no Efeito Glasgow. Enquanto alguns lamentaram o fim de práticas familiares, outros viram a oportunidade de criar uma transformação autêntica e eficaz, repensando como as instituições e organizações poderiam trabalhar de maneira mais eficaz com a comunidade. O dividendo em Glasgow é inegável. Assim, embora possa haver nostalgia pelas práticas obsoletas, a reinvenção que a transformação traz pode trazer fortes benefícios para nossas comunidades e nossos clientes.

Tornando as Organizações Relevantes por meio dos 4Cs

A relevância, para as organizações, já não é garantida em um mundo onde as velhas "normalidades" desapareceram. Quando abandonamos as tradições por vezes confortáveis que se adequavam a outra era e reiniciamos a nossa organização para satisfazer às necessidades emergentes, podemos descobrir que elas podem trazer uma contribuição mais eficaz para o florescimento humano. Nosso mundo é formado por muitas organizações formais e informais, por isso, em nossa opinião, o quanto podemos transformá-las para manter sua relevância é fundamental para que possamos continuar a florescer juntos.

Notas

Prefácio

1 Lyons, G. *The Consolations of Economics*. Londres: Faber & Faber, 2014.

2 Em economia, o valor acrescentado bruto (VAB) é a medida do valor dos bens e serviços

3 Hunt, V.; Layton, D. e Prince, S. *Diversity Matters*. Nova York: McKinsey and Company, 2014.

4 Fan, J. Delivering Modernity. *The New Yorker*, 23 jul. 2018.

5 Berlin, I. *The Hedgehog and the Fox: An Essay on Tolstoy's View of History*. Londres: W&N, 2014.

6 Amabile, T. M. *The social psychology of creativity*. Nova York: Springer-Verlag, 1983.

7 Goleman, D. *Social Intelligence: The New Science of Human Relationships*. Londres: Arrow, 2007.

8 Stiglitz, J. E. e Greenwald, B. C. *Creating a learning society: A new approach to growth, development, and social progress*. Columbia University Press, 2014.

9 Csikszentmihalyi, M. *Creativity. Flow and the psychology of discovery and invention*. Nova York: Harper Collins, 1996.

10 Manville, B. e Ober, J. *A Company of Citizens*, Boston Mass: Harvard Business School Press, 2003.

11 Dweck, C. 'Business: Mindset e Leadership'. In: *Mindset: How you can fulfil your potential*. Londres: Robinson, 2012.

12 Axon, L.; Friedman E. e Jordan K. *Learning now: Critical Capabilities for a Complex World*. Cambridge Mass: Harvard Business Publishing, 2015. Disponível em:

http://www.harvardbusiness.org/sites/default/files/19309_CL_LeadershipCap_Paper_July2015_0.pdf

Introdução

1 Sardar, Z. (2010). Welcome to postnormal times. *Futures* 42(5).

Capítulo 1

1 "Rocket Car Flies, Then Falls". *The New York Times*, 6 out.1979. Disponível em: https://www.nytimes.com/1979/10/06/archives/rocket-car-flies-then-falls.html

2 Essa é a recordação de Michael, embora Miranda também tenha brincado ocasionalmente com o Lego.

3 Cordon, C., Seifert, R. e Wellian, E. (2010). "The Case Study: Lego". *Financial Times*, 24 nov. 2010. Disponível em: https://www.ft.com/content/05806aa4-f819-11df-8875- 00144feab49a

4 Lindström, M. "Here's How an Old Pair of Sneakers Saved Lego". *Fortune*, 13 mar. 2016. Recuperado de: http://fortune.com/2016/03/13/heres-how-an-old-pair-of-sneakers-saved-lego/

5 Cordon, C., Seifert, R. e Wellian, E. (2010). "The Case Study: Lego".

6 Trangbæk, R. "The LEGO Group Reports Record Revenue in 2016". 9 mar. 2017. Disponível em: https://www.lego.com/en-us/aboutus/news-room/2017/march/annual-results-2016

7 "Giving Back to Communities", 24 set. 2015. Disponível em https://www.lego.com/es-es/aboutus/responsibility/caring-ethical-and-transparent/local-community-engagement

8 Cordon, C.; Seifert, R. e Wellian, E. "The Case Study: Lego", 2010.

9 Bromley, P. e Meyer, J. W. (2017). "They are all organizations": The cultural roots of blurring between the nonprofit, business, and government sectors. *Administration & Society* 49(7), 2017, p. 939-966.

10 Senge, P. *The Fifth Discipline: The Art and Practice of the Learning Organization.* Nova York: Currency Doubleday, 1990.

11 Ibid., p. 9.

12 Ibid., p. 9.

13 Prokesch, S. E. Unleashing the power of learning: an interview with British Petroleum's John Browne. *Harvard Business Review* 77(5), 1997, p. 148.

14 Newport, C. *Deep Work: Rules for Focused Success in a Distracted World*. Londres: Hachette, 2015.

15 Ibid., p. 13.

16 Ibid., p. 79.

17 Weaver, G. R. Virtue in organizations: moral identity as a foundation for moral agency. *Organization Studies* 27(3), 2006, p. 341-368.

18 Alvesson, M. e Spicer, A. *The Stupidity Paradox: The Power and Pitfalls of Functional Stupidity at Work*. Londres: Profile Books, 2016, p. 4.

Capítulo 2

1 Martin, R. e Püschel, L. "Die Another Day: What Leaders Can Do About the Shrinking Life Expectancy of Corporations". Boston Consulting Group, 2 dez. 2015. Disponível em: https://www.bcg.com/publications/2015/strategy-die-another-day-what-leaders-can-do-about the shinking-lifexpectancy-of-corporations.aspx

2 Ibid., n.p.

3 Doz, Y. e Wilson, K. *Ringtone: Exploring the Rise and Fall of Nokia in Mobile Phones*. Oxford: Oxford University Press, 2017.

4 Ibid., p. 3.

5 Huy, Q. "Who Killed Nokia? Nokia Did". *INSEAD Knowledge*, 22 set. 2015. Disponível em: https://knowledge.insead.edu/strategy/who-killed-nokia-nokia-did-4268#euOlJqAqAqPWoz0feh.99

6 Ibid., n.p.

7 Ibid., n.p.

8 Bauman, Z. Education in liquid modernity. *The Review of Education, Pedagogy, and Cultural studies*, 27(4), 2005, p. 303-317.

9 Greene, M. *Releasing the Imagination: Essays on Education, the Arts, and Social Change*. São Francisco: Jossey-Bass, 1995.

10 Ibid., p.

11 Komporozos-Athanasiou, A. e Fotaki, M. (2015). A theory of imagination for organization studies using the work of Cornelius Castoriadis. *Organization Studies*, 36(3), 2015, p. 321-342.

12 Ibid., p. 322.

13 Marshall, B. K. e Picou, J. S.. Postnormal science, precautionary principle, and worst cases: the challenge of twenty-first century catastrophes. *Sociological Inquiry*, 78(2), 2008, p. 230.

14 Lim, R. "Singapore Wants Creativity not Cramming". *BBC News*, Singapura, 23 maio 2012. Recuperado de: http://www.bbc.com/news/business-17891211

15 Sardar, Z. Welcome to postnormal times. *Futures*, 42(5), 2010, p. 435.

16 Ringland, G. Frameworks for coping with post-normal times: a response to Ziauddin Sardar. *Futures*, *42*(6), 2010, p. 634.

17 Marshall, B. K. e Picou, J. S. (2008). *Postnormal science*, 2008, p. 243.

18 Eisenhower Study Group. The Costs of War since 2001: Iraq, Afghanistan, and Pakistan. Providence: Watson Institute, Universidade Brown, 2011.

19 Plumer, B. "Nine facts about Terrorism in the United States since 9/11'". *The Washington Post*, 2013. Disponível em: https://www.washingtonpost.com/news/wonk/wp/2013/09/11/nine-facts-about-terrorism-in-the-united-states-since-911/

20 Goggin, G. *Cell Phone Culture: Mobile Technology in Everyday Life*. Reino Unido: Routledge, 2006.

21 Baker, S. A. From the criminal crowd to the 'mediated crowd': the impact of social media on the 2011 English riots. *Safer Communities*11(1), 2012, p. 40-49.

22 Ibid., p. 45.

23 Sardar, Z. Welcome to postnormal times, 2010, p. 439.

24 Desde que Osborne e Frey produziram suas pesquisas, tem havido críticas frequentes à sua modelagem que proporcionam uma visão diferente do futuro. Por exemplo, Borland, J. e Coelli, M. (2017) Are robots taking our jobs? *Australian Economic Review* 50(4), 2017, p. 377-397. Seja qual for o caso, a maioria dos comentadores concorda que existem mudanças claras e por vezes dramáticas na forma de trabalhar, porque muitas indústrias e profissões, tais como direito, agricultura e serviços empresariais, assistiram à reformulação das funções de nível de entrada. Isso tornou o acesso às profissões e carreiras algo diferente.

25 Frey, C. B. e Osborne, M. A. A. The future of employment: how susceptible are-jobs to computerisation? *Technological Forecasting and Social Change* 114, 2017, p. 254-280.

26 Ibid., p. 303.

27 Frey, C. B. e Osborne, M. A. A. The future of employment, 2017, p. 254-280.

28 Sardar, Z. Welcome to postnormal times, 2010, p.

29 Frey, C. B. e Osborne, M. A. A. The future of employment, 2017, p. 254-280.

Capítulo 3

1 Reinhardt, F. L. e Beard, A. Case study: Dealing with Drought. *Harvard Business Review*, 64(11), 2016, p. 105-109.

2 Website for Woolf Farming and Producing. Disponível em: http://www.woolffarming.com

3 Gardner, H. *Five Minds for the Future*. Boston: Harvard Business Press, 2007.

4 Collins, J. e Porras, J. I. *Built to Last: Successful Habits of Visionary Companies*. Nova York: HarperBusiness, 1994.

5 Ekvall, G. "The organizational culture of idea-management: a creative climate for the management of ideas". In: Henry, J. e Walker, D. (Orgs.), *Managing Innovation*. Londres: SAGE, 1991, p. 73-79.

6 Schein, E. *Organizational Culture and Leadership*. São Francisco: Jossey-Bass, 2010.

7 Fullan, M. *Leading in a Culture of Change: Personal Action Guide and Workbook*. São Francisco: Jossey-Bass, 2014, p. 53.

8 Alvesson, M. e Spicer, A. *The Stupidity Paradox: The Power and Pitfalls of Functional Stupidity at work*. Londres: Profile Books, 2016.

9 *Yes, Prime Minister*. BBC, 13 fev. 1986, T1, Ep.6 "A Victory for Democracy".

10 Alvesson, M. e Spicer, A. *The Stupidity Paradox*, 2016, p. 147.

11 Mintzberg, H. *The Rise and Fall of Strategic Planning*. Nova York: The Free Press, 1994.

12 Wenger, E. *Communities of Practice: Learning, Meaning and Identity*. Cambridge: Cambridge University Press, 1998.

13 Koongsbakk, N. e Rooney, D. "Too busy to learn: Wisdom, mindfulness and grounding learning". In: Kupers, W. e Gunnlaugson, O. (Orgs.), *Wisdom Learning: Perspectives on Wising-up Business and Management Education*. Londres e Nova York: Routledge, 2017, p. 117-139.

14 Fiorelli, L. e Mayer, R. E. *Learning as a Generative Activity: Eight Learning Strategies that Promote Understanding*. Nova York: Cambridge University Press, 2015.

15 Costandi, M. *Neuroplasticity*. The MIT Press Essential Knowledge Series. Cambridge: MIT Press, 2016, p. 145-147.

16 Illeris, K. *Contemporary Learning Theories: Learning theorists . . . in their Own Words*. Londres: Routledge, 2009, p. 14.

17 Turban, S.; Freeman, L. e Waber, B. (2017). A study used sensors to show that men and women are treated differently at work. *Harvard Business Review*. Disponível em: https://hbr.ora/2017/10/a-study-used-sensors-to-show-that-men-and-women-are-treated-differently-at-work

18 Um crachá sociométrico ou sociômetro é um dispositivo eletrônico usado para medir quantitativamente as relações sociais. Ele pode medir automaticamente a interação face a face, o tempo de conversação, a proximidade física com outras pessoas e os níveis de atividade física usando sinais sociais derivados de características vocais, movimento corporal e localização relativa.

19 Mezirow, J. *Transformative Learning: Theory to Practice*. São Francisco: John Wiley and Sons, 1997.

20 Mezirow, J. *Transformative Learning in Practice: Insights from Community, Workplace and Education*. São Francisco: Jossey-Bass, 2009.

21 Rodrigues, F.; Pina e Cunha, M.; Rego, A. e Clegg, S. "The seven pillars of paradoxical organizational wisdom". In: Kupers, W. e Gunnlaugson, O. (Orgs.), *Wisdom Learning: Perspectives on Wising-up Business and Management Education*. Londres e Nova York: Routledge, 2017, p. 98-116.

22 Ibid., p. 109.

23 Sawyer, K. A call to action: The challenges of creative teaching and learning. *Teachers College Record*, 117(10), 2015, p. 1-34.

24 Bilton, C. e Cummins, S. *Handbook of Management and Creativity*. Cheltenham: Edward Elgar, 2014, p. 8.

25 Buell, R. W. e Otazo, A. "IDEO: Human-Centred Service Design", case study. *Harvard Business School*, 2016, p. 10. Disponível em: http//hbr.org/product/IDEO-Human-Centrered-Serv/an/615022-PDF-ENG

26 Lengnick-Hall, C. A. e Inocencio-Gray, J. L. Institutionalized organizational learning and strategic renewal: the benefits and liabilities of prevailing wisdom. *SAGE Journal of Leadership and Organizational Studies*, 10(4), 2013, p. 420-435.

27 Rodrigues, F.; Pina e Cunha, M.; Rego, A. e Clegg, S. *The seven pillars of paradoxical organizational wisdom*, 2017, p. 105-106.

28 House, R. J.; Hanges, P. J.; Javidan, M.; Dorfman, P. W. e Gupta, V. (Orgs.). *Culture, Leadership, and Organizations: The GLOBE Study of 62 Societies*. Thousand Oaks: SAGE, 2004.

29 Sawyer, K. *Group Genius: The Creative Power of Collaboration*. Nova York: Basic Books, 2007.

30 Entrevista do Milwaukee Business Journal com Steve Wozniak. Disponível em: https://www.theguardian.com/technology/2014/jul/08/steve-wozniakr-steve-jobs-apple

31 *Yes, Prime Minister.* BBC, 25 nov. 1982, T3, Ep.3, "The Skeleton in The Cupboard".

32 Orwell, G. "Politics and the English language". In: Davison, P. (Org.), *Orwell and Politics*. Londres: Penguin Books, 1946, p. 407.

33 Sternberg, R. J. *Wisdom, Intelligence and Creativity Synthesized*. Nova York: Cambridge University Press, 2003, p. 115.

34 Ibid., p. 99.

35 McKenna, B. "Embodying a wise graduate disposition in business school education in Wisdom Learning". In: Kupers, W. e Gunnlaugson, O. (Orgs.), *Wisdom Learning: Perspectives on Wising-up Business and Management Education*. Londres e Nova York: Routledge, 2017, p.57.

Capítulo 4

1 Save the Children International. Rising to The Challenge. *Save the Children Annual Report*, 2016, p.3. Disponível em: https://www.savethechildren.net/annualreview/ui/docs/Save_the_Children_Annual_Report_2016.pdf.

2 Ibid., p. 2.

3 Ibid., p. 7.

4 Baker, C.; Chirumberro, F. e Green, L. “Managing Change at Save the Children”. *Boston Consulting Group*, 11 jul. 2013. Disponível em: https://www.bcg.com/en-au/publications/2013/change-management-organization-design-design-managing--change-at-save-the-children.aspx

5 Save the Children International. Rising to the Challenge, 2016, p. 8.

6 Dyer, A.; Freeland, G.; Gunby, S. e DeTar, T. “Leading Transformation Conversations with Leaders on Driving Change”. Boston Consulting Group, 2011, p. 41. Disponível em: http://image-src.bcg.com/Images/BCG_Leading_Transformation_Oct_2011_tcm9-110019.pdf.

7 Ibid., p. 57.

8 Ibid., p. 42.

9 Ward, J. e Uhl, A. “Success and Failure in Transformation: Lessons from 13 Case Studies”. 360° — *The Business Transformation Journal*, 3, 2012, p. 30-37.

10 Johnson, E. How to Communicate Clearly During Organizational Change. *Harvard Business Review*, 13 jun. 2017. Disponível em: https://hbr.org/2017/06/how--to-communication-clearly-during-organizational-change

11 Dyer, A.; Freeland, G.; Gunby, S. e DeTar, T. “Leading Transformation Conversations”, 2011, p. 43.

12 Ibid.

13 Ahlbäck, K.; Fahrbach, C.; Murarka, M. e Salo, O. “How to Create an Agile Organization”. Pesquisa da McKinsey and Company, 1 out. 2017. Disponível em: https://www.mckinsey.com/business-functions/organization/our-insights/how-to-create--an-agile-organization

14 Pellegrino, J. e Hilton, M. *Education for Life and Work: Developing Transferable Knowledge and Skills in the 21st Century*. Washington: The National Academies Press, 2012.

15 Almlund, M.; Duckworth, A. L.; Heckman, J. J. e Kautz, T. “Personality Psychology and Economics”. In: Hanushek, E. A.; Machin, S. e Wößmann, L. (Orgs.), *Handbook of the Economics of Education*. Amsterdam: Elsevier, 2011, p. 1-181.

16 Ibid., p. 6-20.

17 Katz, D. e Kahn, R. L. *The Social Psychology of Organizations*. Nova York: Wiley, 1978.

18 Roberts, B. W.; Walton, K. E. e Viechtbauer, W. Patterns of mean-level change in personality traits across the life course: a meta-analysis of longitudinal studies. *Psychological Bulletin*, 132, 2006, p. 3-27.

19 Ibid.

20 Dweck, C. S. *Mindset: The New Psychology of Success*. Nova York: Ballentine Books, 2016, p. 7.

21 Ibid.

22 Reid, M. "Behind the 'Glasgow Effect'". OMS, 89(10), 2011. Disponível em: http://www.who.int/bulletin/volumes/89/10/11-021011/en/

23 Swan, N. *The Glasgow Effect: Unpacking Why the West of Scotland has Poor Health Outcomes*, 2018. [Podcast] Disponível em: http://www.abc.net.au/radionational/programs/healthreport/unravelling-the-glasgow-effect/9484600#transcript

24 Ibid.

25 Ibid.

26 Ibid.

27 Ibid.

28 Ibid.

29 Ibid.

30 Ibid.

31 Mezirow, J. On critical reflection. *Adult Education Quarterly, SAGE Journal*, 48(3), 1998, p. 185-98.

32 Dewey, J. *Experience & Education*. Nova York: Kappa Delta Pi, 1938.

33 Mezirow, J.; Taylor, E. W. e associados. *Transformative Learning in Practice: Insights from Community, Workplace and Education*. Califórnia: Jossey-Bass, 2009.

34 Ibid.

35 Lave, J. e Wenger, E. *Situated Learning: Legitimate Peripheral Participation*. Cambridge: Cambridge University Press, 1991.

36 A aprendizagem profunda é necessária para desenvolver capacidades individuais e organizacionais na REO. Ao mesmo tempo, as capacidades da REO são necessárias para a aprendizagem profunda. Os processos e capacidades do Diamante de Aprendizagem Profunda e da REO relacionam-se e afetam uns aos outros em um *loop* de feedback autoperpetuante.

Capítulo 5

1 Statistica. *How Many People (Aapproximately) Wear Spectacles?*, 1 maio 2017. Disponível em: https://www.statista.com/statistics/711514/individuals-who-wear-spectacles-in-selected-european-countries/

2 Dresden. *Our Mission*, 2018. Disponível em: https://dresden.com.au/our-story/

3 Grandview Research. *Eyewear Market Size, Share & Trends Analysis Report By Product (Contact Lenses, Spectacles, Plano Sunglasses), By Region (North America, Europe, Asia Pacific, South America, MEA), And Segment Forecasts, 2018-2024*, 2018. Disponível em: https://www.grandviewresearch.com/industry-analysis/eyewear-industry

4 Ibid.

5 Asian Development Bank. *Creative Productivity Index: Analysing Creativity and Innovation in Asia*, 2014. Disponível em: https://www.adb.org/publications/creative-productivity-index-analysing-creativity-and-inovation-asia

6 IBM. Redefining Competition Insights from the Global C-suite Study — The CEO Perspective, 18 maio 2010. Disponível em: https://www-01.ibm.com/common/ssi/cgi-bin/-01.ibm.com/common/ssi/cgi-bin/ssialias?htmlfid=GBE03719USEN&

7 Amabile, T. M.; Conti, R.; Coon, H.; Lazenby, J. e Herron, M. Assessing the work environment for creativity. *Academy of Management Journal*, 39(5), 1996, p. 1154-1184.

8 Craft, A. *Creativity and Early Years Education*. Londres: Continuum, 2002.

9 Sawyer, K. Creative Collaboration at Apple Park, 7 ago. 2017. Recuperado de: https://keithsawyer.wordpress.com/2017/08/07/creative-collaboration-at-apple- park/

10 Kinson, S. "Markus Zusak", *The Guardian*, 28 mar. 2008. Disponível em: http://www.theguardian.com/books/2008/mar/28/whyiwrite

11 Chen, M. H. e Kaufmann, G. Employee creativity and R&D: a critical review. *Creativity and Innovation Management*, 17(1), 2008, p. 71-76.

12 Burkus, D. *The Myths of Creativity: The Truth About How Innovative Companies and People Generate Great Ideas.* (1ª ed.) São Francisco: Jassey-Bass, P. John Wiley & Sons, 2014.

13 Csikszentmihalyi, M. *Creativity: Flow and the Psychology of Discovery and Invention.* Nova York: Harper Collins Publishers, 1996, p. 23.

14 Greene, M. *Variations on a Blue Guitar: The Lincoln Center Institute Lectures on Aesthetic Education.*Teachers College Press, 2001, p. 6.

15 Lindström, M. *Small Data: the Tiny Clues that Uncover HugeTrends.* Londres: John Murray Learning, 2017, p. 14.

16 Greene, M. Variations on a Blue Guitar, 2001, p. 6.

17 Abramović, M. *The Abramovic´ Method.* Roma: Ore Cultura, 2012, p. 24.

18 Narev, I. (2015). In: Drummond, M. Why Commonwealth Bank Chief Ian Narev wants you to stare at blank walls. *AFR Weekend*, 26 fev. 2015. Disponível em: http://www.afr.com/lifestyle/arts-and-entertainment/why-commonwealth-band-chief--entertainment/why-commonwealth-band-chief- ian-narev-wants-you-to-stare-at-blank-walls-20150626-ghyadr

19 Ibid.

20 Dobbs, M. E. Tesla, SpaceX, and the Quest for a fantastic future. *Journal of Applied Management and Entrepreneurship*, 21(1), 2016, p. 83.

21 Freshwater, H. The ethics of indeterminacy: Theatre de Complicite's "mnemonic". *New Theatre Quarterly*, 17, 2001, p. 212-218.

22 Alexander, Catherine, Natasha Freedman e Victoria Gould. A Disappearing Number resource pack, 2007. Disponível em: www.complicite.org

23 Trueman, M. Interview: the founders of Complicité. *Financial Times*, 25 maio 2013. Disponível em: http://www.ft.com/cms/s/2/6afbab60-c14c-11e2-9767-00144feab-7de.html

24 Abbott, S. Simon Burney's ambitious pursuit of the pure maths play. Interdisciplinary Science Reviews. *Interdisciplinary Science Reviews*, 39(3), 2014, p. 224-237.

25 Greene, M. "Imagination, Inquiry and Innovation". Conference at College of New Rochell", 2011, p. 62.

26 O Creative Organizations Index foi desenvolvido pela 4C Organizational Transformation e os detalhes estão disponíveis no site 4corganizations.org

27 Isaksen, S. G.; Lauer, K. J. e Ekvall, G. Situational outlook questionnaire: ameasure of the climate for creativity and change. *Psychological Reports*, 85(2), 1999, p. 665-674.

Capítulo 6

1 Jung, J. C. Case Study: Volkswagen's Diesel Emissions Scandal. *Thunderbird International Business Review*, 59(1), 2017, p. 127-137.

2 Ibid.

3 Jung, J. C. Case Study, 2017, p.

4 Fook, J.; Collington, V.; Ross, F.; Ruch, G. e West, L. (Orgs.). *Researching Critical Reflection: Multidisciplinary Perspectives*. Routledge, 2015, p. 48.

5 Mudamos nomes e detalhes para proteger a identidade dessa organização.

6 Um dos problemas com termos como "crítico" (da mesma forma que criatividade) é que falta clareza de definição (é uma palavra aerossol) afetando seus significados e aplicações. Henry Mintzberg ("O que queremos dizer com 'Critical'?", uma apresentação oral na reunião da Academy of Management no Havaí, 2005) identifica nove usos distintos do termo crítico:

1 Questionamento.

2 Chave (como no desbloqueio).

3 Detecção de falhas.

4 Judiciário.

5 Fornecimento de variância textual.

6 Em relação à crise.

7 Fundamental.

8 Grave incerteza (como uma lesão crítica).

9 Da física, o momento em que uma substância muda de forma. Vemos vários significados relevantes de crítica, mas, particularmente, "questionamento" e "chave" (como no desbloqueio).

7 Habermas, J. *Knowledge and Human Interests* (2ª ed). Londres: Heinemann, 1978, p. 42.

8 Fook, J., White, S., Gardner, F. "Critical reflection: a review of contemporary literature and understandingings". In: White, S.; Fook, J. e Gardener, F. (Orgs.), *Critical*

Reflection in Health and Social Care. Maidenhead: Open University Press, 2006, p. 3-20.

9 Ibid., p. 29.

10 Ibid., p. 9.

11 Ibid.

12 Scriven, M. e Paul, R. "Critical Thinking as Definined by the National Council for Excellence in Critical Thinking". In: 8th Annual International Conference on Critical Thinking and Education Reform, Rohnert Park, CA, 1987.

13 Fook, White e Gardner. "Critical reflection", 2006, p. 7.

14 Fook e colegas. *Researching Critical Reflection*, 2015, p. 99.

15 Fook, J. *Social Work: A Critical Approach to Practice*. Londres: SAGE, 2012, p. 232.

16 Cambridge Dictionary. Unlearn, 2018. Disponível em: https://dictionary.cambridge.org/dictionary/english/unlearn

17 Mezirow, J. How critical reflection triggers transformative learning. Fostering critical reflection. *Adulthood*, 1990, p. 1-20.

18 Ghaye, T. In what ways can reflective practices enhance human flourishing? *Reflective Practice*, 11(1), 2010, p. 1-7.

19 Fook, J., Psoinos, M. e Sartori, D. Researching Critical Reflection: Multidisciplinary Perspectives. In: Fook, J., Collington, V., Ross, F., Ruch, G. e West, L. (Orgs.), Researching Critical Reflection: *Multidisciplinary Perspectives*. Nova York: Routledge, 2015, p. 90-104.

Capítulo 7

1 Buell, R. W. e Otazo, A. "IDEO: Human-centred Service Design, Case Study". Harvard Business School, 29 jan. 2016, p. 6.

2 Ibid.

3 Ibid., p. 2.

4 Ibid.

5 Eisenberg, E. M. "Organizational Communication Theories". In: Littlejohn, S. e Foss, K. (Eds), *Encyclopedia of Communication Theory*, Londres: SAGE, 2009, p. 700-705.

6 Powell, A. How IDEO Designers Persuade Companies to Accept Change. *Harvard Business Review*, 17 maio 2016. Disponível em: https://hbr.org/2016/05/how-ideo-designers-persuade-companies-to-accept-change

7 Buell, R. W. e Otazo, A. IDEO: Human-centred Service Design, 2016, p. 7.

8 Ibid.

9 Ibid., p. 8.

10 Ibid., p. 9.

11 McLuhan, M. *Understanding Media: The Extensions of Man*. Cambridge: First MIT Press Edition, 1964/1994, p. 7.

12 Campos, M. N. "Critical Constructivism". In: Littlejohn, S. e Foss, K. (Orgs.), *Encyclopedia of Communication Theory*, Londres: SAGE, 2009, p. 218.

13 Bernanke, B. "More Talk, More Action". *The Economist*, 17 out. 2015, p. 37.

14 Warren, J. "Critical Communication Pedagogy". In: Littlejohn, S. e Foss, K. (Orgs.), *Encyclopedia of Communication Theory*, Londres: SAGE, 2009, p. 215.

15 Rushdie, S. Shades of Red and Blue. *The Guardian* supported event, ethics centre event held at New York Public Library, 1 abr. 2017.

16 Freire, P. *Pedagogy of the Oppressed* (Ed. 30º Aniversário). Nova York: Continuum, 1970/2006, p. 90.

17 Orwell, G. *1984*. Nova York: Signet Classics, 1949, p. 81.

18 Buell, R. W. e Otazo, A. IDEO, 2016, p. 3.

19 IDEO. Little Book of IDEO, 2015. Disponível em: https://www.ideo.com/post/the-little-book-of-ideo

20 Ibid., p. 13.

21 Ruck, K., Welch, M. e Menara, B. Employee voice: An antecedent to organisational engagement? *Public Relations Review*, 43(5), 2017, p. 904-914.

22 Giddens, A. *Modernity and Self-identity: Self and Society in the Late Modern Age*. Stanford: Stanford University Press, 1991.

23 Ibid., p. 10.

24 OpenIDEO "7 Tips On Better Brainstorming", OpenIDEO, 23 fev. 2011. Disponível em: https://challenges.openideo.com/blog/seven-tips-on-better-brainstorming

25 Bilton, C. *Management and Creativity: From Creative Industries to Creative Management*. Malden: Blackwell Publishing, 2007, p. 63.

26 Hecht, M. "Communication Theory of Identity". In: Littlejohn, S. e Foss, K. (Orgs.). *Encyclopedia of Communication Theory*, Los Angeles: SAGE, 2009, p. 139-141.

27 Conquergood, D. "Beyond the text: Toward a performative cultural politics". In: Johnson, E. P. (Org.), *Cultural Struggles: Performance, Ethnography, Praxis*. Ann Arbor: University of Michigan Press, 2013, p. 33-47.

28 Lévi-Strauss, C. *La Pensée sauvage*. Paris, 1962. Tradução para inglês como The Savage Mind (Chicago, 1966).

29 Ibid., p. 11.

30 Holmes, D. *Communication Theory: Media, Technology and Society*. Londres: SAGE, 2005.

31 IDEO. IDEO, 2018. Disponível em: https://www.ideo.com

32 Ibid.

33 Ibid.

34 Sternberg, R. J. *Wisdom, Intelligence, and Creativity, Synthesized*. Nova York: Cambridge University Press, 2003.

35 Ibid., p. 109.

36 Conger, J. A. "The Necessary Art of Persuasion". In: *HBR's 10 Must Reads On Communication*. Boston: Harvard Business Review Press, 2013.

37 Hecht, M. L.; Warren, J.; Jung, J. e Krieger, J. "Communication theory of identity". In: Gudykunst, W. B. (Org.), *Theorizing About Intercultural Communication*. Newbury Park: SAGE, 2004, p. 257-278.

38 Humphrey, J. *Impromptu: Leading in the Moment*. Nova Jersey: John Wiley and Sons, 2018.

39 Salazar, A. J. Self-organizing and complexity perspectives of group creativity. *New Directions in Group Communication*, 2002, p. 179-199.

40 Salazar, A. J. "Creativity in Groups". In: Littlejohn, S. e Foss, K. (Orgs.), *Encyclopedia of Communication Theory*, Londres: SAGE, 2009, p. 212.

41 Ibid.

42 Fassett, D. e Warren, J. *Critical Communication Pedagogy*. Londres: SAGE, 2007.

43 Hecht, M. L.; Warren, J.; Jung, J. e Krieger, J. "Communication theory of identities", 2004; Yingling, J. *A Lifetime of Communication: Transformations Through Relational Dialogues*. Mahwah: Lawrence Erlbaum, 2004.

44 Buell, R. W. e Otazo, A. IDEO: Human-centred Service Design, 2016, p. 7.

45 Freire, P. *Pedagogy of the Oppressed*, 1970/2006.

46 Warren, J. "Critical Communication Pedagogy", 2009.

47 Campos. "Critical Constructivism", 2009.

48 Morreale, S. P. e Pearson, J. C. (2008). Why communication education is important: the centrality of the discipline in the 21st century. *Communication Education*, 57(2), 2008, p. 224-240.

Capítulo 8

1 Berkowitz, S. A.; Brown, P.; Brotman, D. J.; Deutschendorf, A.; Dunbar, L.; Everett, A.; Hickman, D.; Howell, E.; Purnell, L.; Sylvester, C. e Zollinger, R. (2016). Case Study: Johns Hopkins Community Health Partnership: a model for transformation. *Healthcare*, 4(4): 264-270.

2 Ibid.

3 Ibid., p. 270.

4 John-Steiner, V. *Creative Collaboration*. Nova York: Oxford University Press, 2000.

5 Ibid., p. 188.

6 Paulus, P. Groups, teams, and creativity: the creative potential of idea generating groups. *Applied Psychology*, 49(2), 2000, p. 237-262.

7 re:Work. *Identify Dynamics of Effective Teams*, 2015. Disponível em: https://rework.withgoogle.com/guides/understanding-team-effectiveness/steps/identify-dynamics-of-effective-teams/

8 Ibid.

9 Gardner, H. K. *Smart Collaboration: How Professionals and their Firms Succeed in Breaking Down Silos*. Harvard: Harvard Business Review Press, 2016.

10 Berkowitz e colegas de trabalho. Case Study: J-CHiP, 2016, p. 265.

11 Ibid., p. 264.

12 Pisano, G. P. e Verganti, R. Which kind of collaboration is right for you. *Harvard Business Review*, 86(12), 2008, p. 78-86.

13 Liu, J. e Brody, P. Is Collaboration the New Innovation? *Harvard Business Review*, 11 nov. 2016, p. 7. Disponível em: https://hbr.org/2016/11/is-collaboration-the--new-innovation

14 Paulus, P. B. e Nijstad, B. A. *Group Creativity: Innovation through Collaboration*. Nova York: Oxford University Press, 2003.

15 Ibid.

16 Moran, S. e John-Steiner, V. "How collaboration in creative work impact identity and motivation". In: Miell, D. e Littleton, K. (Orgs.), *Collaborative Creativity: Contemporary Perspectives*. Londres: Free Association Books, 2004, p. 11-25.

17 Ibid., p. 11.

18 Daniels, J. Perspectives from a General Counsel. *Harvard Law School*, 1(6), 2015. Disponível em: https://thepractice.law.harvard.edu/article/perspectives-from-a--general-counsel/

19 Gardner, H. K. "Why it Pays to Collaborate". *American Lawyer*, 9 mar. 2015, p. 3.

20 Tett, G. *The Silo Effect: The Peril of Expertise and the Promise of Breaking Down Barriers*. Nova York: Simon and Schuster, 2015.

21 Ibid., p. x.

22 Sawyer, K. *Group Genius: The Creative Power of Collaboration*. Nova York: Basic Books, 2007, p. 7.

23 Hoever, I. J.; Van Knippenberg, D.; Van Ginkel, W. P. e Barkema, H. G. Fostering team creativity: perspective taking as key to unlocking diversity's potential. *Journal of Applied Psychology*, 97(5), 2012, p. 982.

24 Moran, S. e John-Steiner, V. "How collaboration in creative work impact identity and motivation", 2004, p. 19.

25 Brown, B. *Daring Greatly: How the Courage to Be Vulnerable Transforms the Way We Live, Love, Parent, and Lead*. Nova York: Avery, 2012.

26 Poeta americano Edwin Markham (1852-1940).

27 Pierse, L. *Theatresports Down Under: A Guide for Coaches and Players*. Kensington: Improcorp Australia, 1995, p. 39.

28 Moran, S. e John-Steiner, V. "How collaboration in creative work impact identity and motivation", 2004, p. 21.

29 Webb, N. M. "Information processing approaches to collaborative learning". In: Hmelo-Silver, C.; Chinn, C.; Chan, C e O'Donnell, A. (Orgs.), *The International Handbook of Collaborative Learning*. Nova York: Routledge, 2013, p. 19-40.

30 Morgan, J. Analytic services how collaboration wins: leadership, benefits, and best practices. *Harvard Business Review*, 2018, p. 3. Disponível em: https://hbr.org/resources/ pdfs/comm/citrix/HowCollaborationWins.pdf

31 Storey, H. e Joubert, M. The emotional dance of creative collaboration. In: Miell, D. e Littleton, K. (Orgs.), *Collaborative Creativity, Contemporary Perspectives*, Londres: Free Association Books, 2004, p. 47.

32 John-Steiner, V. *Creative Collaboration*, 2000.

33 Webb, N. M. "Information processing approaches to collaborative learning", 2013.

34 Janis, I. *Victims of Group Think: A Psychological Study of Foreign-policy Decisions and Fiascos*. Boston: Houghton Mifflin, 1972, p. 9.

35 Nemeth, C. J. e Nemeth-Brown, B. *Better than Individuals? The Potentia Benefits of Dissent and Diversity for Group Creativity: Innovation through Collaboration*. Oxford: Oxford University Press, 2003.

36 Isaksen, S. G.; Lauer, K. J. e Ekvall, G. (1999). Situational Outlook Questionnaire: A measure of the climate for creativity and change. *Psychological Reports*, 85(2), 1999, p. 665-674.

37 John-Steiner, V. *Creative Collaboration*, 2000.

38 "Andaime" é um termo da área educacional para descrever o apoio prestado para "construir" a aprendizagem. Um andaime fornece processos, metalinguagem e tarefas para envolver, facilitar, orientar e aprofundar a aprendizagem. Os andaimes para a aprendizagem devem encorajar a compreensão profunda dos princípios essenciais e das estruturas fundamentais do conhecimento e dos processos. Como um andaime de construção, os andaimes são estendidos e desmontados à medida que a aprendizagem é compreendida, praticada e desenvolvida. Nossa organização desenvolve "andaimes" como estratégias e processos para aprender as abordagens 4Cs descritas neste livro.

39 Glaveanu, V. P. (2011). How are we creative together?: comparing sociocognitive and sociocultural answers. *Theory & Psychology*, 21(4), 2011, p. 473-492.

40 Ibid, p. 13. Recuperado de: http://eprints.lse.ac.uk/38611/1/How%20are%20we%20 we%20%creative%20together%20(isero).pdf.

41 Moran, S. e John-Steiner, V. (2004) "How collaboration in creative work impact identity and motivation", p. 12.

42 Ibid., p. 18.

43 re:Work. *Identify Dynamics of Effective Teams*, 2015.

44 Storey, H. e Joubert, M. *The emotional dance of creative collaboration*, 2004, p. 49.

45 Ibid., p. 47-48.

46 John-Steiner, V. *Creative Collaboration*, 2000, p. 81 e 187.

47 Berkowitz e colegas. Case study, 2016, p. 270.

48 John-Steiner, V. *Creative Collaboration*, 2000, p. 204.

Capítulo 9

1 Bersin, J.; McDowell, T.; Rahnema, A. e Durme, V. D. "The Organization of the Future: Arriving Now". *Deloitte Insights*, 28 fev. 2017. Disponível em: https://www2.deloitte.com/insights/us/us/en/focus/human-capital-trends/2017/organization-of--the-future.html

2 Ibid., p. 2.

3 Sardar, Z. Welcome to postnormal times. *Futures*, 42(5), 2010, p. 435.

4 Guy, J.M. (Org.) *The Complete Works of Oscar Wilde: Volume IV: Criticism: Historical Criticism, Intentions, The Soul of Man*. Oxford: Oxford University Press, 2007, p. 25.

5 Mezirow, J. A critical theory of adult learning and education. *Adult Education*, 32(1), 1981, p. 3-24.

6 Fullan, M. *Leading in a Culture of Change: Personal Action Guide and Workbook*. Califórnia: Jossey-Bass, 2014, p. 1.

7 Ibid., p. 109.

8 Muller, J. Z. *The Tyranny of Metrics*. Princeton: Princeton University Press, 2018.

9 Ibid., p. 17.

10 Muller, J. Z. (2018). The Tyranny of Metrics. *The Chronicle of Higher Education*, 21 de Janeiro. Disponível em: https://www.chronicle.com/article/The-Tyranny-of-Metrics/242269